本书编委会

主　　任　吴国平　唐慧卿

副 主 任　张咏梅　张伟方　王　籍

编委会成员　樊卓婧　章　萍　王　伟　俞素梅
　　　　　　　樊　莹　陈嫣然　马亭亭

中国有个镇海中学

一部跨越时代的生命成长读本

现代金报社 编

宁波出版社

图书在版编目（CIP）数据

中国有个镇海中学 / 现代金报社编 . — 宁波：宁波出版社，2021.4
ISBN 978-7-5526-4245-2

Ⅰ.①中… Ⅱ.①现… Ⅲ.①镇海中学—校史 Ⅳ.
① G639.285.53

中国版本图书馆 CIP 数据核字（2021）第 059152 号

中国有个镇海中学
现代金报社　编

出版发行	宁波出版社
地　　址	宁波市甬江大道 1 号宁波书城 8 号楼 6 楼
邮　　编	315040
联系电话	0574-87259609
网　　址	http://www.nbcbs.com
策划编辑	陈　静
责任编辑	陈　静　邵晶晶
责任校对	徐巧静　余怡荻
特别监制	午　歌
装帧设计	金字斋
印　　刷	宁波白云印刷有限公司
开　　本	710mm×1000mm　1/16
印　　张	25.75
插　　页	2
字　　数	420 千
版　　次	2021 年 4 月第 1 版
印　　次	2021 年 4 月第 1 次印刷
标准书号	ISBN 978-7-5526-4245-2
定　　价	60.00 元

如发现缺页或倒装，影响阅读，请与印刷厂联系，电话：0574-87296414（版权所有　翻印必究）

序

1911年,乡贤盛炳纬先生发起,在梓荫山南麓创建了镇海县立中学堂。1956年,镇海县中与黄声远先生创办的私立辛成中学合并成完全中学,即镇海中学。

今天,镇海中学被誉为"浙江省最好的中学"。

其间,镇海中学经历了战火乔迁,经历了"文革"动乱,也经历了新中国快速发展的最好年代。无论是艰难曲折,还是顺利通达,镇海中学始终秉持着教育的初心——从建校时的"启智、求敏、治文、博综"到新时代的"励志、进取、勤奋、健美"——充分诠释了"梓材荫泽,追求卓越"的办学理念。

110年间,东海之滨的镇海小城走出了无数风华正茂的青春学子,他们走向杭州,走向上海,走向北京,走向纽约,走向伦敦……在世界舞台上崭露头角。之后,他们又回馈家乡,回馈母校,成为小城发展的生力军。

纪念镇海中学建校110周年,有很多成绩可以说,然而我们认为,看从镇海中学走出去的学子们后来长成了什么样子,无疑是最好的"成绩单",所以才有了这本《中国有个镇海中学》。

从20世纪50年代,到21世纪10年代,跨越了一个甲子的校友们,受访时说起镇海中学,几乎每一个人,都有着清晰的记忆和深厚的感情,对当年的师长,也都怀着深深的敬意。

这是作为镇海中学老师的我们,最大的幸福。

人生最美是相遇,教育是最美的相遇。三年又三年,我们的前辈、我们和我们的同事们，努力将最美、最好的镇海中学，最美、最好的学校教育，呈现给镇海中学的学子们。希望他们无论走多远，无论成就有多高，回望镇海中学时，都能感受到优质、多元、开放、包容的镇海中学教育之美。

这也是作为镇海中学老师的我们，最大的幸福。

有校友说，在镇海中学的时光是他的高光时刻；有校友说，镇海中学给了他更宽广的视野；有校友说，镇海中学让他登上了更高远的平台；有校友说，镇海中学成全了他的人生追求；有校友说，让自己的两个孩子从小就读"镇中系"的学校，是续接对母校最深的感情……

这一切，依然是我们最大的幸福。

是我们的努力和你们的努力相遇，才碰撞出了炽热的火花，产生了璀璨的光华。你们成全了属于你们的精彩，我们成全了属于我们的幸福，镇海中学成就了高水平的办学。

我很高兴看到了一位位校友的精彩人生。他们或者在科研领域潜心钻研，或者在经济领域坚守实业，或者在文化领域辛勤耕耘，或者在医学领域救死扶伤，或者在行政管理领域兢兢业业为人民服务。更或者他们开创了全新的可能，比如在公益事业中实现了自己的价值，在联结世界中讲述了中国的故事……

他们截然不同的多彩人生，再次告诉我们，所谓教育公平，其核心就是因材施教。教育最原始的意义，就是让不同的人接受不同的教育，让不同的人有不同的最优发展，从而成全每个人不一样的幸福人生。一代代镇中人，尽自己最大可能坚守着教育的初心，遵循着教育的规律，呵护着更多的可能。

做企业的人，最大的理想是将企业做成百年老店。对建校 110 周年的镇海中学来说，最大的理想，从来都是培养有理想、有能力、有担当的人。

因为种种原因，建校 110 周年校友访谈录只访谈了 60 多位校友，很多成就卓然校友的精彩故事无法一一呈现。这是一种遗憾，也是一种激励，激励我们在校友工作上更进一步。

吴国平

2021 年 2 月

目 录

第一篇章　弦歌不辍
　　盛炳纬　张人亚　柔　石
　　张困斋　李志坚　沈自尹
　　黄声远　李价民　於梨华

第二篇章　为中华之崛起
　>> 20世纪50、60年代
　019　被校长改变的一生
　025　当国家真正强大的时候
　032　鹰的豪情
　037　决定人生差距的要素
　044　年少读书　受用一生
　050　国际国内宣传中国航天

第三篇章　命运转折
　>> 20世纪70年代
　059　青春渡口
　067　"追逃神捕"的绝招
　072　一件事，做一生
　078　巷口的呼唤
　083　塔尖上的谦卑

| 001 |

第四篇章　更高起点
>> 20世纪80年代

093　数学课代表的基本功
099　我想弄懂到底发生了什么
105　最好的起点
111　镇海中学的"另类"
117　从复读生到弄潮儿
122　光明,多么美好的词
129　阴差阳错的机遇
135　故乡回忆中的一抹温暖
141　自由探索的乐趣
146　对一个医生来说,最重要的是……
153　纪律最差女生的逆袭
159　芯片界的传奇
165　受用一生的好习惯
171　造机器人的人
176　留住宁波人的根脉
183　不做临床医生的女科学家
188　走在新闻一线的总编辑

第五篇章　开阔人生
>> 20世纪90年代

197　奔跑的姿态
203　从科学家到"幼儿园园长"

目录

209　小城走出的"台柱子"

215　玫瑰与卡布奇诺

221　生活比学识更重要

228　"高被引科学家"的价值

234　懵懂出发，坚定回归

240　千头万绪间找出口

245　百万年薪的微软总监回乡教娃

第六篇章　多元选择
>> 21世纪00年代

253　直播风口的那个少年

258　愿人间少些遗憾

263　破解"十万分之一"

269　反哺母校的"非典型"企业家

276　要走远路，就不急于一时的速度

282　被总书记点赞的"岛叔"

288　我称不上"学霸"

293　成为上市公司CEO

298　当危机感变成一种常态

303　从高中同学到创业伙伴

309　三次创业各有各的精彩

315　那是我永藏心底的美好

321　34岁的全国劳模

327　我是村支书的儿子

334　人生皆有可能

341　高中三年给了我十足的后劲

346　把语文教育做成上市公司主营业务

351　我在斯坦福大学做科研

第七篇章　**以德为本**
>> 21世纪10年代

359　最亮的灯塔

365　高考不过是一个必然会降临的节日

370　那满天繁星

377　跟全世界有趣的灵魂"搞事情"

383　特别的成人礼

388　疫情下全力以赴做公益

393　特别视角下的镇海中学

第一篇章

弦歌不辍

镇海中学的历史可以追溯到1911年成立的镇海县立中学堂，次年镇海县立中学堂改名为镇海县立中学校，也就是老镇海人常说的县中。

从辛亥之年到新中国成立之前，近40年的风风雨雨，战争年代，很难统计到底有多少学生在这所学校进进出出，我们已经无法采访到他们，只能从遗留下来的资料中选择部分不同年代的关键人物，从各种零碎的生平、相关报道和回忆录中，寻找这所学校的印迹。

你能明显感觉到，这些出身不同、职业各异，经历更是千差万别的一代代人，带着同样的烙印，错错落落地走在历史的山路上，前后虽隔数里，但声气婉转相通，你能清晰地听到国家富强、民族复兴的共同心声在时代的层峦叠嶂中久久回响。

也许在他们各自的人生里，那只是一个很短的片段，但所有雪泥鸿爪连在一起，就勾勒出了一所学校在战乱中蹒跚起步、弦歌不辍的足迹，还原出了深一脚浅一脚的岁月里那些不灭的守望和希望。

盛炳纬

这所闻名全国的学堂诞生于风云际会的辛亥之年,很难说,是机缘巧合,还是历史的必然,或者,两者兼而有之。

她的创始人盛炳纬,出生于1855年。内忧外患之际,在江南的偏僻小城,"学而优则仕"依然是多数读书人的梦想。盛家是书香世家,用现在的话说,盛炳纬和他的父亲盛植型都是"高考学霸",父子俩"一门双进士",名噪一时。盛炳纬少年得志,先后担任四川、江西两省学政,类似于现在的省委组织部部长和省教育厅厅长,在整治科举腐败、选拔培养人才方面做出了显著成绩。宁波市镇明巷盛宅曾是盛炳纬的私宅,而月湖盛园的盛氏花厅是他曾经读书会客的地方。

在镇海中学校史馆陈列的照片里,这位出身名门、仕途顺利的创始人却双眉紧锁,满眼忧虑——或许是看到了科举制的种种弊端却束手无策,或许是在清王朝万世不朽的盲目自信中感觉到了大厦将倾的先兆,或许是焦虑目前的人才培养机制不足以挽救国家垂危的命运。甲午战争后,感慨民心离散、国计窘迫的盛炳纬做出了辞官返乡的决定。

如今看来,辞官并不是心灰意冷后的明哲保身,盛炳纬只是希望找到一条更务实的路。1897年,盛炳纬支持宁波知府程稻村创办储才学堂,筹款6万余元,在宁波城南拓地40亩,规模为当时浙江省之冠。后储才学堂更名为宁波府中学堂,也就是后来的宁波中学。

盛炳纬筹办的第二所学校就是后来鼎鼎有名的镇海中学。科举制废除的1905年,他亲自奔赴上海、武汉等地,为在家乡镇海建一所新式的中学堂筹集资金。在盛炳纬的远见卓识里,新学堂应该有一批视野开阔、学识渊博的开明人士来教书育人,于是他和乡贤们一起选派了本县的 6 名优秀青年赴日本留学,以为中学堂师资。

1911 年底,费资 2 万余元的镇海县立中学堂新校舍在城区东门内梓荫山南麓总持寺旧址建成。当时赴日留学的才俊之一曹位康辞去了燕京大学的职务,回到家乡成为这所新学校的首任校长。

梓荫山南麓是古代读书人论礼、朝拜、读书论道的地方,之前这里曾建过先圣殿、广学宫、建学宫、明伦堂,清末渐渐形成县学建筑群。新学堂落成的时候,封建王朝已经成为历史。盛炳纬或许不会想到,一所百年名校已横空出世。当一届届学生如他所愿为了国家的富强和民族的复兴前仆后继时,这位创始人忧国忧民的表情已定格在校史里。一个世纪后,他依然在那里,提醒着后来者当年建校的初心。

张人亚

1912 年,镇海县立中学堂改为镇海县立中学校,简称县中。9 月正式上课,初中一年级两个班中,有个来自霞浦的小后生。他叫张静泉,父母靠种田和兼做厨师维持一大家子的生计,生活很拮据。张静泉在老家开在张家祠堂的霞浦学堂读了小学,老师张范和先生虽是晚清秀才,但一直信仰孙中山。张静泉毕业那年,刚好赶上县中成立,先生便劝他的父亲,孺子可教,一定要让他继续读书,接受新式教育。

张静泉的父亲张爵谦一咬牙,便节衣缩食,将张静泉送进了离家 20 公里远的县中。这位朴实的农民不过希望儿子从此可以摆脱面朝黄土背朝天的命运,走上一条和自己完全不一样的人生之路。他一定不会想到,孩子后来会影响那么多人。

三年后,县中首届初中生毕业,张静泉和他的同学们成为镇海县历史上首批镇海自己培养的具有初中学历的年轻人。毕业后,张静泉到上海一家银楼做了首饰工人,几年后奉父母之命回乡结婚。但他的妻子病逝后,他回家的次数一个手就能数过来。

张静泉所受的教育让他看清了现实,也让他决心为一个更好的世界付出毕生努力。

张爵谦最后一次见到儿子是在1927年末或1928年初的一个冬日,张静泉匆匆回来,腋下夹着一包用纸裹得严严实实的东西,和父亲在房间里说了要紧话之后就离开了。天色渐晚,张爵谦来到屋前菜园,把儿子留下的那包东西放进了停放早逝儿媳棺材的草棚。

不久后,村里很多人都听说,张家的二儿子在外多年,恐怕早已丢了性命。有人目睹张爵谦在离家不远的长山岗上为儿子、儿媳修了一座合葬的墓穴。只是很多人不明白,张家二儿子明明叫"静泉",张爵谦却在墓碑上少刻了一个"静"字。

只有老父亲一人知道,墓里藏着一个重大的秘密。他苦等着儿子回来,五年,十年,十五年,二十年……一直到1950年,全国大陆基本解放,他想,儿子大概是真的回不来了。

儿子从进入县中起,便追随着理想越走越远。回想起当年的决定,老人只觉得百感交集。

耄耋之年的张爵谦,把另一个儿子张静茂从上海叫回来,从空棺中拿出张静泉当年留下的包裹,说是当年静泉临走时再三嘱托自己,要好好保存这些东西。为掩人耳目,他将东西用油纸包好,放在儿子的衣冠冢里,还特地在墓碑上少刻一个"静"字。

张静茂将包裹带回上海,转交给党组织。包裹里,有中共二大制定通过的第一部《中国共产党章程》。经考证,这是如今唯一存世的中国共产党第一部党章的原始中文文本,是极其珍贵的档案文件。后来这文件被收藏于中共一大会址纪念馆。

2017年10月31日,中国共产党第十九次全国代表大会闭幕仅一周,习近平总书记就带领中共中央政治局常委来到中共一大会址纪念馆集体瞻仰。

在讲解员的指引下,总书记走到1920年9月出版的《共产党宣言》中文译本展柜前驻足细看,书章上面有"张静泉'人亚'同志秘藏山穴二十余年的书报"18个字。

他对讲解员说:"很珍贵,那你说的那个人呢?后来怎么样?"

总书记问的"那个人",就是从县中走出来的张静泉。后来的事,连张静泉的父亲张爵谦也不甚了解。

这位读过中学,勇于接受革命思想的年轻人,早在1921年就加入中国共产党,并且改名为"张人亚"。那一年,正是中国共产党诞生之年。与党"同龄"的张人亚,也成为第一位宁波籍中共党员。

1922年9月,上海金银业工人俱乐部成立,发动全市金银业工人举行罢工。出面领导罢工斗争的,便是俱乐部执行委员会主任张人亚等三人。

1927年初,为配合北伐军光复上海,张人亚奉命任中共江浙区委宣传部负责人,筹办上海总工会机关报《平民日报》。四一二反革命政变后,他转入地下斗争。就是在那时,张人亚秘密回到霞浦老家,留下了那些珍贵的文件,这也是他最后一次回家。三年后他进入中央苏区,任中华苏维埃共和国出版局局长兼印刷局局长等职。1932年,他从瑞金前往福建长汀检查工作时,因劳累过度,途中患病,不幸去世,年仅34岁。

当时,张人亚的家人并不知道这个不幸的消息,他们从未放弃对张人亚的寻找。一直到2005年,他们才在《红色中华》上找到了悼词。而在数十年的追寻中,张人亚的故事,已经影响了无数人。

人们不会忘记这个从县中出发的少年,以及他用一生来守护的希望火种。

柔 石

在大革命的风风雨雨里,许多名人曾在这所学校任职。1926年,一位叫赵平复的年轻人在朋友的介绍下来到了县中任教员。

这位温文尔雅的赵老师毕业于浙江第一师范学校,来到县中之前就是个著名的"文艺青年"。他参加过著名新文学作家叶圣陶、朱自清、潘漠华、冯雪峰组织的"晨光文学社",出版过小说集《疯人》,还去北京听过鲁迅讲中国小说史略。他思想开明、文采斐然,他的课很受欢迎。

赵平复很快就融入了学校民主的氛围,相处久了,大家也发现,这位儒雅书生其实有着一腔热血,侠肝义胆。1927年5月底,镇海各界人士在县中举行纪念"五卅惨案"二周年大会,反动当局调集军警来校抓人。赵平复得到消息,急忙找了个机会拉出在会场的县学联主席、校青年团书记、共产党员虞一飞,告知紧急情况,让他从学校后门转移,使他及时脱险。

同年6月,镇海县召开各界代表会议,赵平复在会上得知警方要对县中党员教师郑慰田下手,赶紧以上厕所为名,溜出会场,上气不接下气地赶到学校,找到郑慰田并催他赶快避离,进步青年教师周浩然也同时出走。赵平复返回会场途中,看到一队军警急急赶去县中,但因为他报信及时,军警又一次扑了空。

但赵平复自己却没能逃开被迫害的命运。1928年,他回到家乡宁海任教育局局长,后来去了上海,受到鲁迅的指导帮助,成为当时影响颇大的文艺周刊《语丝》的编辑。1930年,赵平复加入中国共产党。中国左翼作家联盟成立后,赵平复曾任执行委员、编辑部主任。1931年,因叛徒出卖,赵平复被捕,当年2月和4位同志一起被枪杀。

赵平复就是著名的"左联五烈士"之一(其笔名为柔石)。为了纪念这位赵老师,镇海中学还专门设立了"柔石亭"。

确立这位年轻作家在中国现代小说史上的地位的是其代表作《二月》,《二月》的背景是1926年的江南芙蓉镇,那时的柔石就在县中教书。很多读者都觉得,文中孤独彷徨又有一点理想主义的青年教员萧涧秋的身上有着柔石本人的影子。

赵老师的生命在那个春寒料峭的二月戛然而止,但学生们知道,春天早晚会来的。

张困斋

柔石应该不会想到,他在镇海中学工作期间曾影响过一个学生,这个学生后来去了上海追求梦想,并在那里壮烈牺牲。多年后,他成为一部著名文艺作品的主角原型之一。

这个学生名叫张困斋,出生在1914年的小港。幼年时,他随父母到了上海。在1925年的五卅运动中,他和兄长张承宗在南京路上亲眼目睹了英国巡捕开枪残杀工人和学生。这个11岁的男孩激愤不已,他不知道自己可以做什么,于是回家拿钱买了面包和饼干,送到老闸捕房后门,慰问被关在拘留所的爱国青年。

1926年,他们一家搬到镇海城关东河塘,那年镇海县成立了第一个共产党组织——中共镇海独立支部,几位领导人在县中任教。张困斋考进县中时,教务主任就是柔石。在这些进步老师的熏陶和革命启蒙下,他开始思考:怎样才能让国家强大,让同胞都站起来不再受欺负?

1929年,张困斋考入宁波工业学校,次年辍学到上海谋生,亲历了1931年九一八、1932年一·二八等历史事件后,20来岁的张困斋开始积极投身抗日爱国运动。1937年10月,23岁的张困斋加入中国共产党,在上海的银行和钱庄建立了党支部。

1945年8月,抗日战争胜利后,中共上海市委要设立秘密机关和联络点,便在福煦路916号(现靠近延安中路)开设"丰记米号",由张困斋出任经理。在此后的3年中,他既负责掩护中共地下党机关,又担负着秘密电台的收发工作。他主动学习日语、俄语,并致力于编译重要资料,潜心研究收发电报技术。

当时秘密电台站点设在上海打浦桥秦鸿钧家。在秦鸿钧家的阁楼上,张困斋和秦鸿钧经常从深夜工作到黎明,大量的情报在这条红色通信线路上传递。1949年3月17日深夜,国民党特务用仪器测定出秘密电台位置,包围了上海打浦桥秦鸿钧的家。秦鸿钧发出最后一串电波,藏好机器,突围失败被捕。19日下午，并不知情的张困斋按约定时间来到秦鸿钧家大门时，发现情况不对，转身走进弄堂口，被两边的特务擒住无法脱身。

在监狱里，张困斋遭到了酷刑拷打，两条腿被老虎凳折断，肺部被辣椒水灌得咳血不止，但他始终坚贞不屈，保守秘密，为其他同志安全转移赢得了时间。

他的弟弟曾去监狱探望，见哥哥瘦得不像样，两条腿受刑无法站立，需要秦鸿钧搀扶才能走动。即便是这样，张困斋见到弟弟的第一句话还是："母亲好吗？"弟弟知道，哥哥的意思是"组织安全吗"，便答："母亲很好，你放心好了。"张困斋默默地会意了。

1949年5月7日晚上，张困斋等12名革命志士在浦东戚家庙被敌人秘密杀害。此时，离上海解放不过20天！

11岁起为之奋斗的理想终于实现，而那个想让同胞都站起来的孩子却倒在了黎明前。

20世纪50年代，张困斋、秦鸿钧等革命志士的故事被改编成电影《永不消逝的电波》，影响了一代又一代人。张困斋的母校镇海中学为他建立了一座造型古朴、苍松环绕的凉亭。半个多世纪过去，一届又一届学子依然能听到遥远的天际传来的电波的声音，那是张困斋烈士穿越历史的桎梏，留给后人的回响。

李志坚　沈自尹

抗战开始后，县中曾几度搬迁。

1937年8月，日军的第一枚炸弹落在了镇海城关，时任校长王元斌当机立断，9月一开学，就发动师生迁校至西门外渡驾桥回向寺上课。两年后，随着战事加紧，学校迁到了柴桥河头深山密林的瑞岩寺，1941年又根据县政府指示搬到了庄市汤家庙。

其间，师生经历战乱、瘟疫，在艰难困顿中弦歌不辍。兵荒马乱的岁月中，能有一所学校、一群名师、一张书桌，能读书修习，这是怎样的一番奢望？

中国科学院院士、清华大学微电子所的创建人李志坚是县中1944届毕业生。他入学的地方，就是庄市汤家庙。

在李志坚生前的回忆里，那段时间的生活环境极为恶劣，师生睡地铺，吃青菜淡饭，自己动手开辟活动场所；教学设施非常匮乏，课本不全，仪器可谓一无所有，但是大家却不以为苦，他们相信，光明就在不远的未来。

这一时期，对战争的痛恨及爱国报国的热情深深植入了这个饱受战争之苦的青年的心里。他那时写了一篇作文，用一片被狂风吹落的、孤独及任人践踏的叶子，比喻那些受日寇蹂躏的苦难同胞。后来，即便是如此艰难的求学，也因战争的愈演愈烈而中断。李志坚在母亲的支持下自学一年，县中复校后，他才得以回到学校。

李志坚后来考上了浙江大学物理系，1953年留学苏联列宁格勒大学，1958年获物理—数学副博士学位，同年回国在清华大学无线电电子学系任教，后历任半导体教研组主任，微电子学研究所副所长、所长等职，1991年当选中国科学院院士。

这一代学生，就像李志坚晚年回忆时总结的那样，战乱中读书的经历让他们从小树立了爱国报国的理想，磨炼了百折不挠的意志。之后的人生，他便人如其名，自始至终，意志坚定地为一个更强大的祖国而努力奋斗。

另一名中国科学院院士沈自尹进入县中的时间应该比李志坚稍晚一些。或许是见多了战争带来的伤痛和苦难，沈自尹立志学医。1952年从上海医科大学毕业后，他先到华山医院内科工作，后接受院领导安排，从西医转攻中医，师从姜春华医生。从此，他与中医结下了不解之缘。

从20世纪50年代开始，沈自尹系统地学习了《本草纲目》等中医经典著作，并且从实践中寻找真谛。1960年，他从对肾的研究中总结出"同病异治，异病同治"这一富有辩证思想的论点，以此作为中西医两种医学体系结合的突破口，率先对中医称为"命门之火"的肾阳进行研究，发现肾阳虚症病人肾上腺皮质功能的尿17-羟皮质类固醇值明显低下，经补肾中药治疗可以恢复正常。这一结果得到国内外多家研究单位的认同。在中西医结合领域里，沈自尹曾发表论文

100 余篇，主编学术专著 6 部，培养硕士、博士研究生 30 余人，获国家级和省部级以上奖励 20 余项。

黄声远

抗战胜利后，镇海先后创办了一所私立小学和一所私立中学，创办者是当时鼎鼎有名的宁波商人、沪上糖业巨子黄声远。

黄声远是镇海一户贫苦人家的孩子，他 4 岁丧父，小时候帮寡母拾柴度日，只读过三年书。15 岁便到上海打拼，从学徒做起，一步步成长为糖业大亨。事业有成之后，"时感学识之不足"，于是动了在家乡办学培植青年的心思。

1943 年，黄声远置上海产业于不顾，携款回镇海筹办学校。他先用 5000 元买下大校场西侧的一幢住宅，将其改建为校舍，抗战胜利后独资创办了私立声远小学。他不希望更多的孩子像自己一样因贫辍学，便规定入学儿童免交学费，对家境特别贫困者还给予生活补助。

1947 年第一届小学生毕业的时候，学校已经扩大到 8 个班，在校学生达 418 人，在当地已颇具声望。但新的问题又出现了，好多学生虽考上中学，却无力负担学杂费。黄声远便又买下了原公益布厂的旧厂房，创办私立辛成初级中学。仓促间，学校暂设两班，李价民先生任校务委员会主任，教职工 5 人，新生 123 名，学杂费均低于一般中学，贫穷子弟免费。

1948 年初，黄声远一面筹募辛成中学新校舍资金，一面拿出巨资，亲自设计、购料。新校舍 2 月动工，当年落成。其办学之虔诚，治事之神速，让人惊异。新校舍所费资金，黄声远出了八成。从此，他一人担下了两所学校所需的费用。

新学校之所以取名为"辛成"，既指"学校乃艰辛创建而成"，又有"通过师生艰辛勤劳教育和学习而成才"之意。在很多校友的回忆里，这位声远先生身材伟岸，声音洪亮，一袭长衫，一口宁波腔的上海话。他曾经来校给新生讲话，一开口总是："我哎，从上海来哎……"他没有讲稿，话也很短，但很实在，主要意思就是自己小时候没读过多少书,希望孩子们珍惜上学机会,发愤学习,将来做个对国家有用的人。

台下的学生不知道,这位气场强大、侃侃而谈的"成功人士",其实正面临着困境。1949年,义和糖行解散,财产悉数充职工遣散费用,黄声远从此财源断绝。在创办两所学校之后,黄声远的个人积蓄早已捉襟见肘,而两所学校每个月都有支出。他四处捐募,但真的能拿出钱来的人并不多,他只得开始变卖房产。他先后将坐落于南京、苏州、杭州的别墅以及上海旧居中的家具低价出售,所得价款全部拨归学校。

在1956年政府接管这两所学校前的7年里,这位当年的富商为两所学校历尽艰难,最后连夫人的首饰、皮大衣也卖了,作为学校经费。他把家里的大橱、钢琴也都搬到了学校,以供师生们使用。

1957年,镇海打算再建一所民办城关初级中学,黄声远捐出旧房及地基,最后索性拆了自家老屋,将砖瓦、木料全部捐献给新校校舍。至此,曾经富甲一方的糖业巨子真的一无所有了,他拿着工商联微薄的薪资租房度日。"文革"后,政府给黄声远建了新房,但他的生活依然非常俭朴。《镇海县志》编纂者之一、曾在声远小学教过书的陈兵回忆起黄声远时说:"(声远先生晚年)可说是'家徒四壁'……空荡荡的卧室,水泥地坪,黑黢黢的墙壁,房内仅一床、一木橱、一饭桌、一床头桌、一木椅、一板箱,而已!"

为办学散尽家财的黄声远洒脱而超然,他说,这一生,完成了自己想做的事,不悔。

李价民

1956年,镇海县中与辛成中学合并,成立了镇海县第一所完全中学——镇海中学,第一任校长是德高望重的李价民,他也是受访的早期校友提到最多的人。

第一篇章：弦歌不辍

李价民出生在一个教育世家，祖母曹氏是清翰林曹珊泉之女，曾通过蔡元培、茅盾、郑振铎等人的帮助，在宁波、镇海等地办学。曹夫人过世时，教育家蔡元培还专门作序表彰。父亲李琯卿秉承遗训，1918年创办敬德小学，10多年后他的学生又筹办了横河公德私立小学。抗战爆发后，李家子女从各地返乡，差不多都成了公德小学的老师，这所小学也成了当地的抗日基地。李价民还和老师们一起组织了"海鹰剧团"，开展抗日宣传。

1940年冬天，长期半身不遂的李琯卿在病榻上，做了一个以"教育与壕沟——抗战中的教育"为题的演讲，呼吁所有小学教师负起责任，不但要教好书，还要培养民族英雄："挽救我们垂危的国运，复兴我们衰老的民族……"那天廊下风很大，也许是因为病着，也许是因为过于投入，李琯卿只穿着汗衫还挥汗不止。"风檐展书读"，那热情洋溢的字字箴言让李价民坚信，只要弦歌不辍、奋斗不止，就一定能走出这重重炮火，走到那个课堂上描绘的民主富强的未来。

1943年，李价民的二哥李侠民在战争中牺牲，李价民成为公德小学的实际负责人。抗战胜利后，县中复校，他被任命为校长，却遭到国民党迫害，心力交瘁，吐血病倒，凄然辞职。

后来著名甬商、糖业巨子黄声远先生出资在家乡镇海创办了私立辛成初级中学。李价民受黄声远聘请，出任辛成中学校长。1956年，镇海县第一所完全中学——镇海中学成立，李价民成为第一任校长。

在很多校友的回忆里，李校长温和、正直、淡泊名利，一心扑在教育事业上，对学生非常热情。曾经有学生生病，他把学生接到家里，陪着求医问药半个多月。还有名学生因家庭纠纷离家出走，他也接回来，照顾了十多天，直到事态平复。

李校长反对"唯有读书高"的思想，主张全面发展，所以辛成中学和镇海中学的课外活动非常丰富，他还自费订了很多书报给学生们看，并在家里挂着中国地图和世界地图，希望孩子胸怀祖国，放眼世界。

李价民一生坎坷，晚年也曾遭受不公待遇，但这位从江南烟雨中走出来的书生，在战乱动荡中都不曾屈服的勇士，在炮火中激励了无数学子艰难前行的教育家，对一切都淡然处之。在最粗暴的岁月里，他没有被吓倒，之后的路，就只剩下清风明月细浪拍岸了。

"不管扮演哪一个角色,他都是那个令我引以为荣、引以为傲,正直、坚贞的男子汉!"著名美籍华裔作家於梨华在晚年的回忆录里这样形容为自己点亮启蒙之光的李价民老师。

於梨华

如果能见证学生们的将来,能看到他们为祖国、为家乡所做的贡献,能了解他们的赤子之心,盛炳纬、黄声远、李价民以及所有在那个年代将教育视为国家希望并为之拼尽全力的老师们和进步人士,一定会非常欣慰。

2013年,县中学子於梨华回家乡出席活动,和镇海同乡、镇中1967届校友严国荣先生共同捐资创立"於梨华青年文学奖",这是宁波市首个以作家名字命名的文学奖项。他们希望能为家乡的青年作家成长搭建有效平台,推动和促进宁波文学事业的繁荣发展。

於梨华幼时就读于公德小学,随后入县中读书。1946年她初中毕业时,还曾代表毕业生在校庆典礼上致辞。后来她随父母去了台湾,1953年毕业于台湾大学历史系,次年赴美入洛杉矶加州大学新闻系,后来开始文学创作。代表作有《梦回青河》《变》《焰》《傅家的儿女们》《又见棕榈,又见棕榈》等。她是20世纪中国著名女作家之一,也是一名社会活动者、爱国主义者。她被誉为"现代留学生文学的鼻祖"和"无根一代海外华人代言者"。

这位女作家说,不管走多远,内心总有一块地方笃定属于故土。她的第一部长篇小说《梦回青河》就是一部半自传体的小说,背景就是记忆中岩河畔的家乡,那里有一个少女的初恋和成长,也有时代大变革中的挣扎和思考。

在於梨华之后的创作中,一条线索贯穿始终:展现海外华人移民的生存状态、情感乡愁和文化性格等。於梨华生前接受采访时曾谈到,台湾和大陆分离所形成的青年信仰失落和崇美热潮、留学生在异国文化碰撞中强烈的精神危机,让她看到了很多值得关注的留学生现象和社会问题,他们被称为"彷徨迷惘没有根的一代"。她希望能够把他们的成功与失败、酸甜苦辣和不同层次的人的生活面貌表现出来,并加上自己对这些的思考。而乡愁对自己而言,是终生的,她总是会怀念祖国,怀念祖国的一切,总想着有一天可以叶落归根。

2014年11月,在第二届宁波文学周上颁发"於梨华青年文学奖"后,於梨华来到镇海,回到了自己心心念念的母校——镇海中学。登梓荫山,过长廊,跨石桥,漫步大成殿。"我想这里啊,这里是我的家乡呀!"於梨华一边走一边恋恋不舍地看着,动情地说:"我的根,在镇海。"

这也是后来无数镇中学子的心声吧。

第二篇章

20 世纪 50、60 年代

为中华之崛起

20 世纪 50、60 年代

1949年镇海解放的时候,战争的阴云还未完全散去,敌机不时在头顶上盘旋。当时的县中主委(校长)郑芳华为了学生安全,将校址迁至在市王家祠堂,直到战事平息才回城。1956年,县中和辛成中学合并,建立了镇海县第一所完全中学——镇海中学。

1959年7月,镇中首届高中毕业生和应届初中毕业生的高考与中考成绩双双夺得宁波市第一名。其中,高考成绩名列浙江省第五,数学单科平均成绩名列省第二。这所名不见经传的市郊中学,从此一炮打响。

我们采访的几位20世纪50、60年代的校友,大多出生于普通农家,幼时经历过战争贫困之苦,入学后,受李价民校长和进步老师的影响,把报效祖国作为毕生追求。哪怕当年的热血青年已经白发苍苍,我们依然能从他们身上感受到"为中华之崛起而读书"的豪气,并相信,不管时代如何更迭,他们流淌在血液里的初心和理想,从不曾改变。

被校长改变的一生

杜圣华 1953届校友。曾任上海核工程研究设计院副总工程师,秦山核电站核反应堆主要设计领导之一,享受国务院政府特殊津贴的专家。他所主持的秦山30万千瓦核电站设计和建造项目获1997年国家科技进步特等奖;秦山30万千瓦核电站堆芯燃料组件设计与制造项目获1998年国家科技进步二等奖;恰希玛核电工程技术研究设计项目是我国首座出口巴基斯坦恰希玛核电站的主设备设计与制造项目,获2006年国防科委科技进步特等奖、2008年国家科技进步二等奖;秦山核电站反应堆控制棒驱动机构、堆芯控制棒组件设计研究等多项成果获部级科技进步二等奖。

镇中印记

这是我人生中的第一个转折点,郑校长期待我们成为国家的栋梁之材,我一直记在心里。

1 青春记忆

读初中的时候,杜圣华已经14岁了。他是骆驼街道刘杜村的一个普通农家的长子,童年在战争与饥饿中度过——他经历过日军下乡疯狂的扫荡,跟着父母进山逃难,在担惊受怕中忍饥挨饿,靠米壳谷磨粉制成的糠饼挨过最艰难的日子;他亲历过新四军和伪军的正面交锋,壮着胆子为浴血奋战的游击队员送水;他知道生活不易,6岁开始就跟着祖父放牛,早早地学会了犁地、插秧、割稻,15岁就能挑起50多公斤的重担……

他断断续续地读着小学。1949年9月,镇海解放。杜圣华那时并不太理解"解放"这个词的意思,父母说,就是以后可以过太平日子了。

1950年8月,被接管的县中第一次正常招生,学校很重视,除了笔试,校长和教导主任还亲自面试。杜圣华早已想不起来考了什么,但记忆中,校长很年轻,不到40岁,笑容和蔼,很认真地听他讲完,冲他点点头。

杜圣华后来才知道,校长叫郑芳华,是自己生命中的第一个贵人。

学校很远,离家三十多里地。他每周来回一次,从家里出发,经过片片稻田,翻过十余座桥,走过长长的石板路,穿过五六个乡村,走上三四个小时才能进城,走进由原来的孔庙改建而成的县中。

毕业68年后,杜圣华依然能清晰地回忆起校舍的结构:孔庙有些年代了,因为战争破坏、年久失修,斑驳的外墙与远远近近的低矮民房一起,应和成一张垂老的脸。孔庙大成殿被改为礼堂,东、西两侧两排平房作了教室。老师们在前殿的平房办公,而学生就借住在铁观音寺内。

操场原是一片废墟瓦砾,晚上教室靠一盏盏汽油灯照明。学习之余,学生们也参加劳动,挖土挑瓦开辟运动场所。

百废待兴，处处艰辛，可是艰辛中孕育着希望，因为一切都是新的。

杜圣华年岁大一些，农活又是一把好手，于是被推荐担任年级劳动委员，课余时间带领大家在校开垦荒地、种菜、除虫、施肥、收割蔬菜，帮助食堂改善伙食。

那是一段无忧无虑的时光，可惜仅仅过了半年，杜圣华就被父亲叫回了家。

他知道父母的苦衷，家里孩子多，那么多年，他们无时无刻不在统筹和盘算——有限的一点口粮如何科学规划、合理分配，然后挨个儿填进一张张嗷嗷待哺的嘴，让每个孩子都能顺顺利利地长大。如今弟妹还年幼，家里缺乏劳力，而他15岁了，该为大人分忧了。

就在杜圣华逐渐接受命运的安排，打算这辈子就面朝黄土背朝天的时候，郑校长出现了。他走了三十多里路，找到刘杜村的村主任，又跟着村主任来到田间。正在埋头干活的杜圣华听到有人叫自己的名字，一抬头竟是校长，就像半年前面试的时候一样，笑盈盈地看着自己，他一下子愣住了。

有身份的读书人亲自上门拜访，还那么谦和有礼，全家人都激动得不知道说什么好了。杜圣华记得那一天郑校长和父亲聊了很久，到最后，父亲连连点头。学校免除了全部学杂费和食宿费，杜圣华得到了重新上学的机会。

后来杜圣华也问过父亲，郑校长那天到底说了什么。父亲告诉他，郑校长说，他相信，每个能考入县中的孩子，将来都有可能成为"千里马"，成为国家的栋梁。我们不能耽误孩子，更不能耽误国家。

就这样，1951年秋天，杜圣华重新回到课堂，继续学习。1953年秋，他考入宁波第一中学（现宁波中学）读高中，1956年，他考进上海造船学院（上海交通大学前身）。

他永远不会忘记，是郑校长的努力，改变了自己的一生。

2 人生经历

拓荒人

杜圣华选择上海造船学院有几分偶然。他读高一那一年,上海的两位老师翁史烈和钟芳源,来到宁波做了关于船舶制造各专业的招生介绍。赤诚的演讲深深地打动了这个还不知道未来在哪里的少年,他最终确定了要为我国船舶制造发展做贡献的远大志向。

1956年的夏天,还在稻田里割稻的他,接过了邮递员手中的上海造船学院的录取通知书,成为新中国成立后村里第一个大学生。他挑着扁担,一头放着一个小木箱,一头放着被子,步行到宁波,然后第一次坐船去了上海。兜里揣着的,除了录取通知书,还有母亲凑的十元钱,以及一张村里开的困难证明。凭着这张证明,所有学杂费都免去了,他的生活也不再有后顾之忧。

两年后,成绩出色的他遇到了人生的又一个转折。那是1958年,美国与苏联大搞军备竞争。经历了抗美援朝战争的中国,为了国家的进一步强盛,也开始了一场在科技领域里千里逐敌的竞赛,多家高校纷纷成立航天、核工程等高尖端专业。上了两年船舶动力系基础课程的杜圣华被调至学校新建立的核工程专业。

那是一个全新的专业,一无专业老师,二无相关专业教材,三无试验手段,欧美和苏联对中国采取了保密措施,一切都要靠中国自己摸索。杜圣华只记得,一下子多了24门课,新增的微观理论课程非常抽象,自己的学习模式全被打乱了。他经常独自去图书馆查找苏联、美国出版的核工程专业原著挑灯细读。杜圣华用自己最大的热情和好奇心,一步一个脚印,走完了自己五年的求学之路。

1960年,杜圣华提前毕业,留校任预备教师,从事核反应堆专业课教学和学生毕业设计指导工作。作为核工程专业教学的"拓荒人",他和6名同事分工合作,千方百计地在上海图书馆、北京图书馆、情报资料研究所等地调研、收集、阅读、整理了相关专业资料,编著了《核反应堆设计原理》等专业课教材,其中,部分图书经过修改补充,后成为全国高校核工程专业通用教材。

杜圣华是中国第一代核工程专业的学生,又是第一批核工程专业的老师。之后的半个多世纪,他一直在自己热爱的核工程领域里教书育人。在他心里,人民教师和科学家一样,是个值得骄傲一辈子的称号。

秦　山

20世纪70年代,根据周恩来总理"从长远来看,要解决上海和华东地区用电问题,要靠核电"的指示,上海成立"728工程"指挥部,决定在浙江省嘉兴市海盐县的秦山建造中国第一座核电站。

杜圣华被第一批抽调至指挥部,担任核电站反应堆设计组组长。

那一年他38岁,从此,"秦山"便成为他生命中的关键词。

这是一个崭新而陌生的领域,他知道眼前的路漫长而艰险,且无前人的足迹可以追寻,因为国外对核电领域的技术是绝对封锁的,苏联也不会提供任何帮助。他们需要完全自主研发设计,并实现燃料组件、反应堆设备、特种材料等的国产化。

这一项综合性很强的技术,涉及反应堆物理、热工水力、机械、核辐射屏蔽、材料科学、电子自动控制、概率风险评估等多个领域。杜圣华带着团队摸索时,常常觉得自己仿佛置身于灌木丛生的密林,每一项发现都会抽出新枝,每一次试验又会长出新芽,在层层叠叠的枝叶间看清前路并不容易。在正式进入施工设计阶段前,他们需要一次又一次地模拟设计、计算分析、实验验证、初步设计、样机制造……

当时计算机的速度慢,每一次试验计算都需要漫长的等待,这个过程其实挺煎熬,"你不知道花了这么多功夫,下面是可以迈进,还是推倒重来。你唯一确定的是,每一步都要走稳,都要万无一失。"

成功不是一蹴而就的。相关媒体曾报道过,杜圣华的团队在一次控制棒驱动机构落棒试验中遇到了一个大难题:当水温冷时,落棒非常顺利,然而当水温上升到300℃时,落棒会很慢,有时还会卡住。

控制棒驱动机构是核电站反应堆的重要动作设备,如果不能在2秒内落棒成功,核反应就会失控,这是一个必须要解决的问题。小组成员几乎不眠不休地分析推断。他们把控制棒驱动机构全部拆开,逐一排查,最终找出了问题的根源:原来是设计的机构配合的间隙公差留得太少,在高温、高压下,各机构的膨胀系数不一样,导致间隙变小,落棒才会不成功。

一组数据也许很能说明问题——他们奋战16个春秋,与包括上海核工程研究设计院在内的近20个相关单位共同试验,经过大量的分析计算,开展了56项科研试验和部件攻关,其中包括10种新材料的研制,36项部件的试验研制,9项燃料组件样机堆外性能试验,制作了100多份设计文件,终于完成了中国自行设计制造的秦山核电站的堆芯燃料组件。

1991年12月15日零时15分,秦山核电站的主控室里,"并网!"一声令下,核电操纵员按下了并网电钮,就在这一瞬间,一股强大的核裂变产生的电流通过华东电网输送给了千家万户。

之后,杜圣华又组织技术攻关,开展新一轮的设备改进工作,同时,开始设计建造出口核电站,他主管设备设计和技术服务的巴基斯坦恰希玛核电站是中国首座出口商用核电站,国务院前总理朱镕基曾称这是"南南合作的成功典范"。1996年退休后,杜圣华还被聘为国家核安全局核安全专家、上海核工程研究设计院技术顾问、中国中原对外工程有限公司副总工程师等,继续从事核电站核岛主设备设计工作。他还参与了与加拿大共建重水堆核电机组等项目的工作,为中国技术走向国际立下汗马功劳。

在许多荣誉面前,再回想起当年郑芳华校长说的"栋梁之才",杜圣华觉得自己很幸运:人生有那么多机缘巧合,他在郑校长的极力争取下得以延续学业,之后才有机会带着一腔热情和毕生努力参与中国核电事业50年的发展,报效祖国,实现人生价值。"于学生,于时代,于国家,郑校长都是一个非常了不起的人。"

当国家真正强大的时候

贺贤土 1954届校友。中国科学院院士、俄罗斯科学院外籍院士及俄罗斯科学院荣誉科学博士、中国工程物理研究院研究员、理论物理学家。曾任北京应用物理与计算数学研究所副所长、国家"863"计划惯性约束聚变主题首席科学家、中国科学院学部主席团成员和数理学部主任、浙江大学理学院院长、宁波职业技术学院院长、北京大学应用物理与技术研究中心荣誉主任。曾获国家自然科学奖二等奖、国家科技进步奖一等奖和二等奖、何梁何利基金科学与技术进步奖、光华科技基金奖一等奖、竺可桢奖以及爱德华·泰勒奖。2018年9月25日,国际小行星中心将编号079286命名为"Hexiantu贺贤土小行星"。

镇中印记

初中三年教育对一个人以后的成长有着重要的影响。当年正是先生和老师们的谆谆教导,使我们这些十分无知的孩子,很好地完成了初中学业,奠定了我以后顺利完成高中、大学学业的基础。我开始懂得努力学习、热爱祖国、将来为祖国贡献自己力量的做人道理。

1 青春记忆

1951年，贺贤土进入辛成中学上初中的时候，他已小学毕业两年。那两年里，全国绝大多数地方都已经解放，而他的老家新碶镇，时不时还有国民党的飞机从尚未解放的舟山群岛飞来轰炸，贺贤土一家只好逃难到附近的亲戚家。

贺贤土十分喜爱读书。没学可上的日子，他也不忘读书。那年代书少，他爱上了武侠小说。避难在亲戚家时，他偶尔跟着表哥去放牛，也不忘带上一本《七侠五义》看，看累了仰头一躺，盯着天空发呆。

贺贤土喜欢文学。偶尔经过山上的坟地，留心到墓上的一些碑文，他感到很有意思，就细细琢磨，有时还模仿着写对联和作诗。

1951年，外面渐渐太平，可以回去上学了，但县中招生已过，他便进了刚成立不久的私立辛成中学。

这所由著名甬商出资，为了"扶携乡里贫家子弟"而办的私立学校，一点都不比公办学校逊色。青砖砌成的校舍还是崭新的，宿舍有上下铺，老师大多大学毕业，校长李价民更是名声在外的教育家。据说当时包括上海格致中学在内的多所学校都曾邀请李价民去当校长，但他不顾工资待遇低和办学条件艰苦，坚持留在镇海这所成立不久的中学，守着家乡的一群穷孩子。

贺贤土在入学的那个秋天第一次见到了传说中的李校长，大家都叫他先生。这个和他父亲年纪一般大的中年人表情刚毅、态度严肃，乡下孩子见他的第一感觉就是敬畏，直到先生亲自教他们历史课。

李校长擅长把那些抽象、细碎的知识点放到时间轴上，把重要事件还原成跌宕起伏、有画面感的故事，细数来龙去脉、起承转合。那简练明了的语言和条理清晰的分析,以及引导学生思索问题的教学方式,曾使很多感到历史课枯燥的学生爱上了历史课。隔了70年的光阴,贺贤土依然记得历史课上的笑声,深感先生传授给学生的不仅仅是书本知识,还有分析问题的能力和科学思维的方法。这样的教育理念,放到现在都毫不过时。

贺贤土对初中生活的印象是开心,读书不累。那三年里,新的世界渐渐展开,他的阅读面逐渐扩大,对茅盾、巴金、鲁迅以及郭沫若的作品爱不释手。后来苏联文学引进,他又迷上了《钢铁是怎样炼成的》《卓娅和舒拉的故事》等,语文老师姚先熙总表扬他的作文。他还学会了拉二胡,体育成绩也很不错。在体育老师俞道华的鼓励下,这个当年的"放牛娃"还去竞选学生会干部,从学习部部长一直做到副主席、主席。贺贤土因此和李校长有了更多的交集。有很多次,他们几个同学会穿过校外的一个大校场,到先生家里,讨论学生会的工作。

那是新中国成立之初,百废待兴、万业复苏的热望里,培养人才建设新中国是当时教育事业的重大使命。党中央曾发出"学习成为中国青年特别突出的任务"的号召。先生积极响应号召,在全校进行动员报告,勉励同学们努力学习,将来成为新中国建设人才,同时要求学生会干部在学习中起模范带头作用,向科学进军。很多次交流和学习,都是在先生家中进行的。

贺贤土记得那个简朴而整洁的小院子,石凳子磨得溜光水滑,坐上去凉津津的。学生们聚在一起,听李校长讲政治和国家大事。那时的先生,像父亲一样,温和慈祥,平易近人。他常很耐心地给那些半大不小的孩子分析国内外形势,讲新中国农村的发展,讲工农业各条战线的成绩,号召大家向英雄模范学习。他说祖国的发展需要人才,你们每一个人都要努力学习,因为你们要改变的,不仅仅是自己的未来,还有国家和民族的命运。

有时,李校长也会谈到当时的抗美援朝战争,讲志愿军浴血奋战的故事,告诉大家和平来之不易,要珍惜眼前的幸福生活。李校长勉励大家努力学习,成为新中国建设人才。他说,只有新中国建设得强大了,敌人才不敢欺侮我们。

这句话,影响了贺贤土的一生。

2 人生经历

选 择

贺贤土那一届学生毕业时,镇海还没有高中,多数人考进了效实中学和宁波第一中学,这是当时宁波最好的两所高中。全面发展的贺贤土在宁波第一中学延续着初中时代的优秀。他有一个当作家的梦,但也喜欢数理化,一时拿不定高中毕业后学文还是学理,直到 1956 年高二下学期,国家号召"向科学进军",宁波市组织高中学生会干部观看王淦昌先生讲原子、核聚变能的视频,听王兴廉校长等讲半导体以及有趣的物理知识,贺贤土才下决心报考物理学专业。

一个决定,就是一生。

他觉得物理有趣,但真正打动他的,是李校长的那一句"国家发展更需要这方面的人才"。

25 岁的贺贤土从浙江大学物理系毕业后,本来要留校担任助教,但那年 11 月,他突然接到通知要被分配到北京"一个重要的国家单位"。

调令上的措辞非常含糊,谁也不知道那是哪里,要做什么。贺贤土十分留恋在美丽的杭州浙大任教的机会,但他也感到国家需要自己,于是他没有犹豫,按期到北京报到。经过几个月漫长而严格的审查后,他进入了核武器研究所,从此开始了自己注定不凡的一生。

"两 弹"

1963 年底,在中国第一颗原子弹爆炸前夕,贺贤土接到了一个重要课题:原子弹在达到超临界状态时,可能会在预定点火时刻之前出现过早点火,他的任务是要计算出过早点火的概率。

这是原子弹研究设计中的一个重要问题,曾有多位专家在不同的物理模型下计算这个问题。初出茅庐的贺贤土,勇于另辟蹊径。经过近一年的时间,他给出了方程数值计算的物理方案。他和一位从事计算数学的同事汤礼道合作,编写了计算机程序,精确地算出了过早点火概率。这项成果不但在中国第一颗原子弹爆炸的过程中得到应用,在此后的核武器设计与试验中也一直被应用。

1964年10月16日,中国第一颗原子弹爆炸成功。贺贤土仍清晰地记得,当时新闻报纸发了号外,祖国各地一片欢腾。他们走出研究所时,突然发现门外的黑板上,密密麻麻地写满了附近学校师生们感谢的话。

一年多的废寝忘食和夙兴夜寐,在那一刻得到了最大的回报。

此后,贺贤土参与了与氢弹研制有关的试验的热测试理论研究,为试验诊断氢弹原理和第一颗氢弹包括当量等重要物理量以及以后的热测试理论做了大量开创性工作。1967年起,他带领小组负责物理研究,设计我国第一次地下核试验的核装置,并分解研究氢弹原理中的一些重要物理过程,进行近区测试实验。热试验获得圆满成功。20世纪70年代末到80年代中,他最大的成就,就是研究攻克了中子弹理论,与团队一起突破了中子弹原理,为中国新一代核武器的发展做出了重大贡献。

ICF

除了核武器研究,激光驱动惯性约束核聚变(ICF)是贺贤土研究工作的另一个重要方向。激光驱动惯性约束核聚变是一个非常大的科学工程,它利用激光提供驱动能量,再通过惯性约束的途径发生点火和聚变。当时,世界大国纷纷开展此类研究,以图抢得先机。

中国的ICF研究在20世纪90年代初以前十分薄弱,被很多西方国家轻视。在王淦昌、于敏、贺贤土等专家的努力下,国家将ICF研究纳入"863"计划。

从1993年到2001年,贺贤土先后担任"863"计划直属的ICF主题专家组秘书长和第二任首席科学家等职。在贺贤土领导期间,中国的ICF研究打破了西方国家的封锁,在研究基础十分薄弱的条件下,自力更生、自主创新,突破了大量重大难关,取得了一系列重大成果。目前中国的ICF研究正处在聚变点火的道路上。贺贤土不仅领导了中国的ICF研究,而且总结了美国点火装置点火失败的经验,提出了中国自己的新型的点火模型,受到国际同行的关注。

基础研究

贺贤土十分重视基础科学研究,在努力完成国家重大任务的同时,他努力从所从事的大科学工程中提炼大量基础科学进行研究,他说,这样做可使大科学工程的研究建立在深度科学认知的基础上,保证大科学工程具有更高的质量和科学水平。在提炼大科学工程中的基础科学的同时,他也努力探索物理学中一些十分基础的问题,在非平衡统计物理、高能量密度物理、等离子体物理领域中做出了很多有国际影响力的成绩。

理 想

很多人知道贺贤土这个名字,是在2018年9月25日,国际小行星中心将一颗编号079286的小行星命名为"Hexiantu贺贤土小行星"。这位为祖国挥洒心血、倾尽智慧的科学家,由于保密等原因,多年来很少接受宣传报道,许多贡献鲜为人知。但他从不介意这些虚名,他说,他们这一代人,是背负着建设新中国的使命成长起来的。当年李校长说,读书是为了让祖国更强大,他做到了,即使他的名字不会像星星一样熠熠生辉,他都无怨无悔。

因为工作的特殊性,贺贤土多年没有和母校辛成中学联系,一直到1986年,单位派他到美国做访问学者,出国前他特意到镇海看望李校长,不巧李校长出差不在家,他只见到了李校长的夫人於侃民老师。聊到先生在"文革"中受到的磨难,贺贤土只觉一阵心酸。师母笑着说,一切都过去了,现在都挺好,他(李校长)不在意这些的。贺贤土想想也对,说:"那等我回来,再来看先生。"

两年后贺贤土回国,还没来得及返乡,就听到李校长去世的消息,只觉晴天霹雳,泪眼蒙眬,那一次错过,终成遗憾。

但是,他一直记得先生的话,记得先生的理想和嘱托:为了和平,为了一个更强大的祖国竭尽毕生心血。

"就像先生为了下一代的教育竭尽毕生心血一样,在他(李校长)心里,其余的,都不重要。"

鹰的豪情

胡军英 1959届校友。南京师范大学教育图书资料情报专家,副研究馆员。先后在中华全国供销合作总社政治部和南京师范大学教育系资料室及南京师范大学图书馆从事教育与心理类图书资料情报的收集、选编和推介工作,曾出版《全国供销合作社系统学习毛主席著作先进个人事迹选》(参编)、《学校管理心理学资料选》(主编)、《值得回味的往事——江苏省心理学会60年(1950—2010)》(主编助理)等书,发表关于儿童教育与家庭教育的文章近20篇。

镇中印记

在获得科学、人文知识的同时,我觉得母校老师们的言传身教和整个学校的奋斗氛围,强化了我对踏实工作、真诚待人、吃苦耐劳、坚强乐观品格的追求,使平凡的我在平凡的工作中也能享受到许多工作乐趣和人生乐趣。所以,我始终感恩母校。

1 青春记忆

从她毕业那年算起,胡军英离开学校已过一个甲子了。但细细回忆的时候,她还能清晰地描绘出校舍的样子——最高的建筑就是那幢带有阁楼的二层教学楼,一、二层是教室,阁楼是她们女生的宿舍,一间十几平方米,无床无桌,地板上用木条隔出一个个铺位,8个姑娘席地而睡。

她能准确地说出多数任课老师包括管实验室的老师的名字,记得他们的模样和说话的语调。

她记得他们的青春激情和梦想:当年在热烈的讨论后,大家把班级分别命名为雏鹰班和海鹰班,寓意雏鹰展翅,海鹰翱翔,奋发向上,报效祖国。

作为镇海中学首届高中毕业生,这届同学没有辜负母校的期望,用毕生的努力实践了展翅翱翔、报效祖国的愿景。耄耋之年再回首往事,那些到老都不忘的记忆,有点像湖底捞起的石头,虽然上面附着大半生岁月冲刷出来的浪痕,但是尘泥洗净后尽显坚硬剔透。

老师群像

1956年,县中和私立辛成中学合并成立镇海县第一所完全中学——镇海中学。首届高中只有两个班,柴桥中学毕业的胡军英是保送进来的,她一直觉得自己很幸运,因为这里有最优秀的老师。

每个老师都各有所长。语文老师张幼棠看上去柔弱瘦小,却是一身幽默细胞。上课时喜欢拿着书穿梭在课桌之间,时而声如洪钟,时而低吟浅唱,最擅长把晦涩难懂的古文诗词讲述得生动有趣,简直让人无法不喜欢这门课。

数学老师胡明德特别注重因材施教，他总是能慧眼识珠找到"好苗子"，给予特别的指导。很多寒门学子因为胡老师的精心培养变成了数学尖子，考上了名牌大学，实现了人生价值。

化学老师周有箴总是乐呵呵的，没啥脾气，为了激发同学们学化学的兴趣，他常有出其不意的妙招。有一次上课，他一脸神秘地说："告诉你们一个秘密，头发可以制造酱油。"见大家将信将疑，他笑着卖了个关子，"课后有兴趣的同学可以来找我，我做给你们看。"吊足了大家的胃口后，他果然给大家演示了整个实验过程。胡军英已经记不清具体细节，但她记得周老师鼓励他们："纸上得来终觉浅，动手尝试，多做实验，才会把知识点理解得更透彻。"

那时管实验室的贺福康老师是个瘦瘦高高的中年男人，话不多，但总是笑眯眯的，有求必应。实验室随时向学生开放，胡军英的记忆里，贺老师似乎总在那里，学生做实验时他就在旁边陪着，提供必要的帮助，偶尔提示几句，总能给人新的启发。贺老师没有给学生正式上过课，在许许多多的明星教师中，他更像一个默默无闻的"配角"，但他一如既往的细致和耐心给胡军英留下了深刻的印象，也潜移默化地影响了很多人。

体育老师在锻炼学生体格意志、提升学生体育技能上很有办法，胡军英说自己就是这方面的受益者。见她通过劳卫制二级有困难，老师不仅自己指点，还专门指派体育成绩好的同学给她当陪练，用下午放学后和周末的时间练，终于让她开了窍过了关。现在说起这件事来，胡军英仍然心存感激。

下乡勤工俭学

高二下半学期，全体学生离开校园去农村勤工俭学。那是一次艰难的旅程，男生每人挑两张课桌，女生每人挑两条长凳，步行数十里路到大碶的塔峙岙报到。途中，没走几里大家就累得上气不接下气，步步维艰，但最后大家都咬紧牙关挑到了终点。

山上的生活很艰苦，要修筑水库、进村扫盲，还要上课。但因为年轻，大家都适应得很快,而且能在苦中找到乐子。胡军英和同学们到塔峙岙的第二天就开始修水库。女孩子力气有限,她两边畚箕只各装一半土,挑起来还觉得很吃力,没走几步便体力不支。但半年后她就变成了"女汉子",竟可以挑着压实、冒尖、约120斤的两畚箕土,一口气冲上陡60度高2米的堤顶。

筑堤时打夯是件费力但有趣的事。男生为主力,女生打副手,边打夯边有节奏地哼唱即兴创作的打夯歌,有时还你一句我一句接龙似的哼唱,欢乐赶走了疲劳。

白天做重活,晚上还要到农民家里扫盲。胡军英觉得,教识字并不难,她也乐意和农民打交道,唯一有点怕的就是黑灯瞎火走夜路。所幸,女孩子们每晚教完识字课返回驻地时,常有先上完课的男同学等候在村口为她们壮胆。大家一起走,再黑的路,也变得轻松而美好了。

如今想来,年轻的时候吃一点苦真的不是什么坏事。胡军英后来在河北文安参加"五七"干校劳动时,虽然是大病初愈不久,却也能扛起百十来斤重的高粱秆,天寒地冻的时候她还赤脚挖水渠,与男同志一起抛砖搞基建。最苦的时候,她会想到塔峙岙的生活,她很感激那段经历让自己有了吃苦耐劳的韧性,学会了在苦难中寻找乐趣,也更有勇气和毅力去应对之后的风雨坎坷。

2 人生经历

1959年,镇海中学首届高中生毕业,高考成绩在宁波排第一。很多人考上了清华大学、浙江大学、中国人民解放军军事工程学院、杭州大学、复旦大学、上海交通大学、华东师范大学、华东水利学院(今河海大学)等名校,后来,他们中有搞航天科技的,有搞核电站的,有做歼击机数据测试的,有做大型水利工程的,有管理国营企业的,还有医生、教师、律师、记者等。

从华东师范大学教育系毕业后,胡军英被分配到中华全国供销合作总社机关,参与全国供销合作社系统学习毛主席著作经验收集、整理、编辑和出版宣介工作;"文革"开始后,国家机关有接待红卫兵的任务,因工作繁重,她大病一场,当时医生判断她只能熬过 2 周。但是,经过 9 个月的艰苦治疗和坚强乐观的自我调整,她最终顽强地活了下来,并重返工作岗位。

1981 年,胡军英调到南京师范大学,先后在教育系资料室和校图书馆从事教育与心理类图书资料情报的收集、选编和推介工作。前后几十年里,她做的几乎都是不出面、不留名的后台文字服务工作。她一点一点地整理国内外教育图书、杂志,将资料情报分门别类地收集、摘编,与全国相关院校保持交流,还应江苏省心理学会之约编选《学校管理心理学资料选》,以解改革开放初期各地教师进修学校缺乏相关教材的燃眉之急……

做这些事都需要踏踏实实、耐得住寂寞,一时半会儿也看不到成绩,出不了名,但她乐此不疲。经年累月的默默工作,一点一滴的勤奋积累,终于使她成了教育图书资料情报方面的专家,并在国内知名期刊上发表了近 20 篇颇受欢迎的儿童成长和家庭教育方面的文章。

胡军英在南京师范大学没有教学任务,但她时时以真诚待人和热情助人为己任,就为学生那一声真诚的"胡老师",她也乐意竭尽全力地帮助学生。给学生推荐资料、介绍专业前沿信息,不遗余力地为学生的学习和研究提供方便的时候,她常常会想到当年的贺福康老师,越来越觉得,甘为人梯的坚守和付出,也是一种成就。

胡军英的先生每年都要带研究生,作为师母,她像对儿女般关注学生们的成长,关心他们的生活,因此深得这些研究生的尊重。自 2007 年起,这些陆续毕业的研究生连续 14 年自发地为他俩举办庆生聚会,一则表示师恩难忘,一则交流他们各自的发展状况,这让胡军英觉得,自己所有的付出都是值得的。

她一直保持着终身学习、不断接受新事物的习惯。她常通过微信群和当年的老同学一起聊天,分享见解。镇海中学 1959 届校友微信群的群名就叫爱鹰群。胡军英说,这么多年,大家分散在天南海北、各行各业,经历了不同的人生,但唯一不变的是,他们没有丢掉雄鹰的豪气,他们身上,永远有母校的印迹。

决定人生差距的要素

许克用 1959届校友。宁波师范学院数学系毕业，1964年起在镇海中学任教至退休。多年以来，所带的毕业班数学成绩居省、市前列，与同年级教师合作，指导多名学生获全国数学竞赛（浙江赛区）一等奖。有多篇论文、课题获奖。1988年被评为宁波市劳动模范，1990年被评为浙江省特级教师，1993年被评为全国优秀教师，1996年获苏步青数学教育奖（个人奖），1998年获浙江省师德楷模称号，1999年获国务院特殊津贴。

镇中印记

这辈子我没有想过别的，就是全心全意，做一个好老师。我只是这个群体里最普通的一个，就像教过我的老师们，也像后来的同事们。

1 青春记忆

算起来,80 岁的许克用应该是在校时间最长的校友:1953 年进入辛成中学读初中,3 年后被保送镇海中学,1959 年考上宁波师范学院,毕业不到半年就回母校教书,2002 年退休后被返聘……前前后后,许克用人生中近一个甲子的时光,属于这所培养了自己的中学。

他是校友们回忆时提到次数最多的老师之一,而他也记得当年每位任课老师的名字,他身上有他们的影子——尽管每个人都有自己的教学风格,尽管每个时代都有不同的希望和遗憾,尽管教材和学生在岁月里不断变换,但他们的目标一致,心意相通:上一代人用尽全力将下一代推向一个更美好、更丰富的未来,一种无形的力量代代相传。

六十多年前的辛成中学,几幢青砖砌成的小楼,一个能容纳几百人的大礼堂。许克用进校的那一年,学校改造了操场,有了第一架钢琴。每天下午的最后两节课,老师鼓励大家放下书本,去参加各种音体美活动。

当时的校长李价民,出生于小港鼎鼎有名的教育世家,深受陶行知、叶圣陶教育思想的影响,坚持学生全面发展。

许克用的记忆中,那时李校长四十多岁,温文尔雅,气质出挑。"他是天生的教育家,有一种气场,哪怕只是看着你,什么都不说,再调皮的孩子,也会乖乖地收了心。"

李校长教他们历史,许克用偏理科,头一回考试,历史只考了 3 分(5 分制),发考卷的时候十分惶恐,但是李校长什么也没说,就是看着他,温和地笑了下。

快七十年过去了,许克用一直清晰地记得那个笑容,他从中读到了安慰和鼓励,并下定决心苦下功夫,后来他的历史成绩一直保持在 5 分。

给他留下深刻印象的还有慈母一般的班主任徐纪成,多才多艺的音乐老师胡文璋……那时他就有一个概念,好老师温和包容,懂得激励学生。

1956年,县中和辛成中学合并,镇海中学成立,许克用成为镇海中学第一届高中生。

一切都是新的,没有人知道这所不知名的郊区中学会走多远,一切都在摸索中前进。数学老师胡明德,就是这时从乡下小学调上来的。第一次上课,许克用就感受到了他的与众不同。那时许克用不知道,他将是影响自己一生的人。

原来辛成中学的老师大多是科班出身,受过良好的教育。胡老师却是"野生派",把字母"H"称为矮凳脚,将分子、分母称为楼上、楼下,虽土,倒也形象,大家很快就接受了。他语速极快,但论证严密,且生动有趣。计算能力也超强,三位数乘三位数,他可以心算报出答案,一下子就把大家镇住了。

胡老师是镇海的传奇——只读过四五年小学,解放初在村里小学教书时开始自学,花了五六年时间学完大学课程,当时杭州大学数学系主任徐如英等知名教授经过测试,确认其知识水平已经超过了本科生,准备让他留校任教并接受深造。但胡老师另类而洒脱:"我都三十多岁了,不折腾了,还是回乡教书吧!"

就这样,原本要教大学的小学老师,来到了镇海中学。

当时《浙江日报》曾用一个版面介绍这位镇海奇人自学成才的事迹,但只有极少数的人知道,第一次教中学的数学天才也承受着巨大的压力。许克用记得,那些年,胡老师两样东西是不离身的,一是浓茶,当时没什么好茶叶,为了提神,胡老师就把茶泡得浓浓的,杯子里有一半都是茶叶,学生们戏称这些茶叶为"咸菜";二是劣质烟,大家埋头苦读时,一闻到那特有的烟味儿,就知道胡老师远远地走来了。

胡老师还有一个习惯,就是哪怕课早就备好了,每天晚自习结束以后还是要坚持写教案,这样可以把学生当天的问题整理出来,第二天上课更有针对性。这样一两个小时下来,入睡就要半夜了,但这个习惯贯穿了胡老师的整个教学生涯。外行人会觉得，每一届的教材都是一样的，备一次课就够了，但胡老师坚持他的习惯，"学生不一样啊，你得知道学生想什么，有针对性地上课，他们才爱听。"许克用自己当了老师以后，也继承了这个习惯。

当时没什么辅导材料，许多习题都是胡老师自己设计的，一个问题，正面反面侧面不断地变化，便于学生深刻地理解。有时候，他也会笑眯眯地激许克用："这是我昨晚琢磨了半夜的难题，考考你，要是你能答得出来，我就服你！"

被吊足了胃口的许克用，便会绞尽脑汁废寝忘食地去想。他最开心的，就是把好不容易得到的答案交上去，看到胡老师满脸惊喜的夸张表情。如今想来，胡老师是真的很善于调动学生的积极性。

"说他100句，不及夸他1句。"这是胡老师的名言，意思是要多鼓励少批评，不要挫伤学生的学习热情。胡老师是自学成才的，他深知探索的欲望有多重要。

喜欢鼓励学生的不止胡老师一人，班主任周有箴老师教化学，为人谦和，彬彬有礼。好几次，许克用经过实验室，看到周老师在里面笑着向他招招手，他便进去和老师一起做实验。整整一下午，两人低着头，专心致志。他在不说话的默契里，感受到了肯定和赞许。

1959年高考，这一届学生成绩喜人，尤其是数学，取得了浙江省第二的排名。考进宁波师范学院数学系的许克用那时还没有想到，从此一炮打响的母校，将成为自己生命中最重要的一部分，而自己此后近半个世纪的努力，也将延续她的荣光。

2 人生经历

从宁波师范学院毕业后，许克用被分配到大碶中学任教，半年后，在胡明德和其他多位老师的推荐下，他回到了镇海中学。站在熟悉的讲台上，他的心踏实安定，好像整个世界都在这间小小的教室里，自己天生就属于这里。

随着工作年限的增长,许克用越来越频繁地在自己身上看到了身边老师们的影子。

他也每天赶在学生早读之前到教室,等学生上完自习后再写教案,年复一年,兢兢业业,一心扑在教学上。

他也努力寻找每一个孩子的闪光点,想尽办法激发他们对数学的兴趣。对成绩不好又叛逆的学生,就创造机会让他们发言表现,然后发自内心地称赞。他看到学生又兴奋,又害羞,努力板着脸掩饰自己开心的样子,就知道自己又搞定了一个。

他也一门心思钻研业务,努力把课上得生动活泼、易于接受,通过最鲜活的描述,让学生理解那些抽象的概念。

怎样理解平面的无边无际?他说,如果我们中间隔着一个平面,哪怕近在咫尺,也永远触摸不到彼此。

也正因无限延伸,才有无限可能。他又说,在你们眼前课本上的那个平面,它会一直延伸,直到世界的另一头,就像你们的梦想一样,未来还有无限可能……

他觉得作为一名老师,所有辛苦的意义和成就的体现,就在于帮助学生实现自己的梦想。

经历了被耽误的十年以后,许克用越来越有紧迫感,因为高考是实现梦想最快、最顺畅的一条路。"考上与没考上,就是皮鞋与草鞋的区别。"他陪着孩子们起早贪黑地努力。20 世纪 90 年代,他被评为浙江省特级教师,第一代独生子女开始准备高考。有多大的期待,就有多重的压力,那些年,他几乎没有晚上 12 点之前合眼的。

每天快马加鞭,时间似乎也越走越快,看着一届又一届学生毕业,一晃就到了退休的年纪,那时大学已经开始扩招,千军万马要过的那条独木桥宽了一些,许克用微微松了口气。在吴国平校长的挽留下,他一直教到了古稀之年。

在讲台上站了近半个世纪,如今算算,扎扎实实教过两年以上的,也有一两千人了吧。那些学生分布在世界的角角落落、各行各业,其中不乏对国家、社会做出杰出贡献的人，比如在某一领域开宗立派的科学家、获国务院特殊津贴的行业精英、产业做大后热衷慈善造福桑梓的企业家等。大多数学生虽然没有特别杰出的成就，但往大了说，都是国家的有用之材，社会的中流砥柱，往小了说，都实现了人生的价值，过上了幸福的生活。

虽然说桃李满天下是对一个老师的最高赞誉，但是对许克用来说，听到自己学生的问候和近况，才是最开心的事。

有的学生像他当年在课堂上设想的那样，真的走到了大洋彼岸的世界，校庆的时候回来一次，特意在人群中找到他："许老师，我现在是经济学博士了，当初您教的那些数学模型，现在我还用来分析数据呢！"

有的学生来不了，但电话来得勤。一个高考没发挥好的男生曾十分迷茫，常打电话来倾诉，许克用也努力开解，一直到男生找到理想的工作。如今他是一所名校的副教授。

有的学生就在镇海周边工作，有时会来看望。有个要强的女生，当年数学老是考不好，一下课就往许克用办公室跑，后来干脆坐在他身边做功课，方便随时提问，同事们戏称她为"许老师的研究生"。功夫不负有心人，女孩后来考上了很好的大学。但许克用没想到的是，她毕业后竟回到宁波做了数学老师，多年后也成了区里有声望的名师，而她一直记挂着让自己爱上数学的许老师。

有的学生留在了镇海，许克用时不时能碰到，或者听到他们的消息。当年的淘气鬼，许老师"关照"最多，如今倒最亲热，见面也最勤，高考没上线的遗憾，早已被时光冲淡。

真正让许克用觉得遗憾的，是1965届学生读高三时自己的一个过严的批评。他曾经武断地拆散过一对互有好感的年轻人。后来女孩落榜了，回到农村后再也没有和母校联系；男孩考上了北方的大学，回来过一次，远远地叫了声许老师就扭头走开了。那时他意识到，自己可能真的伤了两个孩子的心。之后几乎每一届，他都会遇到同样的问题，处理的方式越来越柔和婉转。"算起来这两个孩子也都70多了，但我一直没有机会知道，他们心里都放下了吗?后来过得好不好?"

如今,多数学生都已经走过了人生的上半场,已到了耄耋之年的许克用也变得越来越通透:"成绩好的孩子,人生相对平顺,因为他们起点高,平台好;成绩不好的,开始经历的波折会多一些,会吃一些苦头,但越到后来,差距越小,起码没有高考分数差距那么大了。"

时代的发展为越来越多的人提供了实现梦想的机会,当年那些一起奋斗的同学们,多数都通过各种各样的路径,过上了自己的幸福生活——环环相扣的人生固然存在,但并不普遍。把时间线拉长,这些暂时性的成绩,都不是决定人生差距的根本。

在零零碎碎的问候和交流中,许克用一直在关注着学生们的成长,他发现那些在多数人眼里可以被称为"人生赢家"的学生,未必是高考成绩最好的,但他们都有一些共性,比如一直保持着学习的习惯,跟得上时代的变化,视野开阔,心态积极,有着良好的人际关系等。也许这些,才是真正决定人生差距的要素。

很难说这些优秀的品质有多少是得益于高中时代,但作为老师,许克用可以问心无愧的是,他从不打击孩子们探索新事物的积极性,不管这种探索和学习有没有关系,他一直在尽力保护孩子们对世界的好奇心和热情。

"这也是当年胡明德老师教我的,他说,我们是为了学生好,而不是为了学生的分数好。"

年少读书　受用一生

王　京　1964届初中校友、1967届高中校友。北京科技大学教授,博士生导师,国务院政府特殊津贴获得者。曾任北京科技大学自动化学院、自动控制研究所、高效轧制国家工程研究中心等部门负责人。长期从事冶金钢铁行业过程自动化和电气传动系统的教学、研究与应用等工作,主持和参加了国内多个钢铁企业带钢热连轧过程自动化与大型电气传动系统数字化项目的研究工作和工程应用,获省部级科技进步一等奖1次、二等奖3次。主编国家重点专业图书《冶金过程自动化基础》等,主讲多门自动控制专业的本科生和研究生课程,发表论文80余篇,培养博士和硕士研究生百余名。1993年被评选为北京科技大学中青年学科带头人。

镇中印记

　　我很荣幸能在镇海中学接受初中和高中教育。镇中严谨的校风培养了我们刻苦学习和努力奋斗的精神,镇中老师们春风化雨的敬业教授夯实了我们人生海航的起点。尽管我们这代人已离开镇中多年,但我们永远铭记母校老师的谆谆教诲。又到镇中校庆之日,一百一十岁的镇海中学正处韶华,祝愿母校再创辉煌!

1 青春记忆

参与镇中 53 周年纪念活动

1964 年 4 月 29 日,镇海中学成立 53 周年纪念日,简洁而隆重。当时的王京,是镇海中学初三(1)班的学生,班主任是周明老师。由于会说普通话,准确地说是没有京韵京味但有些北方调的南京话,他被学校广播站长选为广播员。那天,恰好轮到王京和另一名女同学任值班播音员,那是他第一次参与如此重要的播音工作,而且是直播。

4 月 29 日当天,学校被装扮得异常漂亮,彩旗招展,鲜花绽放,处处洋溢着节日的气氛。来自全国各地的校友们很早就来到了母校,和在校师生们一起分享校庆的欢乐。上午 9 时,王京和同学怀着忐忑不安的心情在镇中广播站开始播音,听到自己的声音通过广播响彻整个校园,为校庆增添了欢乐氛围,那种感觉特别自豪。

承担校庆拍摄任务的朱永芳老师,是教高中班的俄语老师,也是令同学们敬慕的业余摄影师。朱老师在王京他们直播的过程中按下了快门,留下了永久的留念。校庆后,校园展出校庆 53 周年系列照片,王京和同学的播音照也在其中。遗憾的是,限于当时的条件,同学们没有得到这张限量版黑白照片,但它却永远地印刻在了王京的记忆中。

上高中后,王京仍然是学校广播员,还担任了三年的广播站站长,这其中值得回忆的故事很多,但是让他久久难以忘怀的,还是校庆 53 周年那天的播音经历。

一道题目的语文考试

同样的事情,对不同的人,有着截然不同的影响。近60年前的一次看上去有点特别但又并不特别的考试,估计当年的参与者都已忘却,却一直留在王京的记忆中,还时不时让他拿出来警醒自己一番。

他依稀记得那是1963年4月某一天发生的事,那时的王京正念初二。那一天,学校毫无征兆地组织全校初一到高三六个年级统一进行语文考试,用同一张试卷,同一道题目:给一篇短文标注标点符号。很明显这是为了考查同学们的语文基本功,要让大家都会正确使用标点符号,因为错用标点符号的文章比比皆是。考试时间一节课。第二天,学校的墙报上公布了全校考试结果,果然错者众众,千余之人中,皆对者只有两人,一是当时高三的一名同学,另一名就是王京。王京说自己撞了大运。此事虽小,能记得者寥寥,但对王京的影响却是终生的。在他以后的学习、工作中,无论对自己还是对别人的文章,他都会近乎苛刻地去追求标点符号的正确使用。对自己的学生,他也常常提及这段小小的往事,当然也少不了在他们的文章中点拨一番标点符号的用法。"为什么镇海中学的教学质量始终名冠全国?因为她给学生们塑造了严谨的学习态度,传输了正确的学习方法,让学生一生受益。"王京说。

如火如荼的体育运动

1964年7月从镇中初中毕业后,王京于9月入镇中高中继续学习。当时的镇海中学分东部和西部两个校区,初三班级和高中班级在西部校区上课,东部校区只有初一和初二年级。但东部校区有一个有着300米跑道的田径运动场,那是学生参加体育活动的场地。王京所在的高中班级在德智体诸方面全面发展,各项体育活动开展得如火如荼,在全校名列前茅的体育强项包括篮球、短跑、中长跑、跨栏等。"我们班当年多次获得全校篮球比赛的冠军,拥有江黎明等学校篮球队的优秀选手。朱福建同学更是在全校中长跑项目中独占鳌头。校运动会上,我们班在 4×100 米、4×400 米等项目中多次力压群雄,荣登第一宝座,比赛总成绩名列前茅。"

在这样热爱体育活动的班级中耳濡目染,王京也爱上了体育活动。现在,他依然十分喜爱体育锻炼,"这都要归功于在镇中打下的良好基础"。那时的镇中要求学生积极参加体育锻炼,每天下午都给大家留了活动时间,篮球场、乒乓室、田径场往往人满为患,罕有空场。1965 年,学校在东部校区的田径场举行了一年一度的全校体育运动会。王京参加了 4×100 米、4×400 米的比赛,他还参加了 200 米低栏比赛,并获得了第一名。后来在大学里,他代表班级参加 400 米中栏比赛,也是镇中体育情怀的延溢。

俄语课代表

20 世纪 50、60 年代时,中国各级学校大都开设了俄语课,镇中的初高中也是如此。王京从小学五年级就开始学习俄语,基础较好,成绩不错,因此在镇海中学时,任课老师让他担任俄语课代表。镇中学风严谨,春诵夏弦,早就形成了早晨读晚自修的优良传统。王京家住在城关镇紧邻甬江的小道头,每天一大早便赶到学校进行晨读,主要是朗诵和背读俄语。

"文革"后,学校都开始改学英语,但后来随着中国和俄罗斯交往的日益增多,俄语又有了用武之地。王京所在的北京科技大学,原名北京钢铁学院,由于学科相近,和俄罗斯莫斯科钢铁学院的学术交流较多。1991 年 8 月,王京一行应邀前往莫斯科钢铁学院自动化系进行学术交流。作为全俄罗斯排名第八的名校,莫斯科钢铁学院开设的课程、学生的水平、教师的研究方向,有很多值得学习的地方。在莫斯科交流期间,二十五年前在镇中学习的俄语发挥了作用,王京记忆中的俄语字词和简单口语在俄罗斯的环境下慢慢复活,真可谓"年少读书,受用一生"。当年的王京感慨,自己在镇海中学学习的俄语,基础杠杠的!

如今,那次的莫斯科之行已过去三十年,除接待过几次莫斯科钢铁学院的来华访问学者外,他也少有使用俄语的机会。但是,偶而习之,他就会忆起在镇中背诵俄语的情景。

2 人生经历

1967年从镇中高中毕业后,随着国家形势的变化,一代人的人生轨迹也发生了变化,有的下过乡、有的扛过枪、有的举过锤、有的拿过笔。20世纪80年代初,王京考上了北京科技大学自动控制专业的研究生,毕业后留校任教,开始了教书育人、科学研究以及工程应用的工作,直至今日。

北京科技大学的主要研究领域在冶金钢铁行业,包括冶金、材料、矿山、机械、自动化等专业。随着中国钢铁产量的飞速增长,企业对设备自动化、信息化、智能化的需求日益迫切,因为只有设备实现了自动化、信息化、智能化,企业产品的质量和产量才能得到保证。尤其是那些大型钢铁联合企业,年产量都在一两千万吨以上,靠人工操作是不可能实现的。

王京从事的工作就在钢铁企业,在轧钢生产线上实现轧钢自动化,而钢铁企业中自动化程度最高、最复杂的生产工艺之一就是带钢热连轧。在20世纪70年代前,中国原有的也是唯一的热连轧生产线是从俄罗斯引进的,且只是条半热连轧线,生产不稳定、产量低、事故多、产品质量差,远远满足不了国民经济发展的需要。1975年,国家决定从日本和德国引进四条当时国际上自动化水平最高的冶炼、热连轧和冷连轧生产线,并集中全国高校、科研院所和钢铁企业的技术人员开始学习和研制相应的装备。从20世纪90年代开始,北京科技大学和一些钢铁企业合作,逐步实现了带钢热连轧线自动化系统的国产化应用。经过多年的拼搏,我们已经完全可以独立自主设计和制造整个带钢热连轧线的全局自动化系统:从大型数字传动、基础自动化、过程自动化到生产自动化系统,现在还在进行热连轧生产线智能制造技术的研究与实现。这使得中国钢铁企业的生产效率大大提高,产品质量和产量都获得了飞跃性进步,逐步摆脱了对国外技术的依赖。

"可以毫不夸张地说,经过我们学校和多家钢铁企业的合作,国内自主研发、制造的带钢热连轧线自动化系统已经接近并正在努力赶超国际先进水平。近五年来,我们学校轧钢自动化团队承接了国内 70% 钢铁企业新投产的带钢热连轧生产线自动化系统的设计与制造工作。国际上轧钢自动化技术水平最先进的德国与日本等国的自动化公司都把我们学校当成了他们在中国的主要竞争对手。"说起学校和自己的工作,王京教授充满了激情。王教授是学校轧钢自动化团队中的重要一员,三十余年来,他一直和同事们孜孜不倦地奋斗在中国冶金自动化的工作岗位上。即便在业内成绩斐然,王教授依然努力着,希望不断进步。

除了从事冶金自动化、轧钢自动化系统的研究和工程应用,作为高校教师,王教授还承担了教书与培养博士研究生和硕士研究生的工作,这是个教学相长的过程。他指导的百余名博士生和硕士生毕业后,在祖国的各个行业发挥着积极的作用,有的已是高校教授,有的已是科研机构的学术带头人,有的已是公司的领导和技术骨干。"他们是国家的未来,是我们的希望,祝福他们!"

国际国内宣传中国航天

张　宇　1958届初中校友、1961届高中校友。本科就读于浙江大学无线电工程系。毕业后被分配到国家第七机械工业部（现航天工业部）三院，从事海防导弹方面的研制工作。1984年调入航天工业部下属中国长城工业总公司市场拓展处，此后一直参与开拓中国航天运载火箭国外发射业务的工作。退休后加入中国高科技产业化研究会，创建展览部，在国内外举办各类航天科普展，向青少年普及中国航天业波澜壮阔的发展史。镇海中学北京校友会的名誉会长。在2003年到2017年间先后担任北京宁波商会的副会长和秘书长。

镇中印记

纵观一生，镇海中学对我的教育，让我走向了更高的人生平台。作为一名航天老人，作为一个宁波人，我始终不忘初心，我会永远记住母校对我们的教育，做一个对国家、对家乡有用的人。

1 青春记忆

记忆中的三则故事

离开镇海中学已经整整 60 年,到北京工作、生活也已经 40 多年,镇海那个小城里中学时代的记忆,似乎有点遥远了,但打开话匣子以后,那些带着岁月印记的温暖记忆,慢慢地,从 70 多岁的张宇口中娓娓道出。

"我们家姐弟四人,在我前面的是三个姐姐,大姐、二姐和二姐夫都毕业于辛成中学,三姐和我则毕业于镇海中学。1956 年,辛成中学与县中合并,相当于我们姐弟四人都毕业于镇海中学。所以,我们全家人对镇海中学都充满了感情。"

有意思的是,在镇海中学校友最多的两个城市 —— 北京和上海,张宇和三姐张文静分别承担过镇海中学北京校友会和上海校友会的负责工作。在镇海中学北京校友会成立之时,张宇就是副会长,如今他依然担任着名誉会长之职。

回忆起 1955 年到 1961 年的中学时光,张宇分享了记忆中的三个故事。

第一个故事是关于班上女同学的。"上高中时,我们班上好几名女同学是学校垒球队的主力队员,她们的垒球打得非常好。我记得 1959 年的时候,学校垒球队参加全市比赛,拿了一个冠军回来。可以说,当年镇海中学的体育成绩是相当不错的。"张宇的电脑里保存着一张翻拍的黑白照片,这张照片记录下了学校女子垒球队参加宁波市 1959 年垒球锦标赛获女子组第一名的那个瞬间。重视教学质量,也重视体育锻炼,这确实是镇海中学一贯以来的优良传统。

张宇在镇海中学的 1958—1961 年,镇海中学的简史是这样的:1958 年 11 月,镇海撤县并入宁波市。1959 年 3 月,学校改名为浙江省宁波镇海中学。此期间,学校努力贯彻党的教育方针,各项工作成绩显著。1959 年先后获省、市、县级"先进集体"称号。1960 年 6 月,学校党支部书记陈幼明代表学校出席在北京召开的全国文教战线群英大会,获国务院颁发的"全国先进单位"称号。1961 年春,郭沫若亲笔为学校题写校名。

张宇记忆中的第二个故事就是关于学校获评"全国先进单位"称号的。"那一年,镇海中学获得国务院颁发的'全国先进单位'光荣称号,全校师生备感光荣,党支部陈书记到北京开会的时候,全校师生夹道欢送。"那样热烈的场面就此留存在了少年张宇的心中,奠定了镇海中学在张宇心中的底色。那是激情燃烧的岁月里属于全体师生的骄傲。

第三个故事是关于劳动的,时间更早一些,是张宇读初中时候的事情。1956 年,县中与辛成中学合并以后,原县中为东部校区,原辛成中学为西部校区。"我们那时候在东部校区。学校组织全校师生铺设大操场,我记得我们铺了一层层的石子和煤渣,可以说,学校的田径场是我们亲手劳动的成果。"1958 年,张宇进入初三的最后一个学期,全国掀起了"大跃进"运动。学校组织学生参加勤工俭学活动、下乡劳动宣传活动、兴修水库活动、春耕劳动活动和扫盲活动。在张宇的记忆中,那个学期学校搬到了丁家山的一个寺庙里,学生做的主要事情就是参加劳动。张宇对当年同学们一起种水稻的情景印象颇深。

而对教导过自己六年的老师们,张宇始终铭记在心,数学老师胡明德、语文老师肖贤传、物理老师曹紫霄、俄语老师朱永芳,当然还有班主任周豫东老师……后来张宇担任北京宁波商会秘书长经常回故乡的时候,总是会去看看当年教过自己的老师们。

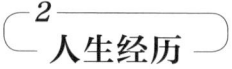

人生经历

见证中国航天走向国际

1990年4月7日,"长征三号"运载火箭成功发射由美国休斯公司研制、香港亚洲卫星公司运营的"亚洲一号"通信卫星,这标志着中国首次国际商业发射圆满成功,中国正式迈入世界商业航天市场。

此时的张宇,作为中国长城工业总公司市场拓展处副处长,内心无比激动。这是中国长城工业总公司成立以来的首个国际发射业务,张宇不但见证了这一历史时刻,也为这个首发付出了诸多努力。

在发射"亚洲一号"通信卫星前6年的1984年,"长征三号"运载火箭成功发射"东方红二号"通信卫星,标志着中国正式具备高轨卫星发射能力。在跨入"高轨俱乐部"的同时,中国的航天事业也走到了转型期。借助改革开放的东风,中国航天人把目光投向了国际商业航天市场。

这一年,张宇从航天工业部调入中国长城工业总公司市场拓展处。20世纪80年代初,百废待兴的中华大地迎来了发展的春天。为了更好地履行"走出去"战略,按照中央的有关决定,每个国家部委都成立了一个外贸公司。在这样的背景下,当时的第七机械工业部(现航天工业部)组建了中国长城工业总公司,这个代表着中国航天商业发射的"国家队",迈出了向风云际会的国际航天市场进军的步伐。张宇所在的市场拓展处的任务就是为中国的运载火箭开拓国际市场。

而张宇从浙江大学毕业后,一直在第七机械工业部从事海防导弹方面的研制工作。他的工作变化是中国航天事业走向国际化进程中一次正常的个人调动。

就在张宇来到中国长城工业总公司的第二年,即1985年,中国正式宣布长征系列运载火箭将投放国际卫星发射服务市场,承揽为外国发射卫星的业务。

在这样一个高科技领域,要从此前相对封闭的国内市场,走向开放的国际市场,难度很大,宣传就成了一项很重要的工作。张宇和他的团队就承担了向国际市场宣传中国航天的任务。在中国长城工业总公司工作期间,张宇充分展示了自己的沟通交流能力。他负责了中国航天参与的各类国内国际展览,包括世界三大航展——巴黎航展、新加坡航展和范堡罗航展,还有智利、阿联酋、美国、加拿大等国的航展,当然,也有国内的相关展览。因为工作出色,1989年张宇升副处长,1992年升处长,1995年提副局级。

1991年,在时任航天工业部部长刘纪原的直接领导下,张宇担任展办主任和展团团长,筹办了香港航天展。11天的展览,参观人数达55万人,这被香港媒体评为当年香港十大事件之一。

1992年,在西班牙塞维利亚世界博览会上,张宇担任中国馆航天展区的设计师。那一年,中国馆被国际世博局评为"五星级展馆"。

1996年,中国国际航空航天博览会开幕。连续四届,张宇都担任中国航天馆的总设计师,直至2004年退休。

2004年,他又担任了澳门太空馆总设计师。

从1984年到2004年,整整20年,张宇见证了中国航天国际化的每一步。从最初面对国际市场的战战兢兢,到实施一次又一次的商业发射;从对发射服务市场的一知半解,到为多个国家和地区提供搭载服务和卫星发射;从单一火箭供应商,到宇航系统集成服务商,中国航天在国际市场中磨砺,在为中华民族赢得国际社会的尊重和瞩目的同时,也在实战中提速发展。张宇和他的团队,在这段峥嵘岁月中书写了属于他们自己的故事。

退休后致力于航天科普

2004年退休后,受航天工业部原部长刘纪原邀请,张宇加入了中国高科技产业化研究会,创建了展览部。此后,他一直致力于通过举办航天科普展等,向青少年开展航天科普教育,讲述中国航天精神。

2010年，中国高科技产业化研究会在英国曼彻斯特举办"从火药到火箭"中国航天展；

2014年，经国务院台湾事务办公室批准，中国高科技产业化研究会在台湾举办"飞向太空"航天展；

2017年，香港回归20周年，中国高科技产业化研究会在香港举办航天展；

……

如今，"飞向太空"展览已注册成为国家品牌，无论从规模、内容、影响，还是从观众喜爱程度看，该展览在中国都已颇具影响力。该展览通常包括中国航天发展历程及成就展区、纪念杰出科学家钱学森及"两弹一星"元勋风采展区、航天员模拟训练和体验展区、太空VR模拟系统体验区、航天农业育种成果展区和航天实物展区等。可以说，该展览展出了中国探索浩瀚宇宙、发展航天事业所取得的伟大成就，以及几代航天人热爱祖国、自力更生、勇于攀登的奋斗历程。

而在这些展览的背后，或多或少，都有着张宇的身影。

除了航天科普展，张宇还带领团队创建航天科普基地。2019年，他参与了湖南岳阳临湘航天基地的设计、建设工作，目前该基地已成为湖南省国防教育、爱国主义教育基地。

同样是2019年，在时任浙江省委副书记、宁波市委书记郑栅洁和其他宁波市领导的见证下，张宇代表中国高科技产业化研究会，和宁波宁海签署了共建中国航天科技教育（宁海）示范园区项目的合作框架协议。现在，这个项目是宁波市重大项目，正在积极推进中。

2021年，张宇又带队在浙江嘉兴平湖建设全国第一个"两弹一星"功勋科学家蜡像馆，其中包含了以钱学森为代表的23名科学家，浙江籍科学家有5人。"我们希望中国的青少年能够不追歌星追'科星'，崇尚科学，崇尚科学家。"张宇说。蜡像馆将于2021年7月1日开幕，作为向中国共产党成立100周年的献礼。

第三篇章

20 世纪 70 年代

命运转折

20 世纪 70 年代

"文革"特殊的十年里,安安静静地正常上课的时间变得越来越难得。几番权衡周折之后,镇海中学在塔峙岙国营农场建立了一个分校,高中学生每学期都有一两个月时间,去那里边劳动边学习,从此,"学农"便成为好几届学生记忆里的关键词。

动荡岁月,老师们忍辱负重,见缝插针地教书育人,从未忘记教育者的使命。所以1977年恢复全国统一高考的时候,很多曾经被耽误的孩子抓住了改变命运的机会。我们采访的5位20世纪70年代的校友中,有4位通过那年的高考成了人人羡慕的大学生,人生有了更高的起点。他们说,是老师们的坚守,成就了自己的未来。

青春渡口

贝莉莉 1974届校友。高级记者,曾任《浙江工人日报》新闻部主任、报社编委、总编辑、法人代表、党委书记,浙江省新闻工作者协会第七届常务理事,浙江省女记者协会副秘书长等职。任职期间多次获浙江新闻奖一等奖,组织的多篇报道得到浙江省委主要领导的重视和批示,并在全国和浙江省的新闻杂志上发表了十多篇有影响力的论文。曾获首届全国工人报刊先进工作者、浙江省"双十佳"新闻工作者、浙江省首届先进青年记者、省级专业报十佳新闻工作者等荣誉。

镇中印记

我们家族里有6个人是镇海中学毕业的,最小的是我的侄子,他在初中阶段就被镇中保送到新加坡读书。最难忘的是我女儿到镇中读书的那三年。在离开母校多年后,因为女儿,我常常回到这里。学校已经大变样了,但晚上看着那灯火通明的教学楼,又觉得什么都没有变。在女儿班主任包嘉珠老师身上,我看到了周老师、汪老师的影子。有些东西代代传承,改变了一代又一代人。

1 青春记忆

小时候,贝莉莉的家就在镇海渡的渡口附近,从窗口瞭望,可以看到过往船只的桅杆。汽笛一声长鸣,她就知道又有船要远航了。

镇海渡,其历史可以追溯到宋代定海江南渡,它曾经是甬江两岸民众往来的重要通道。从摇橹船到轮渡,流走的是悠悠岁月。

冲刺高考的时候,她想,带自己远航的船终于要来了吧?

在那个古老的渡口,有梦想的孩子等了好久。

塔峙岙的山风

贝莉莉书读得早,不到15岁就考上了镇海中学高中部。那是1972年,"文革"后期,外面的运动此起彼伏,镇中的校园里,学生们照样安安静静地学习。周豫东老师的语文课上得大开大合又细致入微,让担任语文课代表两年的贝莉莉欣喜不已。作为班主任,周老师每周都会布置周记,每一篇会认真地批改。周记本发下来,贝莉莉常会觉得心里一热,因为评语往往写得比自己的文章还长。

当然,正常上课的时间被大大压缩了:学校在五十里开外的塔峙岙国营农场建立了一个分校,从此,"学农"便成为好几届学生记忆里的关键词。

在贝莉莉的记忆里,这五十里路都是步行的,一路要翻过好几个山头。男生拉着堆满建筑材料和铺盖卷的小车磕磕绊绊地向前,遇到陡坡,女生在后面帮忙推。这条路难走,人人咬紧牙关,衣衫湿透。

农场生活艰苦,白天垒猪圈、沤绿肥、修梯田,晚上睡在山脚下木头搭的临时宿舍,几十个人的大通铺。窗户总是关不紧,半夜山风一起,咣当咣当的声响,总让人觉得毛骨悚然。

再苦、再累,早晚自习是少不了的。高考已经中断多年,但班主任、语文老师周豫东说,该读书的时候还得读书,懒散不得。

大家都喜欢下雨,因为雨天可以坐下来学习。老师们劳动之余都抓紧时间备课,就为了那几天多教一点。屋梁下晃悠着几盏昏暗的汽油灯,大家都期待地坐着。贝莉莉记得,周老师上课喜欢从前面踱到后面,又缓步走回前面,声音洪亮,步履从容。

周老师总是鼓励大家勤写,多练笔。在塔峙岙的长板凳上,贝莉莉和同学沈佳音合作,写了首有关四明山的长篇朗诵诗,周老师大为赞赏,逐字逐句地改了,还鼓励她们投稿。这首诗后来被收入《浙江省中学生作文选》,看着学生时代的作品变成铅字,贝莉莉心里的喜悦就像四明山上的贝母草,蓬勃生长。

大学毕业,贝莉莉进入省级机关工作,10个月后她打定主意要去做记者,领导很诧异:"好好的,怎么要去做记者?我们还想培养你呢。"贝莉莉笑而未答,她清楚,自己的职业选择也许和高中时候的那段经历有关。后来她成为副总编辑、总编辑,值夜班整整13年。当她晚上推敲标题、字句,签发大样的时候,偶尔也会想到周老师——是他在最艰苦的时候让学生领略汉语言的博大精深,在山野田间带着大家感受文字美妙的起承转合,如果不是他尽心尽责、见缝插针地坚持,就不会有后来的自己吧?

理想主义者的天职

值得念叨的是1973年初,那年邓小平同志第一次复出,给教育界刮来一股清新的风。本来就有优良办学传统的镇中校园里书声琅琅。历史、数学、化学、物理,很多科目的正规教育从被冷藏的边缘到逐渐复活,很多优秀的老师都重新站到了三尺讲台。

但是，当时没人知道高考会不会恢复，也没人知道书读得好会有什么前程，读书无用的例子倒是不少。1973年的6月，北方还出现了一位"白卷英雄"，把教育界刚刚燃起的火苗浇灭了。还有镇中新来的英语老师汪纯本，大家都说他是北大的高才生，可还不是被"发配"到小城中学来教书。

汪老师那时不到30岁，身体瘦弱，却非常严厉。第一次上完课，很多学生说"心脏病都要被吓出来了"。他会冷不丁地提问，答不出的同学想一如往常地坐下，"起来起来，你得站着"，这样一堂课下来，教室里站出了一片"小森林"。从此大家都知道了，就算学校不组织统考，英语课也是马虎不得的。

虽然课堂气氛紧张，但贝莉莉还是喜欢英语课，因为汪老师讲得真的好。近半个世纪后，她还记得那抑扬顿挫的语调，他的英语说得跟母语一样好，词组、语法信手拈来。那时没什么正规教材，汪老师自己编了许多讲义，有他精挑细选的名篇短文，还有他精心提炼的"干货"知识点、易错题。如今回想起来，这两年，别的不说，英语是扎扎实实学好了。

贝莉莉1974年毕业，1977年10月恢复高考时考上大学，其间没翻过一页英语书，但上大学后第一次摸底考，她居然是全年级第一，这完全得益于高中打下的基本功。

她满心感激，当年老老实实啃下那些讲义的时候，从没想过英语还有派上用场的那一天。那个时候，或许连汪老师都不知道，眼前的学生，还有他自己，前途在哪里吧。

也没人和贝莉莉讲过，北大毕业的汪老师为什么会到遥远的镇海来教书，没人知道他内心的波澜。但当时发生过一件小事，后来想起来，才觉意味深长。

汪老师为了提高大家的积极性，成立了兴趣小组。成绩拔尖的贝莉莉没被选上，万分不解，又在无意间听说，汪老师曾提过她的名字，想想又划掉了，长叹一口气："她学好没用啊，我听说她家有海外关系，成绩再好，还不是……"他没有再说下去。

贝莉莉当时只觉委屈，直到经历了一些事情，才渐渐体会到了他的矛盾和纠结,也隐隐猜到了他隐藏在心底的伤痕和没有说出口的担心,心里百感交集。

因为理解,所以更加感激。她觉得汪老师和周老师一样,是真正的理想主义者。哪怕当时处境艰难,前途迷茫,他们依然不忘教书育人的天职,总是尽其所能,让孩子多学一点。他们弦歌不辍,竭尽全力,成就了更好的一代人。

高考恢复第一考

高中毕业时,贝莉莉还不满17周岁。无学可上,又不到招工年纪,除了临时找点活干,便是看书。

1975年,弟弟也从镇海中学高中毕业了。她不想让父母为难,拿起户口本就去报名插队了。

她太想读书了,所以插队的第一天,就不合时宜、不顾影响地跟大队支书说:"阿良书记,我什么苦都能吃,但是哪天有读书的机会,你们也要放我走的。"书记搓搓大手说:"好的好的,没问题。"

她说到做到,"双抢"一天不缺,是生产队里排名前三的"插秧机""割稻机"。有次她右手中指指甲感染,为了快点好,居然接受了"赤脚医生"不打麻药拔指甲的建议,痛得几乎昏过去。第二天凌晨3点,她又包着纱布去拔秧。后来大队有了工农兵大学生的名额,大家一致推举贝莉莉,没想到报到县知青办,被人顶包了。

那是她最苦闷、最迷茫的半年,只能拼命干活,用极度疲惫麻痹自己。但人人面朝黄土背朝天的时候,她还是那个忍不住抬头看看天,心里默念"行到水穷处,坐看云起时"的人。

1977年10月下旬,恢复统一高考的消息传来时,作为大队团支部副书记的贝莉莉,正带着一帮年轻人在外地的建筑工地做泥水工。那个傍晚,蓬头垢面的她正蹲在地上吹火做饭,一个好朋友骑着车上气不接下气地赶来:

"你妈让我来找你,高考恢复了,赶紧跟我回镇海!"

"你说什么?"她看着好友脑门上亮晶晶的汗珠,愣住了。

露天锅灶里的火苗刚点着,柴木噼啪作响,她像做梦一样:"公交车早就没有了呀!这里还有一摊事……"

"我带你回去,别犯傻啊!"好友带她骑了两个多小时自行车才回到镇海。那天的月亮很亮,风有点大,但心是热的。

这时离高考的日子只有半个多月了,镇海中学组织的高考复习班也已经接近尾声,贝莉莉只能抱佛脚,没日没夜地学。假期只有一周,临考前一周回到生产队,白天还得劳动。队长知道她时间紧张,便派了个轻松的活,在田里赶麻雀。她穿着湿重的蓑衣,像个稻草人似的,在雨雾里念念有词。

11月的预考后,她拿到了那张小小的、粉红色的准考证,参加了中国历史上唯一一次在冬天举行的高考。

骆驼镇是个大镇,镇上有几千名考生,骆驼中学几十个考场黑压压的全是人。但贝莉莉的心里踏实安定,她是镇中的学生,是最好的老师教出来的学生,她心里有底。

那天的作文题目是《路》。鲁迅的杂文里延伸出来的路,芳草萋萋的路,荆棘遍布的路,个人的奋斗挣扎之路,国家的崛起之路。她喜欢这样的题目,洋洋洒洒落笔千言。

之后的一切都很顺利,她考上了杭州大学中文系,录取通知书是生产队的伙伴们一个个接力送来的,信封沾满了泥巴,也装满了希望。

那一年参加高考的570万学子中,包括贝莉莉在内,27万人考上了大学。那场考试,改变了他们的命运和中国的当下。它就像一艘承载着梦想的船,将那些年轻人送到了广阔的未来。

对贝莉莉来说,镇海中学就是那个等待梦想的渡口,青春的渡口。

2 人生经历

捧着烛火前行

1982年,贝莉莉大学毕业后被分配到浙江省总工会办公室。9个月后,《浙江工人日报》复刊,在她的坚持要求下,领导终于同意调她去做记者。

接下来的30多年里,贝莉莉采访了数百家企业,见证了浙江改革开放的风雨历程。她了解一些小作坊成长为大集团、上市公司的每一步,追踪过冯根生、鲁冠球、徐文荣这些知名企业家的起起伏伏,探索过产业发展规律,也记录过块状经济向先进制造业产业集群艰难转型的种种努力……

她写过大量消息、通讯、人物特写和各种有影响力的报道,硕果累累。她认为,要以辩证的观点报道群众关心的热点、难点,以人文精神关注改革大潮中人的命运,以敏锐和负责的态度实施正确的舆论监督。不管环境如何变化,我们都要坚持独立思考,坚持新闻理想,为社会的文明和进步尽力,她说,这是她的信念——因为深刻理解改革的筚路蓝缕,所以不只赞美社会的进步,也要批评它的不尽完美;因为对一线工人的种种艰辛感同身受,所以不断追问,像捧着烛火一样捧着真相。

她撰写的通讯《背着书包上学堂 同学见了讨喜糖》获浙江新闻奖一等奖,组织记者采写的《"天工"要重建,责任应查明》一文获浙江新闻奖一等奖,系列报道《一件皮大衣竟让利37万元》在全省率先扬起了反暴利旗帜。1995年,她编发的《开化木材厂厂长胡明辉被撤职除名》一文获浙江新闻奖一等奖和全国工人报刊好新闻一等奖。此外,她撰写的《一张处方七千元》《站在世纪之交的门槛上——镇海炼化连续报道》《静悄悄的嬗变》《四两拨千斤》,组织的连续报道《别墅主人多官员》等作品,分获浙江新闻奖及全国工人报刊好新闻一、二、三等奖。她的多篇报道得到浙江省委主要领导的重视,在社会上引起广泛的反响。

此外,她积极探索新闻理论与实践的结合,在全国和浙江省的新闻杂志上发表了十多篇有影响力的论文。

"可能骨子里我也算个理想主义者吧。"贝莉莉说。镇中的学习经历,给她打下了很深的烙印。所以她笔耕不辍,哪怕只能发出荧荧之光,她也愿意像曾经影响过自己的老师们一样,坚持理想、保持本心,为一个更好的世界竭尽全力。

"追逃神捕"的绝招

金国民 1975 届校友。高中毕业后在镇海县小港公社一大队支农,在农村先后担任生产队会计、团支部书记等职,负责大队知青工作。1978 年 12 月进入镇海县(区)公安局工作。因工作突出先后荣获全国优秀人民警察、全国公安机关"追逃能手"、浙江省劳动模范等荣誉。"金国民追逃法"获全国公安基层技术革新一等奖。2017 年 5 月退休。

镇中印记

想想中学时光,真的挺有意思。上学有一次晚自习溜出去闲逛,结果被抓了,这是我人生中唯一一次被抓。后来,就变成了我抓别人。虽然没有考上大学,但那段时光,真的很美好。

1 青春记忆

镇中,人生的起点

虽然调皮,但学习成绩不错;虽然眼睛小小,但格外有光。镇海中学1975届毕业生里,有一个并不是特别起眼的男孩,他叫金国民。

金国民家住小港,当时小港属于镇海。1973年,金国民以优异的成绩被推荐进入镇海中学。

"镇中,是我人生的起点。"金国民的学生时代,正值"文化大革命"时期,"虽然我们时常要去劳动,但老师们依然很重视课堂与教学。"

记忆当中,某天他与同学晚自修时溜出校园闲逛,被老师发现后狠狠批了一通。这个批评他的老师,最后成了他的忘年交,"我退休之后,老师经常和我们一群人去旅游。"

"从镇海中学毕业后,1975年6月,我就支农去了。后来恢复高考,其实内心也想去尝试,但因为家里条件不是很好,所以最后放弃了。"在当时的大环境下,金国民选择了和大多数人一样的道路。后来,他在农村做过生产队会计、团支部书记,负责大队知青工作。

即便没有上大学,金国民的人生依然精彩。

1978年12月,因为工作认真、严谨,他得到了一个机会——进入镇海县(区)公安局工作。只是,他没有想到,从此,自己的一生将会和追捕逃犯连在一起。

2 人生经历

不是在抓捕,就是在抓捕的路上

在很多人眼里,神捕总有几分神秘,他们或身手敏捷,或冷面肃杀。江湖上对金国民有一传说:此人貌不惊人却深藏绝招,路数诡异。可事实上,金国民说话轻声细语,还始终面带微笑,笑起来时眼睛甚至会眯成一条线。看面相,一点都不"传说"。

就这样,笑眯眯的金国民,从2004年11月到2017年退休前,和他的团队跑遍了大半个中国,《中国高速公路及城乡公路网地图集》都翻破了好几本。只要他盯上了一个逃犯,即使难度再大,他都不会放弃,直到将逃犯抓捕归案。据统计,他们共抓住了1900多名逃犯。因此,金国民被称为"现代神捕"。

有逃犯为了躲避追捕,花重金去整容,不过金国民凭着直觉一下子就认准了;有逃犯照片上是高瘦型,现实中却是个大胖子,但只要一张嘴,金国民就能认定是同一个人。

金国民非常注重细节,一个逃犯冒用弟弟的身份在宁波打工,但是他发现这个"弟弟"和逃犯的耳朵长得一样,和真的弟弟有区别。一查,果然是冒用身份。

他对工作拼命又执着,抓捕故事几天几夜都说不完。

同事们曾这样形容金国民:他不是在抓捕,就是在抓捕的路上。金国民的女儿曾经做过统计,2007年,父亲有184天是在异乡度过的。

"金国民追逃法"成职业操作法

在13亿人口中,锁定到处藏匿的嫌疑逃犯,无疑是大海捞针。但"金捕头"凭借他敏锐的"嗅觉",总能从嫌疑逃犯的关系人身上"嗅"出味道,循着这股味道,他就能从嫌疑逃犯虚虚实实、真真假假的蛛丝马迹中,理出头绪,从而找到嫌疑逃犯的踪迹。

2008年7月28日上午,金国民站在宁波市公安局镇海分局三楼会议室的大屏幕前,条理清晰地进行着他的追逃经验演示。在座的观众不少,还有特地赶来的省、市公安部门的领导。

"好!金国民同志提炼的新型追逃法很好!"演示刚一结束,时任浙江省公安厅党委委员、副厅长孟庆丰立即起身,对金国民的做法表示了极大认可,并进行了高度赞扬。

一个月之后,时任浙江省委常委、政法委书记、公安厅厅长王辉忠做出批示,要求全省公安机关扎扎实实推广"金国民追逃法",以取得最佳的追逃效果。

由此,"金国民追逃法"走向全国。金国民,这个在一线奋斗了大半辈子、呕尽半生心血的刑警,开始为普通百姓所熟悉。

2009年4月,浙江省总工会聘任金国民为浙江省职业技能带头人,并命名"金国民追逃法"为浙江省先进职业操作法。

同年,时任宁波市委书记巴音朝鲁做出批示:"这是公安系统涌现出来的又一个好典型。以金国民同志为榜样,激励广大党员干部,深入学习科学发展观,爱岗敬业,扎实工作,锐意进取,勇于创新,为改革发展做出积极贡献。"时任浙江省公安委理论学习书记赵洪祝做出批示:"干一行,专一行,行行出状元。金国民同志就是这样的一位同志。"

后来,浙江省公安厅党委理论学习中心组开展学习,金国民详细介绍了"金国民追逃法"。

随着"金国民追逃法"在社会上的名声越来越大,全国各地的刑侦兄弟单位掀起了一股学习"金国民追逃法"的热潮。

贵州、广东、黑龙江等地的公安机关都来镇海取经。不仅如此,金国民还多次被请到外地去讲课。他先后在陕西、河北、青海、重庆、吉林、甘肃、山西、湖北、山东等省（市）公安厅（局）的电视、电话会议中讲解"金国民追逃法"；在新疆乌鲁木齐，贵州瓮安，河南开封，安徽颍上、蒙城，江西南昌等地的追逃培训班也留下了他讲课的身影。他还热情地向从安徽、天津、贵州前来跟班学习的同行传授经验。

"金国民追逃法"，已不仅仅是浙江公安的职业操作法，还是全国公安的追逃操作手册。

"人最宝贵的东西是生命，生命对每个人来说只有一次。因此，人的一生应当这样度过：当一个人回首往事时，不因虚度年华而悔恨，也不因碌碌无为而羞愧。"这是苏联小说《钢铁是怎样炼成的》中的一段话，也反映了金国民的人生。他的人生，没有因为当时的环境、当时没上大学而黯淡，相反，他默默地在自己的人生道路上，留下了浓墨重彩的一笔。

一件事,做一生

刘国奋 1975届校友。1977年参加高考,成为中国恢复高考后的首届大学生,进入复旦大学国际政治系学习。1982年2月大学毕业后,被分配到厦门大学台湾研究所从事研究工作。1984年9月进入北京国际关系学院攻读硕士学位。1986年8月入职中国社会科学院台湾研究所,再续台湾研究工作,直至退休。她历任研究所多个研究室副主任、主任之职,曾担任《台湾研究》杂志副主编以及两岸关系和平发展协同创新中心教授。现为宁波市海峡两岸融合发展研究院、宁波大学浙江台湾研究院兼职研究员。

镇中印记

镇海中学老师们的严格、智慧、真诚,让我一直保持着对知识的敬畏与渴望,并在往后的工作生活中努力践行着。

 青春记忆

一句话,一生记忆

1971年2月8日是刘国奋走进镇海中学的第一天。班主任叫陈水升,一进教室,他就请同学们拿出纸笔,写下以下这行字:

"1971年2月8日,我进镇海中学。"

陈老师用响亮而又威严的声音讲的这句话,给刘国奋留下了深刻记忆。初中班里的其他女生亦是几十年难忘此话,几年前她们建的微信群就以此日期命名。

陈老师那时30岁出头,虽个子不高,但说话声音响亮,中气十足,十分威严。只要他一瞪眼,班中几个调皮捣蛋的男生都会怕得缩回去。

学生时代,刘国奋学习一直很用功,因而成绩优异。从小深受母亲影响,刘国奋酷爱读书。小学三年级字还认不全,她就开始阅读第一本小说《茫茫的草原》。"这本小说很厚,由于字认得不够,所以读起来很费劲,很多字是连蒙带猜的。"但自那以后,她就对读小说入了迷。四五年级就开始读福尔摩斯探案系列小说《巴斯克维尔的猎犬》《血字的研究》以及《三国演义》《红楼梦》等小说。上中学后,她的阅读就更广泛了,虽然那时借书很不容易,但她会想尽办法借书看。大学时代,她能借阅到西方文学名著,每学期头两个月,她都会抽空到学校图书馆读西方名著,感到很过瘾。

或许是书读多了,初中时刘国奋的作文常被班主任拿到其他班去宣读。她至今还记得老师对她的偏爱和关照。那个时候她特别瘦,家里有四个兄弟姐妹,生活很艰苦。她是个懂事的孩子,经常舍不得夹菜到自己碗里。

"现在都还记得当时的场景,班主任陈水升老师有一次严肃地跟我说:'请你妈妈到我办公室来一趟。'我回家和母亲说:'陈老师请你去学校一趟。'当时我母亲心里很忐忑:一般老师喊父母去学校,都是孩子犯了错,难道女儿有什么事?母亲见到陈老师,陈老师说:'带你女儿到医院去看看医生,为什么这么瘦。'"每次想起这件事,这个表面看起来很严肃的恩师,总是让她心里暖暖的。

1973年,刘国奋通过全县统考,进入镇海中学读高中。1975年,高中毕业后的她下乡到农村成了一名知识青年。即便是在农村劳动的岁月,她也没有放弃学习,劳动之余,陪伴她的是书籍、听新闻和小说连播用的收音机。1977年10月下旬,高考恢复的消息传开后,她兴奋不已,请假回家投入紧张的高考复习。其间,镇海中学组织那些想参加高考的学生到校复习十天。五门课,两天复习一门,时间虽短,但老师们提纲挈领,讲解认真,由此刘国奋对母校老师们的敬业精神有了更深的体会,也更有了一份感恩之心。经过一个多月没日没夜的复习后,她淡定地走进考场,成为恢复高考后的首届大学生,进入复旦大学国际政治系学习。

一日师,终身师

往后的人生,虽独立在外,时而孤单,但每当想起母校、想起老师,她总是充满力量。

1994年,刘国奋获得教育部"中英友好奖学金",前往英国伯明翰大学研修东亚国际关系。出国前,因要求通过雅思考试,她参加了教育部组织的三个月的英语培训。"给我们上培训课的安娜老师忙不过来,让其他同学找我纠正英语发音。我这才从同学和授课老师的口中知道我原来拥有较纯正的英式发音。"如此,她想起她的高中英语老师汪纯本。她说:"我遇到了优秀的英语启蒙老师。"

当时在镇海中学教英语的汪老师是北京大学西语系毕业的,他学识渊博，对英语教学很是较真儿。讲解一个单词、一个语法、一篇短文，他总是孜孜不倦、一丝不苟。这些都让学生们终身受益。为使大家学以致用，汪老师曾拿来一家工厂进口机器的英语说明书，让大家练习英译中。高考前夕，汪老师来到刘国奋家，嘱咐她考试前该注意的事项，他说考试前三天不要太拼命，晚上早点睡，白天复习功课之余抽点时间到外面走走，放松一下，比如去爬爬后海塘。她遵照老师的教导，在考试前调整好作息时间，从容面对高考，发挥出了自己最好的水平。正因为如此，她对汪老师又多了一份感激之情。

大学时，刘国奋狂学英语，英语水平有了很大的提高。因为研究生英语考试成绩较好，她在读研时学校允许她免修英语。不管怎样，她始终认为，在英语学习上，汪老师是领她入门的好老师。因为能讲一口流利的英语，她在国外的课堂上有足够的勇气去阐述自己的观点，也是因为对英语有较充分的驾驭能力，在后来的对外学术交流工作中，她接待过许多外国专家学者，做过口语翻译，参加过一些全英文的学术研讨会。此外，她还独立完成了八集纪录片《台湾往事》解说词的中译英工作。

刘国奋在镇海中学的那几年正是"文革"后期，"但是那时镇海中学的老师都没有放松对我们学习上的要求。那些老师大都是科班出身或大学毕业，知识素养和教学水平很高，且个个责任心强，对教学和管理工作都很认真负责，从不马虎，每门课老师的讲解都很投入，让我们学生受益匪浅"。

那些年，课堂文化知识并非学生全部的学习内容，学校每年还要安排两三个月的"学工""学农"和"学军"活动。刘国奋回忆说："在初中时，有一次同学们被安排到校农场进行'学农'劳动。那年，学校养了几头猪，同学们的任务是上山摘橡子树果子，我们称它为'橡果果'。老师对大家说摘来的橡果果经过发酵，猪吃了就会昏昏欲睡，这样它们就会加速长膘。那时正值中秋，早晚天凉，三五个同学编成一组，分头行动，早出晚归，满山遍野地找橡果果。"同时，班主任不忘抓文化学习，摘橡果果回来，老师要求每人写一篇作文。由于体会很深，刘国奋写的作文得了优，还被老师拿到别的班去宣读。读优秀作文也是班主任的教学方法之一，以此激发其他学生的学习兴趣。

刘国奋回忆道:"到了高中,我明显往文科偏,理科学起来相对吃力。幸好我高中班主任王元老师教我们数学。她教学水平极高,一步步公式推算干脆利落,学生们看了一目了然,很快就明白了。在班主任的谆谆教授下,我的数学保持了不错的成绩。"王老师除了教学水平极高,作为女老师,她有女性细心的一面,而且认真敬业,有责任心和爱心。她对学生的思想动态和日常生活也很关照,尤其是对那些从农村来的寄宿生,她付出了不少心力。刘国奋说:"至今班主任王元老师在我们高中同学的心目中仍占据至高的地位,大家对她的敬爱之心始终未变。"

刘国奋很感恩,镇海中学老师们的严格、智慧、真诚,让她一直保持着对知识的敬畏与渴望,并在往后的工作生活中努力践行着。

2 人生经历

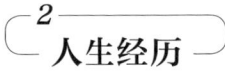

一件事,一辈子

从复旦大学毕业后,刘国奋被分配到厦门大学工作。原本她被安排在学校当老师,但因为大学军训时做班长喊口令破了嗓子,她只能婉拒,请求去学校的科研机构。就这样,她进入厦门大学台湾研究所从事研究工作。当时去厦门大学台湾研究所,刘国奋心里是有些失落的。因为在复旦大学的国际政治系侧重的研究方向是欧美国家,刘国奋当时想做美国问题研究。"台湾是中国的一部分,所以台湾问题研究与自己所学专业相差较大。"不过,既然被组织安排在台湾研究所工作,那就要认真去做好,刘国奋这样想。

从事台湾问题研究工作,这让刘国奋想起初中时上中国地理课,老师讲到台湾地理这一章节时,她特意用几页白纸装订了一本简易笔记本,非常认真地做听讲笔记。后来,刘国奋笑着回忆道:"在初中中国地理课上认真做笔记的人不多,也只有我对台湾地理做了这么详细的笔记,人生仿佛在冥冥之中已经做了安排。"为了做好台湾问题研究这份工作,刘国奋恶补各类有关台湾的知识,去听各种有关台湾的课,如台湾历史、台湾经济、台湾文学等。为了发挥自己的大学专业优势,她选择从台美关系研究切入,开始做研究的基础工作,与另一位老师合作编写了《台美关系大事记(1784—1982年)》,由此,她逐渐跟上了台湾研究的步伐。

两年后,刘国奋进入北京国际关系学院攻读硕士学位,她的硕士论文也与台湾问题有关,题为"论1949—1950年美国对华政策中的台湾问题"。1986年8月,她进入中国社会科学院台湾研究所工作,直至退休。

搞研究是一项非常严谨的工作。"要坐得住,吃得了苦,耐得住寂寞。"刘国奋说,"现在回想起当时的工作状态,都觉得有点不可思议。"为紧急完成上交报告,不知有多少次,她夜以继日甚至通宵达旦写文章,熬夜做研究成了她的生活习惯。由于全身心投入研究工作,她好几次做梦都在构思文章的写作思路。

因为刘国奋的敬业、投入、付出,她成为大陆研究台湾对外关系问题的学者中的先驱人物,她的报告曾得到国家主要领导人批示。她写有专著《台湾的"务实外交"》,合著《台湾何处去》,也参与过许多部书籍的编写及审稿工作。她还在报刊和网上发表了百余篇文章,一些较有深度的文章被转载或被某些书籍收编。她曾是北京东亚国际问题研究中心会员、全国台湾研究会理事、北京联合大学台湾研究所特约研究员和海峡之声广播电台特约评论员,曾多次就台湾问题和海峡两岸关系问题接受海内外媒体的采访。

就这样,一辈子,一件事。

她是刘国奋,她是镇海中学1975届校友。

她研究台湾,为两岸和平统一做出了一份贡献。

巷口的呼唤

顾伟国 1976届校友。1977年恢复高考以后的首届大学生。大学就读于辽宁财经学院,这是当年中国仅有的两所财经院校之一,后去财政部读研究生。在建设银行、中国银河证券股份有限公司(简称中国银河)工作32年,见证了银行、券商30余年的发展大变迁。任中国银河总裁9年有余,参与了中国银河A+H股上市、收购马来西亚联昌证券等重大事件。

镇中印记

镇海中学老师们的责任心和工作激情,有形无形地影响着学生。责任心和激情会使人投入地去做工作,再加上专业素养,相信会种瓜得瓜、种豆得豆。

1 青春记忆

"文革"末期的高中与1977年的高考

1974—1976年,顾伟国的高中时期,正值"文革"末期,带有深深的时代烙印。

"头一年我们是正规上课的,第二年就没上课了。第一个学期在农场劳动,第二个学期去了专业班,在县广播站学习,类似于现在的实习。所以,我们的高中,文化课学得很少,基础不扎实。"

仅有一年的高中学习,在高中毕业已经45年的顾伟国心里,依然留下了不少记忆深刻的画面:从相对松散的初中到严谨认真的镇中高中,学习氛围一下子浓郁了不少。正班主任汪纯本是英语老师,教育上总是充满激情;副班主任王永耀是语文老师,非常慈祥,长得很像周恩来总理。"当年,我们经常会去老师地方坐一坐,师生关系特别融洽。"

家住镇海城关的顾伟国,没有住校,也没有参加晚自习,因此,第二天去上学的时候,他总觉得住校的同学好像学得更多一些。"那是因为晚自习时老师都在,住校生可以问问题,老师也会做些讲解。镇海中学的老师真的是认真又负责。"

高二第一个学期,同学们都去了大碶农场劳动。顾伟国至今还记得在煤油灯下学唱长征组歌,和同学测绘农场山型地图的往事。第二个学期的专业班,有同学选择电工、医生或电话接线员等专业,他则去了县广播站学习采访。

高中毕业后,下乡,进入农村锻炼。1977年,顾伟国迎来了人生中的一个重要转折——参加高考。而引领他改变人生的,是他的高中班主任汪纯本。

"一天晚上,汪老师来到我们家所在的巷子,从巷子头到巷子尾,来来回回叫我的名字。原来高考恢复了,汪老师喊我回学校复习,他不知道我家的具体门牌,就在巷子里叫我的名字。那时,我还在乡下劳动,根本不知道高考恢复的消息。我妈和我姐听到汪老师的喊声,才知道高考恢复了,镇海中学的毕业生都可以回去参加复习。第二天,家里告诉我消息,我和几个同学赶紧去找汪老师。"

到了学校,顾伟国才知道,老师们一个个去通知之前没有参加高考的学生,让他们回学校复习,参加高考。"那真是一段充满激情的岁月,很多人对未来燃起了新的希望。"

对顾伟国,汪老师给他的建议是考文科。因为高中只学了一年,学得少,考文科,历史、地理两门课复习起来容易,若考理科,物理、化学两门课复习的难度会大得多,而数学又是他的强项,肯定会比一般文科生考得好,这样就容易考上大学。

听了汪老师的分析,顾伟国选择了文科。那一年高考,很多届学生参加,全国考生共有570万人,仅录取27万人,被称为中国教育史上竞争最激烈的一届高考。顾伟国很幸运地考上了。

如今回忆起来,对母校当年的做法,顾伟国依然充满了感激之情。"学校在得知恢复高考的信息后,马上通知学生,随后拿出了一整套章程:先摸底考试,然后根据考试情况进行分班复习。不但有很强的责任心,也有方式方法和能力,指导学生进行复习。如果没有母校当年的组织,我不一定能考上大学。"

高考后填报志愿,为了稳妥一点,他特意选择了远在东北的辽宁财经学院。那一年,国内恢复招生的财经学院仅两所,除了辽宁财经学院,还有一所是湖北财经学院。

2 人生经历

30多年见证金融业发展与变迁

2019年3月14日晚间,中国银河发布公告称,由于公司总裁顾伟国到龄退休,免去其公司总裁、执行委员会委员职务。至此,顾伟国在银河证券这艘巨舰上,担任掌舵人9年有余。而他在金融行业的职业生涯,历时32年,前15年在银行业度过,后17年在证券业度过,是不折不扣的"金融老兵",见证了金融业的发展与变迁。

1987年8月至2002年8月,顾伟国历任建设银行投资研究所编辑部副处长、信贷一部综合处处长、监察室副主任、委托代理部总经理和中间业务部总经理等职。在建行工作的时间里,他被破格提拔两次,担任部门正职负责人时尚不满40岁,是当时建行最年轻的几名部门正职负责人之一。

2002年8月至2007年1月,顾伟国告别银行业,出任中国科技证券副总裁。但之后中国科技证券和同期的华夏证券、南方证券等类似,因历史遗留问题,它的证券资产成了安信证券的一部分。

2007年1月,顾伟国进入中国银河。3年后,他由副总裁升为总裁。之后的9年,他参与了银河证券H股、A股上市和海外并购等重大事件。

顾伟国初到中国银河时,正值2006—2007年大牛市末期。之后的10多年,A股经历了两次大规模的牛熊转换,一次是2007年10月沪指见顶6124点之后又在2008年10月跌至1664点,另一次是2014年12月至2015年6月,沪指见顶5178点,2019年初又跌回2440点。其余时间A股更多的是各种震荡。

证券行业这10多年却比A股本身更加暗流涌动,其中最明显的是金融科技进步、机构力量崛起带来的券商格局新变化。

在A股的牛熊轮回、券商行业的变局中,顾伟国担任总裁的中国银河,发生的最重要的事应该是H股和A股的上市。

和大部分券商不同，中国银河是极少数先 H 股再 A 股 IPO 的券商。2013 年 5 月，中国银河以 5.78 港元发行 15.6 亿股 H 股，相当于 90 亿港元，之后又在 2015 年 4 月以 11.99 港元的价格成功进行了 H 股定增。

H 股两次募资为中国银河夯实了资本——事实上，在以净资本为核心的监管体系下，券商净资本规模大小与赚钱能力往往直接挂钩。那一次 H 股的定增时机恰逢市场高点，不可谓不精准。

2017 年 1 月，中国银河 A 股上市。虽然 A 股 IPO 仅募资 40 亿元，但完成 A+H 股两地挂牌，为中国银河拓宽了融资渠道。在任何上市公司的历史中，实现 A+H 股两地挂牌均是历史性事件。

2018 年 1 月，中国银河通过全资子公司与马来西亚联昌集团完成了联昌证券国际私人有限公司 50% 股权的买卖交割。这标志着中国银河和联昌集团长期战略合作伙伴关系正式启航，也标志着中国券商全方位进入东南亚市场。

中国银河表示，在中国企业跨境投资日益增长和人民币国际化的背景下，深耕东南亚市场将使中国银河有机会分享东盟市场的发展潜力，增强服务客户及回报公司股东的能力。

当年和顾伟国签约的是联昌集团的总裁扎夫鲁。2020 年，扎夫鲁任马来西亚财政部部长。

见证金融行业 30 多年的发展与变迁，说起对这个行业的看法，顾伟国说了四个字：回归本源。

金融是一个大概念，下设各个板块，有不同的功能，满足社会运行不同的需要。如果这些功能完整，就能在社会运行中发挥很好的作用，否则就会出现紊乱。

保险的本源是保障，而不是投资理财；商业银行的本源是"三性"原则：安全性、流动性、盈利性，安全性排第一位；证券公司的本源则是"三公"原则：公开、公平、公正，在充分披露信息的情况下，投资者需要自我评估风险承受能力。

这些年，在严监管背景下，市场与投资者均在往成熟化方向发展，但离真正的成熟，还有一定的距离。

塔尖上的谦卑

邵国丰 1977届校友。宁波市心脏大血管疾病诊疗中心主任，宁波市医疗中心李惠利医院心胸外科学科带头人、主任医师，宁波大学博士生导师。任浙江省医学会胸心外科分会副主委，宁波市医学会胸心外科分会主委，宁波市医学会常务理事等职。浙江省区域专病中心带头人，宁波市优秀学科带头人，宁波市临床特色重点专科带头人。任浙江省专业技术二级岗位，浙江省优秀医师奖获得者，宁波市十大卫生名医奖获得者，宁波市仁心仁术奖获得者。"中国名医百强榜"冠心病外科上榜名医，享受国务院特殊津贴。

镇中印记

当年学了什么知识早就忘了，但老师的言传身教——不管何种境地，都不要忘了学习，不要轻易放弃，一直影响着我。

1 青春记忆

邵国丰从小手指修长,老一辈的人说,小顽(男孩)手细巧,以后肯定能干。父亲挺高兴,盘算着将来邵国丰做个木匠也不错。那时谁也没有想到,这双巧手是为开刀而生的。

决定邵国丰成为一个外科医生的,是1977年的高考和一系列机缘巧合。虽然有波折、有意外,但高中毕业就赶上高考恢复的他终究还是成了被时代选中的幸运儿。

之前特殊的十年里,一届又一届的毕业生别无选择地绕开大学紧闭的门,直奔工厂和农村。所以在镇海中学读书时,邵国丰和身边的同学一样,没什么明确目标,梦想是个很抽象的词,只在有需要时写在作文里。

印象最深的是在塔峙岙学农,他们在偏僻的山岙里沤肥、修梯田、开山种茶叶。那年冬天,粮食吃完了,要到镇上去买。大雪封山,看不到路,农场仿佛一座岛,四下茫茫,谁都出不去。老师说,办法总比困难多,便带着20来个男生出去探路,邵国丰也是其中一个。男孩子心大,只觉被挑中参加了"敢死队",无比兴奋。出发后步步惊心,每一脚下去都不知道是田地还是溪坑。大家只得手牵着手一步步往前挪,不断地有人摔倒,有人尖叫,但总算有惊无险。走了整整一天,终于看到山底下学校派来的车时,邵国丰竟觉脚下一软,鼻子一酸。

条件再艰苦,老师也没忘记好好备课,雨雪天不能劳动,就见缝插针地安排上课。当时的数学老师许克用宿舍里总是堆着厚厚的教案,他常劝学生要静得下心。"学习是一辈子的事,将来总有一天会派上用场。"

这句寻常的叮嘱在邵国丰心里根深蒂固地种下了终生学习的观念。他毕业后不断努力，逐渐走上事业高峰。多年后他去看许克用老师，老人已经80来岁，依然保持着天天阅读的习惯。看到一堆堆的书，邵国丰一下子就想到了塔峙岙里的时光，无比感慨，尽管那时他们都还不知道读书什么时候才可以派上用场。

毕业后邵国丰下乡插队，赶上工厂年底招工，那时他觉得能捧上"铁饭碗"已是人生最好的安排。就在他死心塌地准备做一个工人的时候，以前镇海中学政治老师的儿子小夏特意来找他："要恢复高考了，你有什么打算？"

什么打算？邵国丰有点懵。从小到大，他们这一代人的学习和工作都是被安排的。当时的教育就是，我们是砖，哪里需要往哪里搬。大家都习惯了这样被安排。突然有一天，有人告诉他，可以自己打算了，他反而有些回不过神来："我已经准备去厂里上班了。"

小夏好像没听到："我爸让我通知你，镇海中学办了补习班，一起去试试吧，考不上也不损失什么。"

好像也有道理，多了一个选择，为什么不试一试呢？邵国丰就这样稀里糊涂地跟着他回了学校。

那个复习班共有300多个学生，6个班。这些考生中有工人，有军人，有农民，还有一些已是孩子的爹妈。邵国丰并没有抱太大的希望，考完后继续回大队劳动，没想到不久体检通知就下来了。

"这就是说考上了？"他听说，300多人的复习班中，只有12人上了线，他有点不太相信是真的。

一起考上的还有他的两个好朋友。也许是因为太兴奋了，体检的时候居然血压都超标了，三人一下子泄了气。

邵国丰心灰意冷地回到大队，他努力地说服自己，做一个工人也挺好的。第二天早上9点半在田里干活时，刚好大队里的赤脚医生路过："咦，你怎么还在这里？没去体检啊？"

邵国丰有点摸不着头脑，一问才知道，前一天多数人血压没通过，所以第二天安排了在镇海县人民医院重新体检。截止时间是中午11点，会计通知了一圈,就是没找到邵国丰。

赤脚医生急了:"这都几点啦,走走,我骑车带你去!"

就这样,邵国丰刚好赶上,通过了体检,另外两个好朋友也闻讯赶来,一位也通过了,另一位却没有那么幸运。

终于迎来柳暗花明的邵国丰没有想到,后面还有一个更大的意外。

通知书到的时候,他又傻眼了:"我从来没有填报过浙江医科大学啊,搞错了吧?"他不知道是哪个环节出了问题,怀着万分忐忑的心情去学校报了到。报到后才听说,因为医学生紧缺,招生办临时调整,将考分高的学生择优录取到医学院。

如今想来,恢复全国统一高考后第一年招生,很多工作都不成熟。邵国丰倒也随遇而安:"做个医生也挺好。"用从小引以为荣的修长手指捧起医学书的时候,他还没有意识到,这是时代赋予自己的使命。

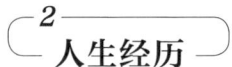

43个"第一"

大学毕业后,邵国丰被分配到舟山工作,1987年被调到宁波市第二医院。在当时的年轻医生里,数他"刀开得最干净",许多科室都向他伸出橄榄枝。最后他选择了胸外科,因为他觉得那是外科里面最难、要求最高的科室,是"塔尖里面的塔尖"。

从那时起,他开始不断地向"塔尖"攀登。

1993年6月,宁波市医疗中心李惠利医院组建心胸外科,邵国丰被国内著名心脏外科专家张志樑看中,成为主要负责人。这是他事业的转折点。

1995年,他采取不阻断冠状动脉供血的方法,成功实现宁波市第一例心脏不停跳心内直视搭桥手术。

1999年，镇海有一个农民来看病，说自己全身无力，夜里不在背后垫上几条高高的被子就会不停地喘气，怎么也睡不好。"下面医院说，这叫扩张型心肌病，他们治不了，让我来这里。你们有办法吗？"

这个文化水平不高的农民没有想到，眼前的医生其实一直在"等"他。早在1996年，施行"同种异体心脏移植术"的计划就已经被提到科里的议事日程。张志樑和邵国丰专门到德国心脏中心学习心脏移植手术，并多次在动物身上成功实施了心脏移植手术。一切准备就绪后，又等了两年，"合适"的病人终于来了。

一切都很顺利，心脏供体就在医院附近。邵国丰从已脑死亡志愿者的身躯上取下心脏，然后，民警开道把心脏一路送进了医院手术室。张志樑用这颗健康的、年轻的心脏，换走了患者病入膏肓的心。他们齐心协力，让患者又多活了16年，送走了白发老母，还看到女儿考上大学找到工作。

这是全国地市级综合性医院第一例成功的换心术，是宁波医疗技术达到又一个新水平的写照。

邵国丰也深深爱上了这个专业。到他手里的往往是生死线上挣扎的患者，能在山穷水尽的时候找到绝处逢生的路，能从"死神"手里争得一线生机，这对一个医生来说是最大的成功。为此，他还特意去澳洲学习，学习期间什么费用也不要，就为了在当地医院多做几台手术，提高技术。

救下了宁波首个"换心人"之后，邵国丰又主刀为一名终末期尘肺妇女做了左全肺移植手术，这是全省首例"换肺"手术，在当时也引起了很大轰动。

之后多年，他马不停蹄地开展了大量高难度、高风险心脏及普胸手术，创下了省市心脏外科领域的43个"第一"，大大提升了宁波乃至浙江地区危重心脏病人的抢救水平。李惠利医院心胸外科自2004年起蝉联宁波市医学重点学科，2013年被评为临床特色重点专科，2015年被评为浙江省区域专病中心，2016年被评为浙江省市共建重点学科，很快成长为浙东地区心脏外科中心，浙江省心脏外科三强之一及华东地区著名学科之一。

"医生最先想的,应该是救命"

在做了 5000 多台手术以后,在不断向技术"塔尖"攀登的时候,邵国丰渐渐发现,对一个医生来说,最重要的并不是以拯救者的身份高高在上俯视众生,而是低下头去时时自省,面对科学永远保持谦卑,面对生命一直心存敬畏。

刚到李惠利医院的时候,他抢救过一个心搏骤停的大学生,刚刚毕业走上工作岗位就倒下了,抢救了一个小时都没有任何起色,大家都觉得没戏了。抢救室外,家属已经哭天抢地。邵国丰看着那张年轻的面孔,实在不忍心这样放弃,他又一次挽起袖子,继续进行胸外按压,同时进行电除颤,持续心肺复苏,在他的带动下,身边的医护人员一个个轮流接力。

时间一分一秒过去,希望似乎越来越渺茫,大家汗流浃背、精疲力竭,邵国丰咬着牙握着拳头:"再试一次!"

就这样,一轮又一轮,人换了一拨又一拨,三个半小时后,患者瞳孔开始回缩,血压逐渐上升,屏幕上又出现了规律的曲线……

三个半小时的不懈努力,换回了一条鲜活的生命。后来这个小姑娘一直健健康康地活到了现在,在工作岗位上发光发热。从那时起,邵国丰就发现,抢救命悬一线的患者,医术固然重要,但有时候,永不放弃的信念才可能创造奇迹。

"你是不是尽了全力,也许家属不知道,医院不知道,但你自己一定知道。"

为每一个患者竭尽全力,做到这一点真的不容易,尤其是前几年医患关系非常紧张的时候。德高望重的邵国丰也曾被误解、被冤枉、被威胁,无数同行的教训告诉他,保护好自己,"为素不相识的人,犯不着冒险!"可真的到了要做选择的时候,他又会下意识地站在患者的角度。

曾经有一位英国籍教师因为主动脉夹层破裂被送到李惠利医院,当时他全身湿冷,双瞳孔散大,测不出血压和心跳。在没有任何人签字的情况下,邵国丰主动为他实施了难度极高的"升主动及半弓置换术",用了整整十个小时,才将他从死亡边缘拉了回来。当时有人问他,有没有想过如果救不回来,他将承担什么样的责任,邵国丰笑笑:"医生最先想的,应该是救命。"

邵国丰总是教育年轻医生,做医生,最重要的是问心无愧。所以学医要先学会做人,学会理解和体谅,"仁心"比"妙手"更重要。但如果医患双方一直这么相互防备着,都把对方当作假想敌,那么理解和体谅便无从谈起。"和谐的医疗环境不会轻易到来,它需要人人参与。我作为老一辈的医生,先带个头吧。"

第四篇章

20 世纪 80 年代

更高起点

20 世纪 80 年代

20世纪80年代流传着一句话："考不考得上大学,以后就是皮鞋和草鞋的区别。"千军万马过独木桥的时代,镇海中学成绩骄人。1980年,镇海中学培养出了第一个宁波市高考状元和第一个少年大学生；1984年,高中恢复三年制后,镇海中学首届高中生毕业,高校上线率达94%,同年还诞生了第一位浙江省高考状元。整个80年代,镇海中学毕业生的高校录取比例在85%以上。当时社会上盛传,考进镇海中学,相当于一脚已经跨进了大学。

高考不是通往成功的唯一道路,但不可否认的是,改革开放初期,社会各行各业求贤若渴,学历得到了前所未有的重视。和同龄人相比,考上大学的孩子,他们的人生无疑有了更高的起点,更多的可能。而在高中时代养成的勤奋学习与坚持锻炼的良好习惯,让没有考上大学的孩子在今后的道路上,同样是出色的优等生。

数学课代表的基本功

陈振雷 1980届校友。美国伊利诺伊大学工学博士，宁波大学特聘教授、博士生导师，国家级重点引才计划特聘专家。曾任美国福特汽车公司发动机事业部高级工程师，三一重机股份有限公司技术总监、发动机研究院副院长、试验检测中心副主任。多次获得美国福特汽车公司技术发明奖、三一重机股份有限公司技术创新奖等奖项及相关专利。主要研究方向为机械及民用工程的结构强度与疲劳、流场与性能、振动与噪音的计算机仿真与试验检测，工程问题质量提升与成本控制解决方案，工程机械节能减排解决方案等。

镇中印记

在镇海中学两年打下的扎实基础，尤其是数学上的深厚基础，让我在后来的工程机械计算机仿真研究上走得更远。母校"励志、进取、勤奋、健美"的校训，也一直影响着我们这些毕业生。

1 青春记忆

每天往返记作业的数学课代表

胸前戴着大红花,坐着当年骆驼公社向驻军部队借来的军车,一路"拉风"地来到镇海中学报到——这是1978年9月陈振雷入读高中的场景。那样的经历太过特殊,40多年后回忆起来,陈振雷依然觉得历历在目。

从这个仪式感满满的入学方式中可以看出,考上镇海中学,在当时的团桥村是一件多么光荣的事情。

1978年,正在团桥中学读初二的陈振雷参加了镇海县数学竞赛,获得了全县第三名的成绩,因此直接被镇海中学录取。

"非常感谢我父亲当年的决定,那时我能读中专,也能读高中,很多出生在农村的孩子能读中专就很高兴了,因为能变成城市户口,工作有保障,但是父亲力主我读高中。现在看来这真是一个很有远见的决定。"

因为数学成绩好,陈振雷在高中很自然地成了数学课代表。数学老师是非常受人尊敬的特级教师胡明德,数学课永远排在每天的第一二节。每天中午吃过饭,作为课代表的陈振雷需要到胡老师办公室去拿作业题,胡老师口述、他记录,然后匆匆赶往教室,把作业抄到黑板上。当年的教学楼在老校区,胡老师的办公室在校办工厂,也就是现在的镇海中学所在地,两者之间步行大概七八分钟。每天中午,陈振雷总是在教学楼和校办工厂之间匆匆穿梭。很多年后校友聚会,班主任对大家说:"你们是不知道,当年阿雷为大家做了多少事情。"

班主任谢荣华是英语老师。"我们那时候学英语,基本上是从高一才开始系统学的。高考英语100分,我考了78分,已经挺不容易了,最后是按30%折算在高考总分中的。"

谢老师当时对大家说过一句话:"只要你们好好读书,我保证你们能考上大学!"当时刚刚恢复高考,高考录取率只有百分之几,此话大大震撼了同学们的心。尽管当时的陈振雷有点不大相信,但他无疑受到了很大的鼓励。后来果然真的如谢老师所言。

"你听我的普通话是不是挺好的,听不出什么口音来吧?"采访中,陈教授对自己的普通话颇为自豪。确实,对一个出生于20世纪60年代的人来说,陈教授的普通话说得非常标准。

"这个得感谢我的高中语文老师董克勤。一开学,董老师就对我们说:'你们必须学会普通话,这是你们以后发展的需要。'"对现在的高中生来说,听到语文老师这样说,肯定会觉得奇怪。普通话,那是从幼儿园甚至更早就开始学了的。但是在当年的农村学校,老师基本都用宁波方言上课,所以才有了董老师上述的说法。

在镇海中学的两年学习,为陈振雷打下了良好的语言基础,包括普通话和英语,而在理科上他一直有优势,尤其是数学。到了大学里,数学教授们都惊讶地说:"你竟然能在高中把数学学成这样!"

高考填报志愿时,他选择了与数学比较接近的力学,学校是华东水利学院(河海大学当年的校名是华东水利学院,由南京大学水利系、交通大学水利系、同济大学土木系水利组、浙江大学土木系水利组以及华东水利专科学校合并而成,是以水利为特色的一所大学,它也是教育部、水利部、国家海洋局和江苏省人民政府共建的全国重点大学)。1985年,华东水利学院恢复传统校名河海大学。

2 人生经历

赴美深造　加盟福特

1994年，三峡工程正式动工兴建。这是世界上规模最大的水电站，也是中国有史以来建设的最大型的工程项目，其技术难度可想而知。从1919年孙中山先生在《建国方略之二——实业计划》中提出建设三峡工程的设想，到正式开工，其间经历了75年岁月巨变，国家领导人更迭，专家一次次论证。水利部直属的河海大学也参与了三峡工程的相关技术工作。

1984年本科毕业后留校任教的陈振雷，后来又在校读了研究生。其间，他所在的团队参与了包括三峡工程、小浪底工程等在内的重大工程建设。三峡工程坝高185米，设计中，混凝土温度缝问题是其难题之一，属于力学分析中的材料与接触非线性问题。一直以来数学特别出色的陈振雷，编制了国内首个三维接触非线性程序《CONTACT90》，并成功地将其应用于三峡工程温度缝的计算分析工作。因为扎实的专业基础和出色的教研业绩，1992年，陈振雷获得了江苏省首届百名优秀青年骨干教师的殊荣，也成了导师卓家寿教授的得意弟子。卓教授既想推荐他出国深造，又实在舍不得放他离开。

1996年，想到外面看看的陈振雷，放弃了获评副教授带来的单位福利分房，赴美国伊利诺伊大学攻读工学博士学位，研究方向为工程机械计算机仿真与试验检测技术，即用计算机仿真来解决工程机械质量提升和成本控制问题。当产品出现故障以后，他需要通过研发与测试标定的计算机仿真分析流程，找到故障原因，提出优化改进方案，并完成试验验证。

2000年博士毕业后，陈振雷被美国福特汽车公司发动机事业部聘用，参与了多项发动机研发项目，用他所学的理论知识和实践经验，在发动机仿真计算及试验测试领域取得了可喜的成绩，申报的多项专利技术为公司节省了大量技术资金投入，他也因此多次获得福特公司总裁奖等荣誉。他解决的福特发动机机体疲劳开裂问题获批公司商业机密,被加以保护。

加盟福特的第二年,陈博士就按美国移民局杰出学者通道获得了绿卡。他继续在自己的研究领域耕耘,一晃就在福特工作了12年。

回归祖国　回归家乡

2011年6月,中国三一集团启动全球招聘计划,陈博士欣然应邀回国。巧合的是,三一集团创建于三峡工程正式动工兴建的那一年,即1994年。在20世纪90年代国内经济快速发展的浪潮下,三一集团凭借自主创新迅速崛起,成为世界500强企业中唯一上榜的中国工程机械企业。

2011年10月,陈振雷告别福特的优厚待遇,来到三一集团总部湖南长沙,投身于发动机事业部的产品研究。同年,三一集团在昆山经济开发区成立了昆山三一动力有限公司。陈博士迅速组建了一支计算分析及试验测试研究团队,按欧美先进研发流程,建立了集计算机仿真和试验测试于一体的发动机CAE专家系统,与团队一起开展多项发动机项目研发,加快机械动力领域的科研技术成果转化,以实现三一工程机械"心脏"发动机的自主研发及生产。

在三一工作的近5年中,陈博士先后出任三一动力、三一能源、三一挖掘机事业部的技术总监,为国内重工机械的发展贡献了智慧。

2015年,陈博士52岁,在外已整整35年。在高校做过研究,在异国他乡奋斗拼搏过,也为国内的机械工业奉献过,50多岁的陈博士,开始思念家乡。恰在此时,他接到了来自家乡的邀请,宁波大学诚邀陈博士回来建设高端制造仿真与测试研究所,为宁波的高端制造业提供智力支撑。

难忘乡音的陈振雷于2016年5月接受了宁波大学的聘请,回归人民教师的岗位。他建立了研究所,致力于工程机械计算机仿真与试验检测技术的研究,同时将所学知识传授给年轻教师与研究生。

尽管离开了三一,但他在三一依然受人尊敬。2017年4月,三一重机股份有限公司董事长俞宏福先生携挖掘机事业部高管一行八人访问宁波大学，聘请陈博士为三一重机外聘顾问。借此良机，宁波大学聘请俞董事长为宁波大学兼职教授，并与其签订了宁波大学与三一重机的战略合作协议。在陈博士的产学研合作企业中，三一集团的挖掘机事业部、发动机事业部、起重机事业部赫然在目，宁波方太、天生密封、玉柴动力、柳工集团等著名企业也渐渐加入其中。

在宁波大学，陈博士会向团队老师和学生倡导福特和三一的处事理念：以诚为本、努力工作、感恩永远。说起感恩，陈博士说，自己对母校镇海中学，就一直怀有一份感恩之心。"高中两年，给我们的人生打下了扎实的基础。感谢母校的校风、校规和老师们的勤奋教学。"

我想弄懂到底发生了什么

  李迅雷 1980届校友。现为中泰证券首席经济学家、中国首席经济学家论坛副理事长。长期从事宏观经济和证券市场研究。曾担任国泰君安证券研究所所长、首席经济学家,海通证券副总裁兼首席经济学家等职。2008年起,连续三届当选上海市人大常委会委员、上海市人大财经委员会委员。2012年,当选九三学社中央委员会委员。2020年,因工作地点变更,不再担任上海市人大常委会委员一职。

镇中印记

  镇海中学高质量又包容、多元的教学环境,让当年那个对世界充满了好奇的我,得以自由生长,并始终保有一份探索欲。

1 青春记忆

想弄懂这个世界到底发生了什么

1976—1980年,李迅雷在镇海中学度过了四年中学时光。这个世界究竟发生了什么？有别于一般中学生简单的求学生涯,对社会强烈的好奇心和求知欲,在李迅雷身上渐渐显露头角。

高个子的李迅雷喜欢运动,田径和篮球一直是他的强项。当年,镇海县体校的少体班就在镇海中学内。李迅雷以少体班学生的身份在这里就读初中。艰苦的体育训练和竞技比赛,磨炼了他顽强拼搏和对目标锲而不舍追求的精神。

中学时代的李迅雷兴趣爱好广泛。他一度对无线电很感兴趣,当时家里还没有电视机,他就研究半导体收音机,拆了装,装了拆,就想搞明白其中的原理。

"我对这个世界充满了好奇心,总想弄明白这个东西是怎么回事,这个世界发生了什么。"

读书,读新闻,读《十万个为什么》,无疑是认识世界的一个途径。但是,1976—1977年,"文革"刚刚结束的头两年,他可以看到的书籍依然非常少。于是,少年时代的李迅雷有了一些"特殊"的爱好。

李迅雷的母亲是镇海中学的语文教师,出于工作习惯会做剪报,"文革"前的一些剪报有幸得以保留下来。对母亲来说,剪报是因为看到了语文方面好的字、词、句,但李迅雷更感兴趣的,是剪报背后的新闻。他发现,在"文革"期间被批判的"大坏蛋",在"文革"前是国家领导人,而且讲的话很有道理。他由此开始思考:这个世界究竟发生了什么？到底什么是好人,什么是坏人？

除了看母亲的剪报,李迅雷还会站在桌子上,仰着头,看房间天花板上糊着的已经发黄了的报纸,若干年前为了掩盖木板缝隙而糊上去的报纸,也成了少年汲取信息的一个渠道。

渐渐地,他发现县文化站里能借到"解禁"的书籍,于是李迅雷用香烟壳与别人换借书证的借书权,把"文革"期间被批判的"毒草小说"借了个遍。

"文革"结束后,中国的大门打开了,随着越来越多信息的涌入,李迅雷渐渐形成了自己相对独立的思考。这种独立思考的习惯,伴随着他接下来的研究生涯,使他成了一个有社会责任感的经济学家。

高中两年,是思想开始大解放的时期,被称为中国的"文艺复兴时期"。无论是国内的伤痕文学,还是国外的各种名著,都开始不断涌现。学习锻炼之余,李迅雷几乎把所有的时间都花在了包罗万象的书籍上面,因为他是城镇户口,应试他反而考虑得并不多。因为大量阅读和独立思考,他的作文总是被老师当作范文来读。大学里他参加了百科知识竞赛,获得了一等奖。

高考填报志愿时,受自身经历影响,父亲反对儿子填报文史哲方向,父亲的要求是既不与政治打交道,也不与金钱打交道。后来一家人商量以后,李迅雷填报了上海财经大学统计学专业,那是只与数字打交道的学科。

如今回过头去看,统计其实是对分析社会、分析经济非常重要的一门学科,也算是歪打正着。

本科毕业后,李迅雷留校工作3年。在经济发展的大潮下,国际贸易专业特别火爆,李迅雷就考取了本校国际贸易的硕士研究生。原本他想通过从事外贸来改变职业生涯,但读研期间,他的所有作业几乎都在经济学期刊上发表了。不知不觉,他对文学和哲学的兴趣,转移到了对经济学的研究上,这一研究,就研究了整整30年。

2 人生经历

首席经济学家告诉你"买什么"

作为证券公司的首席经济学家,李迅雷经常会被人问到关于投资方面的问题,比如当股市跌的时候,有人会问"股市什么时候见底?",有人会问"股市什么时候能涨起来?"平时,也有人会问"你看好什么行业、什么股票?"之类。

对这些问题,很多时候,哪怕作为首席经济学家,他也觉得颇为无奈。其实,他更希望看到的是逐渐成熟的投资者,而不是买鞋的时候会踌躇思考、货比三家,买股票的时候一听消息就频繁进出的人。

李迅雷说自己是研究宏观经济的,喜欢用望远镜看趋势,而不是用显微镜纠缠细节。事实上,他真的用通俗的语言揭示了很深奥的道理,告诉大家应该买什么。2006年,他写了一篇题为"买自己买不起的东西"的文章,12年后的2018年,他又写了一篇题为"买自己买不到的东西"的文章。

2006年,M2规模只有35万亿,A股流通市值只有3万多亿,周边很多人都没有多少积蓄,大部分钱都用在吃和穿上,恩格尔系数高达40%。当时,李迅雷判断,人们的生活水平会不断提高,余钱会增多,恩格尔系数也会不断下降,商品会过剩,但资产还是稀缺的。在外资大量流入、出口大幅增长的背景下,货币一定会高速扩张,从而助推各类资产价格快速上涨。这个时候,如果能把节约下来的钱投资于资产,比如买上百万金额的房地产、上百元股价的股票,买黄金,甚至是买古玩艺术品,都能产生丰厚的回报。而到了2018年,连金融资产都已过剩,李迅雷判断,已到了"买自己买不到的东西"的时候,比如买好品牌的股份,再比如买拥有核心技术企业的股份。我们需要思考的是未来经济的变化趋势,找到什么才是真正可持续的稀缺产品、什么样的品牌才具有持续扩张能力、什么才是买不到且不可复制的核心技术。

他以自己的方式,回答了大家关注的问题。

对于一段时间内的经济大势,李迅雷维持自己的判断:中国经济已进入存量经济时代,增量部分对存量的影响越来越小,相比增量经济时代主要是考虑如何将蛋糕做大,如今则主要考虑怎么切蛋糕。而存量经济时代的三大特征是:强者恒强、此消彼长和优胜劣汰。目前我国各个行业的集中度并不算高,今后的集中度还会进一步提高,未来的机会主要集中在20%的行业龙头上。

做一名有社会责任感的经济学家

除了证券公司的首席经济学家,李迅雷还曾担任上海市人大常委会委员、上海市人大财经委员会委员、央行货币政策咨询专家,甚至两次受邀参加总理座谈会。很少有证券公司的经济学家如他一般受到各级政府部门的重视。究其原因,是他的研究面向经济政策和宏观决策,反映了当前经济领域的深层问题,为政府的宏观决策提供了数据与依据。

2012年,李迅雷发表了长文《中国经济结构存在误判》,开篇说:"转变经济发展方式是上上下下谈论最多的话题之一,当今对经济结构的共识是过度依赖投资而内需不足。问题真是这样吗?从已公布的官方统计数据看的确如此,拉动GDP增长的三驾马车中,投资总是一马当先,而高储蓄率也支持这种投资拉动模式的持续。但如果把这些关键性指标系统地做一个相关性分析,会发现彼此之间的逻辑关系错乱,解释了一对因果关系,却又引出别的逻辑矛盾。因此,笔者认为,中国经济结构存在误判,原因在于官方统计的偏失。"他认为还原消费、投资以及储蓄率的真实面貌对于我们把握下一阶段的投资方向具有重要意义。

即便是写于2012年的文章,现在读来,依然具有强烈的现实意义和令人震撼之处。

2020年,李迅雷又发表了《缩小贫富差距,关注第三次分配》一文。文章说:"纵观全球各国发展历程,新兴经济体向发达国家的追赶都要经历从生产型、投资型社会向消费型社会转型。这其中,能否成功实现由投资型社会向消费型社会的转型决定了能否跨越'中等收入陷阱'。而最关键的因素就是能否通过收入分配改革,缩小贫富分化,扩大中产阶层数量,进而提升全社会消费率。"在坚持扩大内需这个战略基点下,中国消费率与内需为何长期低于预期?这背后,是严峻的贫富分化。作为一名经济学家,李迅雷通过大量的数据和对全球各国的分析,提出了"缩小贫富差距,需要关注第三次分配"的观点。

走过繁华喧嚣,回归兴趣所在。这些年,李迅雷慢慢减少了社会兼职,辞去了证券公司的高管职务,将精力更多地投放在自己感兴趣的研究上。他说:"通过深入研究,获得一个新发现,或者能揭示人们普遍接受的观念其实是错的,是最令我欣慰的事情,这也是一个经济学家的社会责任。"回过头来说,只要找到了事物的真实面貌,那么,给出投资建议,就是一件合乎逻辑的自然而然的事情。

无论是少年时站在桌子上看天花板上的报纸,还是如今在大数据中探寻经济发展的趋势,都是好奇心驱使下的对经济社会的探索欲,它们在李迅雷的身上,一脉相承。

最好的起点

杨季芳 1980届校友。宁波市微生物与环境工程重点实验室主任、中国细胞生物学学会理事。近10年主持国家科技部国际合作重点项目、国家海洋公益项目10余项。先后在德国AWI极地与海洋研究所耶拿大学和比利时根特大学LMG实验室开展高访合作研究。目前主要从事深远海微生物海洋学及其资源环境与近海病原微生物研究工作。

镇中印记

　　成为一个教育者后再回顾在镇海中学的经历，我越来越感觉，学校的成功，并不仅仅是让学生实现眼前的目标，比如考上一个好大学，或者获什么奖，发多少篇论文，更重要的是，它提供了一个更高的平台，让学生看得更远，并坚信自己可以做得更好。

1 青春记忆

艺术生

1976年,杨季芳"考"上了镇海中学初中部。那时年纪小,不晓得之前的十年有多么不同寻常,对小升初的印象也懵懵懂懂。只记得在城关三小快毕业的时候,有一高一矮两个男老师到班上来,当时的班主任指了指他,说这小顽还满灵光的。矮个老师就问他能不能给大家表演个节目。他也不怯,站起来唱了《闪闪的红星》里的主题曲,唱完还打了个拳,矮个老师笑眯眯地点头,说不错。

上了初中他才知道,那个矮个老师就是当时镇海中学的副校长张明岳老师。经历了被耽误的十年后,学校开始了一系列改革,其中一项就是在初中部设立体育班和艺术班。张老师作为艺术班的班主任,提前到各小学去挑人。大大方方站起来唱"小小竹排江中游"的杨季芳给他留下了深刻的印象。于是这个虎头虎脑的孩子,便成了艺术班的一员。

杨季芳读小学前跟着父母在外地,到了学龄才来到外公外婆老家镇海城关。那时大家普遍对教育不大上心,杨季芳的家人也没觉得这是一件多么幸运的事。多年后杨季芳才发现,因为眼缘而被张老师选中进入镇海中学,在很大程度上改变了自己今后的人生轨迹。当然,和早几届的学长学姐们比,他们终究还是被时代眷顾的,得到了更多的机会,多数人也因此走上了一条更为顺畅的路。

刚进中学的杨季芳并没有什么明确的目标,艺术生得有一个专长,老师让他在乐器和舞蹈中间选一项,他一想,拉琴不好玩,还要花钱买乐器,不如唱唱跳跳有趣,于是便选了舞蹈。每天早上五六点钟起来到学校练功,一半时间学文化课,一半时间练舞。那会儿不用考级,也没有什么比赛,也没有人去想学这个有什么用,大家都是真心喜欢,哪怕练得辛苦,每天也呵呵傻乐,日子在笑声中一天天翻过。

下乡演出

到了年底,艺术班去乡下送演出,大家都像春游一样欢天喜地。演出地是小港的邬隘公社,从镇海渡口坐船摆渡,过了江再往前,便是山了。小路随着山势弯曲上升,雪突然就落了下来,密密地扑向人的脸。这是一次汇报演出,人人都很兴奋,有说有笑倒也不觉得累。演出的地方是一个简陋的礼堂,黑洞洞的,进去好一会儿才适应里面的光线。里面有一个破旧的戏台子,大家七手八脚地收拾出来。

热热闹闹的歌舞融入了小山村的夜色,演过什么节目老早忘了,杨季芳只记得天冷,演完了都跺着脚,搓着手,有乡亲把他们几个拉进旁边的屋子里,炉子上烤了红薯和花生,不一会儿其他几个同学也顺着甜香味进门,不好意思吃,就贴着铁皮炉子,借着那点儿暖和气说笑。乡亲把红薯塞给他们,还焐着他们的手:"怎么这么冰,暖暖。"大家都觉得亲。

晚上就在舞台上打地铺,杨季芳和同学们都兴奋得睡不着,不知道聊了多久。城关长大的孩子,从此对农村产生了特殊的感情。考上高中后,他们又到塔峙岙学农一年,虽然吃了不少苦,但记忆里都是温暖人情。大学毕业以后的第二年,他主动要求去边远山区支教,在海南岛红色娘子军的故乡当了一年师范老师,因为工作出色被评为中央国家机关"新长征突击手",还因此受邀去北京中南海参观。他一直觉得,这些宝贵的人生经历和后来自己的性格养成,得益于当年高中的素质教育,尽管当时还没有这个概念。

科学家

读了两年初中后,杨季芳顺利地考上镇海中学高中部。按那时的学制,高中也只有两年,高考已经正常化,学业开始紧张,但学习环境还是宽松的,所以他也没有感觉到太大的压力。他喜欢英语,在这门当时高考只占30%的"副科"上,下了很大的功夫,又爱屋及乌喜欢上了日语,于是买了日语书,每天坚持听日文广播,天天琢磨。他很感激老师没有责怪他不务正业,还让他当了英语课代表,这是他人生中的第一个"官",印象特别深刻。

当时的班主任王元是个年轻漂亮、气质高雅的数学老师,典型的知识女性,思维活跃,上课很有激情。杨季芳的记忆里,讲台上的王老师眼里是闪着光的。他一直不知道怎样和别人形容心中的这位"女神",后来看到著名外交家章含之的照片,便第一时间想到王老师,"在气质上她就像章含之"。

王老师也鼓励他学好外语。杨季芳后来想到,那可能是因为王老师希望学生以后可以看更大的世界。在填志愿这件事上,她也是这么建议的。

因为父亲在上海的冶炼厂工作,杨季芳本想报一个和钢铁有关的学校,这样毕业后说不定可以去上海捧上"铁饭碗"。但王老师劝他:"我觉得你以后是可以做科学研究的,人不能只看眼前,别为了一时的得失,放弃更好的平台和实现梦想的机会。"

"科学家"的梦想,让这个懵懵懂懂的少年心里升腾起隐隐的热望,他在王老师的建议下,选择了武汉大学生物系微生物学专业。"不夸张地说,她改变了我的一生。"

2 人生经历

在杨季芳心里,镇海中学的张明岳、王元和那些敬业的任课老师是自己的"贵人",是他们的尽心尽责,将自己推进了武汉大学。在这个新的平台上,他遇到了又一个"贵人"——当时的武汉大学校长、著名教育家刘道玉。

刘校长在任期倡导自由民主的校园文化,推动学分制、主辅修制、插班生制、导师制、贷学金制、学术假制等改革,领风气之先,拉开了中国高教改革的序幕。作为学生的杨季芳受益匪浅,他记得那时刘校长鼓励跨学科学习,一次期末,他在自修教室偶遇高一级的学长学姐大学物理考试,就问监考老师自己是不是也可以考一下,若通过,将来就免考。监考老师想都没想就给了考卷。杨季芳之前自修过大学物理的课程,但没有上过课,结果居然用初等数学通过了通常用高等数学解题的考试,还拿到了学分(免考需要85分以上)。这对他后来的研究以及思维方式和学习能力的训练大有裨益。刘校长的教育理念一直影响着杨季芳。在他成为浙江万里学院生物与环境学院院长后,他一直在思考,如何教学相长,如何更好地激发每一个孩子的潜能和学习热情。

因为有名校背景,1984年大学毕业后,杨季芳直接进入国家海洋局第二海洋研究所(海洋二所)。这是国内顶尖的海洋科研机构。他从海南回来后开始攻读海洋二所的在职硕士研究生。1998年获国家海洋局刘恩兰青年科技奖,1999年入选浙江省"151"人才工程第二层次。2000年受德国科教部(BMBF)邀请,赴德国AWI极地与海洋研究所开展为期三年的高访合作研究,承担两项BMBF项目,还参加了2003年Polarstern号南极科考。2004年回国后,杨季芳调入浙江万里学院任生物与环境学院院长,一直在科学研究与学科发展及人才培养的一线承担组织与主持工作。12年过去,学院的科研经费翻了百倍,打造了多个省市重点实验室、重点学科以及重中之重学科。

杨季芳的主要研究方向是深远海微生物海洋学及其资源环境以及近海病原微生物灾害控制。作为中国大洋科考的浙江万里学院召集人,他曾率团队随"大洋一号"、向阳红16号、向阳红9号、向阳红10号等科考船执行大洋航次任务,调查区域涉及印度洋、大西洋和太平洋三大洋,圆满完成了中国大规模环球大洋科考。他带去的课题叫作"深海寡营养超微细菌的原位富集分离",简单地说就是从深海采集样本分离出超微细菌,通过实验室富集培养,高效分离后,对潜力微生物开展高效筛选,提取有用的活性物质,研制新药材用于肿瘤、帕金森症等。

回顾往事,杨季芳很感慨。他说,取得如今的成就,固然有自己的努力,但环境的影响也至关重要。人生似乎环环相扣,好的平台,总是能带给人更高的起点和更开阔的视野。如果回到这条奋斗之路的起点,他最感激的,还是镇海中学的老师们,是他们打开了一扇窗,他才看到了未来的无限可能。

镇海中学的"另类"

方亚芬 1981届校友。中国戏剧家协会会员,民进上海市委委员,上海市第十一届和第十二届政协委员,上海越剧院国家一级演员,著名"袁(雪芬)派"花旦。2011年6月开始担任上海越剧院一团团长。曾获首届中国戏剧奖·第二十三届中国戏剧梅花奖榜首,上海市第四届和第十六届白玉兰戏剧表演艺术主角奖,第四届中日戏剧友谊奖,第五届巴黎中国传统戏曲节最佳女演员奖,中国越剧艺术节"十佳演员"称号,宝钢高雅艺术奖,上海市重大创作2011年度"上海文艺家荣誉奖",获评首届上海"十佳"优秀青年演员称号。曾两度被评为上海市劳动模范。

镇中印记

镇海中学的三年学习,给我打下了良好的音乐和文学基础,这对我之后走上演艺之路大有裨益。没有镇海中学的培养,就没有现在的我。

1 青春记忆

当年文艺班的校园红人

舞台上,她是《西厢记》里的大家闺秀崔莺莺,也是苦命女子祥林嫂,又是美丽聪慧的祝英台……她被誉为越剧舞台上一人千面的"百变女王",仅《红楼梦》这部经典,她一人就演过林黛玉、贾宝玉、王熙凤、司棋、妙玉等众多角色,她就是当今越剧界袁派花旦领军人物、上海越剧院一团团长方亚芬。

2021年1月29日,方亚芬带团在广东巡演了20天后刚回到上海,第二天又要去绍兴参加"同唱一台戏"2021越剧春晚五城联动的压轴演出,接受采访的时候已是深夜,但她一说起母校还是很兴奋,笑称自己是"镇海中学的'另类'"。

1965年2月,方亚芬出生于镇海方家。学生时代,清丽动人的她爱唱爱跳,有着一副好嗓子、一个好身段。20世纪70年代末就读镇海中学时,她在全校文艺汇演中独唱了一首《听妈妈讲那过去的事情》,一下成了校园红人。之后每年的区、市中学生文艺汇演,凡是有方亚芬参与的,不是一等奖便是二等奖。在许多老同学的印象中,"方亚芬是学校里的文艺积极分子,很活跃,连走路也是蹦蹦跳跳的,浑身充满了艺术细胞"。

1978年,镇海中学已是浙江省十三所重点中学之一。"那时候,镇海中学很难考上,像北仑大碶头有同学考上,村里甚至敲锣打鼓庆祝。我很荣幸自己能考上镇中。"方亚芬回忆,那时镇海中学有体育班和文艺班,"我是文艺班的一员。"

宁波人常说,调皮的孩子比较聪明,方亚芬小时候就属于比较调皮的那种。她会对着老师扮鬼脸,音乐课、舞蹈课上,她喜欢讲笑话,常常惹得全班同学哄堂大笑。

音乐启蒙老师张锡雄

对于母校,方亚芬最难忘的是张锡雄老师。"音乐方面的知识,最初都是张老师教我的。"那时的音乐课上,张老师教大家听音记谱、视唱、打节奏等,喜欢文艺的方亚芬对这些知识学得很快、记得很牢,就此打下了很好的声乐和舞蹈基础。"张老师会弹钢琴、吉他等多种乐器,还会给我们的舞蹈节目设计动作,那时候是我们心目中的'男神'。"2018年,方亚芬做客央视戏曲频道《角儿来了》栏目,导演组给了她一个大大的惊喜——安排了张锡雄及她的两位同学上台和她见面,让她当场热泪盈眶。

张锡雄当时就发现了方亚芬是个好苗子,"她的嗓音特别好,音色明亮、圆润,唱起来很舒展,很适合独唱"。他带着方亚芬和她的同学多次参加镇海区与宁波市的中学生文艺汇演,当年的歌还是用盘式磁带录的。多年后,张锡雄感慨地说,可惜当年的磁带都"擦"掉了,如果还保留着,那该多有意思啊!

不仅如此,镇海中学也给方亚芬打下了非常好的文学基础。"朗读能力,对文章的阅读、分析能力,以及对文言文的理解能力,这些都对我之后从事艺术工作特别有帮助,对剧本分析、人物理解、角色塑造等都非常有用。"

1981年,方亚芬即将初中毕业,正好镇海越剧团招考演员,识才的镇海区文化局领导推荐了她,当时方亚芬并不是很愿意去,"我连越剧是什么都不清楚,行吗?"这位文化局领导对她说:"小姑娘,我看好你。好好干,将来前途不可限量。"真是慧眼识珠!方亚芬就这样走上了越剧艺术的道路。

刚进剧团,方亚芬就展示出了很全面的文化和艺术基础,加上她十分虚心好学,每日5点就起床练唱、念、做、打,手、眼、身、法、步等基本功,进步极快。"尽管我在镇海中学只有短短三年,却在那儿打下了很好的基础。如今我也以自己是镇中学子而自豪。在全国各地演出时,人家听说我是镇海中学毕业的,都会投来仰慕的目光。很感谢母校!母校出了很多科学家、院士,我可以说是走了另一条捷径,也算彰显了母校美育的成果。"

2020年初,上海越剧院复排《早春二月》,方亚芬带着剧组来宁波采风,寻找柔石的影子,当时也去了镇海中学,还参观了校园内的朱枫故居。"学校变化很大,我们读书的时候,校园没这么大,当年的老师也都退休了。"尽管校园变得陌生了,但方亚芬说,对母校的亲切感和自豪感却随着年岁的增加而愈加深厚。

2 人生经历

最具影响力的越剧中生代艺术家之一

1983年,镇海越剧团到上海演出,和袁雪芬并列"越剧十姐妹"的徐天红应邀前来观看。那天的戏是方亚芬主演的《柳毅传书》,这也是方亚芬主演的第一台越剧大戏。看着台上的女主演,徐天红心里一动:"这孩子的扮相和转身动作,真像年轻时的袁雪芬。"她马上跟时任上海越剧院院长袁雪芬说:"有个女孩子不错,你过来看看。"后来袁雪芬就和徐天红在台下看方亚芬演出,师徒缘分就此开始。第二年,方亚芬考入上海市戏曲学校越剧班,毕业后加入上海越剧院,其间都得到了越剧泰斗袁雪芬的悉心指导。

在百花齐放、争鲜斗艳的越剧流派里,一代宗师袁雪芬创立的袁派,以其哀怨深沉、朴实动人的唱腔与细腻真挚、自然传神的表演而独具高标。袁派唱腔既不华丽也不复杂,却能做到以情带声、哀婉真挚,用音乐的抒情性走进人物内心,打动了无数观众的心。

"袁老师是不收徒弟的,但她乐于帮助和指导年轻人。"方亚芬那时常去袁雪芬家中,两人见面,袁雪芬问:"亚芬,最近在唱些什么?唱一段给我听听。"于是,方亚芬认认真真地唱起来。这段有实无名的师徒情谊持续了近

30年,一直到2011年2月袁老仙逝,方亚芬第一时间为老师擦身、换衣,像女儿一样送了老师最后一程。

袁老不仅向方亚芬传授了多部袁派经典剧目,还一直鼓励她"学众家之长,创自己之新",不要刻板地复制袁派,不要束缚住自己。如今,在袁派传人之中,方亚芬是最突出且极具影响力的中生代艺术家之一。她演的《祥林嫂》《西厢记》《梁祝》《红楼梦》等,是学习大师表演艺术的成果,观众好评如潮;获得梅花奖榜首的《玉卿嫂》,则是她精心打造的属于自己的艺术形象,观众啧啧称道;"金派"名剧《碧玉簪》,甚至反串演绎的贾宝玉,则是她跨流派学习前辈艺术家的作品,也令观众大呼过瘾……她不仅擅长花旦、闺门旦、青衣,也能应工刀马旦、武旦,还能胜任泼辣旦和老旦,可谓文武不挡,戏路宽广。

自身的刻苦努力,老师的精心栽培,成就了如今的方亚芬,她说:"父母给了我生命,袁派给了我灵魂。"

从明星艺术家到院团管理者

2011年6月,方亚芬担任上海越剧院一团团长。这是一个男女合演的剧团,共有80多名员工。"和企业管理大不一样,咱们团里都是搞艺术的,一个个思想特别活跃,而且心底都有一股文人的清高,相互间的竞争意识也强。我这个团长,要做的是人心的管理、人情的管理。"说起院团管理,方亚芬特别感慨。

当初担任这个团长,方亚芬也是临危受命。2011年,名演员赵志刚离开上海越剧院,团里青年演员多,缺一个带头人。院领导经过综合考虑,看中了方亚芬:一是看重她的明星效应,二是考虑市场需求和票房收益,三是看中她的为人处事朴素踏实。他们希望方亚芬能勇挑重担。

方亚芬是个乐观的人,尽管做个明星艺术家更自在清闲,但"成就一个人,不如成就很多人","人生中,各种角色都值得去体验一下",这样想着,她就挑起了团长的担子。站在台上,她对全团员工承诺:我会尽最大努力给大家带来快乐。

方亚芬是这样说的,也是这样做的。担任团长的这10年来,她有自己独特的怀柔式管理方式,从不在团里发脾气、训斥人,而是身体力行、以身正人。比如,带团去外地巡演,以她的级别,可以住更好的酒店,但她总是和团员们吃住在一起。"累并快乐着吧!大家在一起,高高兴兴的,岂不更好。"在快乐团长的带领下,一团的氛围越来越好,无论是凝聚力还是创作力,都一年年蒸蒸日上。

以前方亚芬以为,唱戏、做行政,只能择其一。因为做行政工作影响唱戏,人会累,唱戏得全身心投入,做不好行政事务。没想到,现在的她身兼两职,却举重若轻,不仅自己的表演艺术炉火纯青,还扛起了上海越剧院一团男女合演的大旗,新作频频。"当了团长后,怎么协调矛盾、怎么为职工争取利益,都要格外上心。要担纲演出抓创作,还要管好一个团队,对我来说真是很大的考验。也感谢我的团队,是他们成就了如今的我。"从新秀到名家,从艺术家到管理者,方亚芬在越剧艺术的道路上,越走越宽。

从复读生到弄潮儿

黄鲁桥 1981届校友。大学毕业于武汉水运工程学院（现武汉理工大学）。从包分配到自主创业，他踩着大众创业、万众创新的时代节拍，先后创立了南京蟹龙科技有限公司、安徽太鑫化工有限公司。在经营事业的同时，他还担任了不少社会职务：镇海中学南京校友会会长、武汉理工大学南京校友会副秘书长、南京宁波经济促进会（商会）副会长。他为镇海中学在南京的校友们搭建起了交流、沟通的渠道。

镇中印记

两年不长，但在我人生成长过程中，高中两年影响深刻。在三观形成的关键时期，镇海中学的全方位教育起到了很好的作用。对一个从山区走出来的孩子来说，那两年太重要了。

1 青春记忆

高中毕业已整整 40 年,对黄鲁桥来说,40 年前的人和事,有些已经被岁月裹挟而去,印象模糊,有些却仿佛仍在眼前,非常清晰。

因为母亲当年是卫生院里的医生,每几年就会有个工作调动,换一个地方。因此,少年时代的黄鲁桥跟着母亲在镇海走过好几个地方,学校也换了几所。初中时,他跟着母亲来到大碶塔峙乡,就读于塔峙中学。中考时,塔峙乡共有 4 个学生考入镇海中学,黄鲁桥就是其中之一。

镇海中学的氛围与他之前待过的小学和初中完全不一样。从走读到住校,从比较自由的时间安排到非常规律的作息,从不用太努力就能在班上名列前茅到需要很努力才能排到中上,一切都在说明这所学校的不一样。

当年的住宿条件比较艰苦,大通铺,一个房间里睡的人多,洗漱需要自己从井里打水上来。有一年冬天,黄鲁桥的母亲来学校看儿子,才发现儿子手上都是冻疮。

不过,精神上却是充实的。黄鲁桥说,能够遇到那么多优秀的同学和负责任的老师,是在镇海中学求学最大的幸事。当年的数学老师是充满传奇色彩的胡明德。胡老师上课感染力很强,大家学习数学的兴趣也比较浓厚。语文老师朱道初,两任班主任黄来卿、王裕龙,物理老师李高峰,都是非常出色的老师。政治老师是何性善。何老师非常慈祥,像个大家长,讲起政治来一点都不死板。在黄鲁桥离开镇海中学的第二年,也就是 1982 年,何性善正式担任镇海中学校长的职务。在之后长达 18 年的校长任期中,何性善校长带领学校取得了改革开放后的第一轮辉煌。

比较遗憾的是,1981 年高考,黄鲁桥没有考上大学,那时的镇海中学虽然已经是浙江省重点中学,但与现在相比,大学录取率还是低了不少,一个班上一部分同学没有考上大学,也是正常的事情。黄鲁桥选择了复读,一开始在镇海中学复读,但是三个月后政策调整,重点中学不再允许开办复读班,于是,复读班上的同学就回到了各自所在地的学校。黄鲁桥回到了大碶中学。听说是从镇海中学回来的,大碶中学的老师们把这些学生当成了"宝贝",编成了一个超级班。

第二次高考,黄鲁桥考上了武汉水运工程学院,读的是港口设备设计与制造专业。

2 人生经历

和很多大学生一样,在大学里,黄鲁桥谈了一场恋爱。他们的恋爱经受住了工作以后两地分居的考验,最终修成正果。

1986年,大学毕业以后,黄鲁桥被分配到了湖州市交通管理局,女友则被分配回南京工作。后来两人结婚,黄鲁桥于1990年调入位于南京的中国石化集团金陵石化有限公司从事设备设计工作。1998年受中国石化集团金陵石化有限公司委派,黄鲁桥出任中外合资企业总经理一职。

进入21世纪,国内自主创业的氛围渐渐浓厚。2003年,国家市场监督管理总局出台了鼓励大学毕业生自主创业的政策,对2003年普通高校毕业生从事个体经营免除五项收费。同一年,上海举办了以"让更多的人来自主创业"为主题的"2003年上海4050创业项目展示洽谈会"。在黄鲁桥的身边,也有一些朋友下海,他们的发展普遍不错。2003年底,受朋友的邀请,黄鲁桥也走上了自主创业之路。他离开了合资公司,与朋友一起创办了南京蟹龙科技有限公司,主营方向为石化类产品贸易,还与之前的老本行相关,创业风险比较小。

贸易公司顺风顺水地经营了几年以后,黄鲁桥又有了新想法,做贸易毕竟缺乏核心竞争力,总感觉有点空,如果想有长远发展,还是要向产品和技术方向深入。于是,2008年,在安徽省马鞍山市,一家名叫"安徽太鑫化工有限公司"的企业成立了,投资人正是黄鲁桥和他的合作伙伴。之所以选择安徽,是因为南京化工园的门槛太高,主要以大化工类企业为主,而在靠近南京的马鞍山市有个以精细化工为主的化工园区,当地政府前来招商引资,太鑫化工就这样落户马鞍山了。

那几年,黄鲁桥的主要精力都在马鞍山。太鑫化工的核心产品是十二烷基苯磺酸,这是日化洗涤行业的主要原料,可用作洗衣粉、洗涤液、洗发水等洗涤用品的生产,它同时也是农药乳化剂的一种重要原料。

热心又重感情的黄鲁桥,朋友很多,也参加了一些社会组织。他是武汉理工大学南京校友会的副秘书长,有时候会组织一些大学校友的活动。南京的高校很多,高校联盟做得有声有色,南京高校联盟下面还有各个俱乐部。黄鲁桥成了企业家俱乐部的一员,在俱乐部里,他有时候会参加一些企业交流活动。他同时还是南京宁波经济促进会的副会长。因为这些经历,当2018年底镇海中学南京校友会成立时,他被推举为会长。

"目前,南京校友会里的镇中校友有40多人(校友会暂时没统计在校大学生),分布在不同的行业。从南京大学、东南大学、南京师范大学、南京工业大学等高校毕业的从事教育和科研工作的校友相对较多,有校友在政府机关、医院、企事业单位里工作,也有自主创业的校友。平时经常参与活动的大概有十六七人。高中校友的关系相对更加单纯,见面基本上就是喝喝茶,聊聊近况,联络一下感情。"黄鲁桥介绍。

2020年10月2日,镇海中学校友总会成立,黄鲁桥出席了成立大会,并担任校友总会的理事、副会长。11月7日,镇海区政协、组织部、教育局、招商办及校友总会相关人员来到南京,与在南京的三十多位校友一起进行了镇海中学南京校友创业创新座谈会。

这两年,随着镇海中学校友工作的加强,黄鲁桥朋友圈里的校友更多了。从相互转发的一些信息中,他们能更快、更多地了解母校的发展。每年高考之后,黄鲁桥总是特别关心学弟学妹们的高考情况。这些年,眼看着母校发展得越来越好,已经毕业40年的黄鲁桥总是觉得与有荣焉。如果有朋友聚会,他也会忍不住和朋友们说说镇海中学的战绩。

光明,多么美好的词

俞　存　1981届校友。现任浙江朝聚和众投资管理有限公司总裁,宁波博视眼科医院、宁波北仑博视眼科医院院长,眼科主任医师。历任宁波光明眼病医院院长,宁波第一、第二医院眼科中心主任,宁波市医学会眼科分会主任委员,浙江省医学会眼科学分会委员。擅长白内障及玻璃体视网膜疾病的治疗。

镇中印记

　　专注、投入、敬业、付出,是当年镇海中学的老师教给我的。如今,镇海中学的很多老师要看眼睛的时候,就会想到我。能够帮助他们,是我最骄傲的事。

1 青春记忆

俞存读高中的时候,刚好赶上学制改革。三年学制压缩成两年,俞存的记忆里,高中时代很短,要学的东西很多,老师总是很着急:"不抓紧点,你们怎么高考呢?"

"抓紧"成为那两年的关键词。男孩子成熟得晚,高一还懵懵懂懂不知道用功。原来班主任是一个比他们大不了多少的英语老师,刚毕业没经验,说话细细巧巧,常常镇不住学生。第一次统考,成绩比其他班差了一截。40多岁的物理老师李高凤临危受命,成为他们的新班主任。

很快,同学们就发现,这个李老师严厉、细心,还不回家,24小时守在学校,要在他的眼皮子底下偷懒很难。早上起床铃刚响,他已经到男生宿舍门口了。那时住的是大通铺,30多人睡一间,李老师总能在一片忙乱中精准地找到那个还在被窝里偷懒的家伙,一下子掀开他的被子。

紧张的一天就这样开始了。那时宿舍还没有自来水,大家都围着楼前的一个水井,排着队打水洗漱,李老师便叮嘱:"要抓紧,排队的时候不要打打闹闹,背背书也是好的。"

作为班主任,李老师一天的工作会一直持续到陪着大家上完晚自习之后,等到熄灯铃响,他还会不放心地再到宿舍看一看,确认大家都安安静静地睡了,才一个人回到自己的住处。日复一日,从不间断。

早上不能睡懒觉,晚上不能畅聊,再无空子可钻的俞存觉得十分郁闷,却也无可奈何。李老师说,他会盯着大家踏踏实实用好每一分钟,谁都别想要小聪明。自从打定主意暂时放下家庭、搬到学校的那一刻,他就决心抓紧一切,将尽可能多的孩子送进大学。

"因为上大学真的太重要了,高中的两年可能会决定你们的一生。大家现在或许意识不到,可我希望将来有一天再回首这两年的时候,你们不会因为没有竭尽全力、没有抓住机会而后悔。"

如今的俞存已经完全理解了李老师的苦心,这争分夺秒的两年让他渐渐适应了快节奏的生活,提高了做事的效率,也学会了盯紧目标抓住机会,在关键时刻全力以赴。

另一件让他印象深刻的事是,就算学业非常紧张,连寒假都被压缩到7天,学校也没有取消春游。那是两年中最快乐、最放松的一天,校门口一早就停了一排解放牌大卡车,俞存和同学们兴奋得一夜没睡好,根本不用李老师来催,天一亮就跳起来准备。

那天的目的地是天童寺。天很蓝,风很轻,阳光明媚,一路歌声。难得严肃的李老师也鼓励大家好好玩,好好感受这个春天。

现在想来,俞存很感激学校。后来他经历了一个又一个春天,但17岁的春天只有一次。他的青春有全力拼搏的经历,也有这么美好的春日回忆,没有遗憾了。

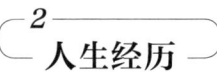

2 人生经历

选 择

俞存成为一个眼科医生有几分偶然。1981年,他考上了浙江中医学院,毕业后被分配到江北槐树卫生院,成为卫生院首批大学生之一。

他原想按父亲的意思,做一个搭脉看病的中医,但上班后才知道,槐树卫生院最好的是眼科。一年后槐树卫生院变成宁波光明眼病医院,并和上海眼科医院建立医联体,常年有上海专家来坐诊。

改革开放初期,两类患者很多:一是意外造成的眼伤,很多家庭小作坊刚刚起步,粗放型的生产方式常常引发各种事故;二是被耽误的眼病,条件有限,健康意识不强,小病一拖再拖,或者被赤脚医生误诊。也因为贫困,很多人失去最佳治疗时机,眼睁睁地等着生活被黑暗吞没。

面对一个个具体的患者,俞存深感光明的重要性。他觉得做一个眼科医生要比做一个中医更能立竿见影地帮助别人,也更能体现一个医生的价值。当时他把白内障手术作为主攻方向,因为那是见效最快的眼科手术之一。

他从头学习,一有空就扑在书上。为了创造练习机会,他常去菜场猪肉摊,买来和人眼构造相似的猪眼睛练手。当时材料紧缺,眼缝线很贵,遇到有患者做过白内障手术后多余的缝线,他就收集起来,留着练习用。在用掉了100多只猪眼睛之后,他的眼科显微手术技巧已经得心应手。

1989年,俞存去上海长征医院进修一年,回来后成了独当一面的眼科主任。到了20世纪90年代,随着国内眼科手术发展的突飞猛进,他也在不断学习。1995年,宁波光明眼病医院引进了宁波首台白内障超声乳化手术设备。俞存到上海华山医院进修后,成为新手术方式的推动人。那时,国内熟练掌握超声乳化技术的医生不足20人,俞存的手术量在全国能排到前三位。

2005年6月6日,俞存的一个手术轰动全国。这次他的患者不是人,而是雅戈尔动物园里一只12岁的母老虎彬彬。如果按人类的年龄算,彬彬已进入古稀之年,因为白内障失去了光明。给老虎做手术不能用机器,只能手工开刀,俞存制订了特别方案,花了50分钟,让彬彬重见光明。俞存因此成为国内给成年东北虎做白内障手术的第一人。

创 业

从光明眼病医院到宁波市第二医院,再到宁波市第一医院,在三甲医院工作十年后,一眼就能望到头的日子让俞存觉得激情越来越少。2014年,一则鼓励民间资本投入医疗行业的文件,让俞存眼前一亮。有一家自己的医院一直是俞存的梦想。1997年他就与爱尔眼科的创始人陈邦打过交道,之后看着爱尔一步步成长起来。当大环境也鼓励公立医院的医生流动起来时,他觉得,创业的最佳时期来了。

2015年,已经担任宁波市医学会眼科分会主任委员的俞存从第一医院辞职,自己创业。一开始他出任中山西路上一家民营眼科医院的院长,之后因为理念等问题离职。那时他已意识到,医院管理是一门学科,有社会管理学科的共性和医学管理学科的特殊性。因此,院长职业化、专业化是大势所趋。自己的努力方向,就是做一个专业化的院长。

随后俞存与他人合作,在慈溪开了第一家博视眼科医院。很快,又开了第二家、第三家……

但这个过程远比想象的艰难,真正按自己的理想打造一家医院的时候,俞存才发现,在手术台上得心应手的他,在很多方面还是空白的。医疗机构设置申请、执业许可证、环境评估、消防审批、周围可行性报告……每一个环节都要亲力亲为,受过打击、走过弯路,投入远远高于预期,但终于把医院按理想的样子打造了出来。

2016年,在区县(市)布点的医院都逐步走上了轨道后,俞存在海曙区环城西路北段,利用一所老酒店打造连锁眼科医院的"旗舰店"。如今,多家医院都已经走上正轨。但俞存坦言,医生下海创业的高峰已经过去:一来,近几年公立医院待遇不断提高,医生得到了越来越多的尊重,愿意下海的医生少了;二来,风投也越来越理性。所以下一步,他不再计划过多的扩张,只希望一心一意经营好本土品牌。

光 明

从业近40年,俞存始终没有忘记作为一个眼科医生的初衷——为更多的人送去光明,这和他早年的经历有关。

1991年年底,还是宁波光明眼病医院住院医师的俞存曾经为一名因为先天性白内障而双目失明的小男孩做手术。小男孩来自舟山,只有5岁,术后视力恢复到 0.3。也就是说,小男孩的视力从什么都看不见,提高到了可以感受到光,并且能模模糊糊地看到近在眼前的东西。

这个结果不算最理想,因为小男孩还是不能像普通孩子一样轻松地读书写字,可小男孩的奶奶给俞存跪下了。她塞给俞存 20 元钱,这是住院后剩下的钱,她说要给俞存磕头,因为"孩子能看到我的脸了"。

俞存连连推辞,但相隔多年,那两张皱巴巴的 10 元纸币,还有老太太那张脸,依然那么清晰地留在他的记忆里。

哪怕只是一点点光,对一个失明的人来说,就是一个全新的世界。

近 40 年的光阴,他从一名青涩的住院医师,成长为主任医师、科主任,先后带领宁波光明眼病医院、第二医院、第一医院的眼科中心团队创造辉煌;他担任宁波市医学会眼科分会主委,成为宁波市最有名的眼科医生之一;他辞职下海,开了一家又一家医院……但他永远记得从业之初的那段时光,他从心底里希望世界能多一份光明。

2015 年 9 月,俞存和一位老同学一起牵头组织了宁波市眼科专家义工队"新疆光明行"慈善公益活动,在新疆阿克苏地区库车县,用两天时间为当地近百名贫困白内障患者免费做手术。医生个人出资并亲自主刀做慈善,这在中国还是首次。

如今,博视眼科医院与江北、海曙、宁海、余姚等地的慈善总会合作,开展"博视光明行"公益项目,为低收入家庭提供白内障手术费用减免的机会,每年减免费用达到 300 万元以上。2018 年 12 月,"博视光明行"公益项目成为第五届宁波慈善最具影响力的慈善项目。

成为数家医院的掌门人之后,每年他还是会亲力亲为做上数千台手术。他最开心的时刻就是取掉了患者眼前的纱布,听他们说"看见了"的那一刻。

那年在库车,他自己出资的第一台公益白内障手术就是为一个 6 岁的维吾尔族女孩小买买提做的。之前只能看到模糊影子的小姑娘术后视力恢复到 0.8,上学坐在前排可以看清黑板上的字。

小买买提出院那天,牵着她的小手走过医院长长的走廊时,俞存又想起了多年前的那个小男孩——只是因为那一点点光,孩子的奶奶感激得要下跪。

两个娃的影像在眼前重叠,让他无比感慨:"光明,多么美好的词。无论在哪里,把光明还给这些善良的人,都是件有意义的事!"

阴差阳错的机遇

余　锋　1981 届校友。1985 年从上海机械学院（现上海理工大学）科技德语专业毕业后，被"有偿分配"到上海工程机械厂担任翻译，后进入转制的上海金泰股份有限公司，曾任销售部部长、市场部部长、进出口分公司经理、助理总经理等职。1997 年加入世界 500 强企业之一英格索兰公司，后成为从英格索兰公司剥离出来独立上市的安朗杰公司全球高级副总裁兼亚太区总裁。2017 年加入美国《财富》百强企业之一的霍尼韦尔，先后担任霍尼韦尔特性材料和技术集团（PMT）副总裁兼亚太区总经理、霍尼韦尔中国总裁、霍尼韦尔主管智慧能源的全球副总裁等职务。余锋还积极投身教育事业，在上海多所高校担任客座教授，著有《从战略到执行——精益六西格玛管理实践》《精益创新》等多部管理类著作。

镇中印记

　　在镇海中学的短短两年，让我养成了坚持学习的良好习惯，打下了扎实的基础。这两点非常重要，影响了我之后的每一个发展阶段。

1 青春记忆

奋斗的高中和阴差阳错的大学

孝闻街,宁波老城区的核心地块,曾经有着最老底子的宁波生活。1964到1978年,余锋就生活在这里,孝闻街小学、宁波八中,留下了他对"文革"期间中小学的印象。2008年,宁波八中并入李兴贵中学;2010年,孝闻街小学并入宁波市海曙中心小学。

因为母亲工作调动的关系,1978年,余锋转入镇海中学读初二,第二年考入镇海中学高中部。

镇海中学当年有4个高中班,余锋所在的高一(1)班基本为城镇孩子,相比农村孩子,他们通过高考改变自己命运的想法没有那么迫切。而且,高考刚刚恢复的年代,镇海中学高考的录取率也远远没有现在高。所以,高一第一个学期,余锋的状态不算很好。

"镇海中学有很多优秀的老师,但对我影响最大的,是我的班主任、数学老师董生元。1995年,董老师成了学校副校长。"

余锋记得,高一第一个学期的某一天,父亲下班后回家,对他说:"你们班主任老师挺好的,他说你学习不错,努力努力考大学希望很大。"原来,董老师到父亲工作的单位去拜访,跟父亲谈了一次话。

在对的时候,遇到对的人,听到对的话,可能就会产生意想不到的效果。因为董老师的这句话,余锋突然"开窍"了,他想,那就努力努力试试。于是,高中两年(当时高中是两年制),余锋一改小学初中时有点散漫的状态,开始了紧张的学习。其间,董老师会时不时地点拨一下他,受到不断激励的余锋,渐渐树立了"我还不错,我能考上大学"的信念。

"文革"刚刚结束的时候,各类书籍都还比较匮乏,一套十几本的数理化丛书陪伴了余锋的高中时代,他把里面的题目做了又做,渐渐地,成绩从班上30多名提升到了前几名。

1981年高考,余锋考了456分,上了重点大学投档线。前一年,浙江大学的录取分数线是450分。余锋与前来招生的浙江大学的老师聊了聊,觉得自己应该能进浙江大学,就填报了志愿。然而,那一年,填报浙江大学的学生很多,最后的录取分数线提高到了460分。无缘浙大的他,收到了上海机械学院的录取通知书,专业是科技德语。

收到录取通知书的那一刻,余锋是郁闷的,这种情绪甚至延续了近一个学期。当年,余锋的强项是数理化,高中时成绩最差的就是英语,高考志愿他填报的是应用物理专业,但因为写了服从分配,最后被录取到了科技德语专业。"我是那一年上海机械学院分数最高的学生,但是面对科技德语这个专业,着实郁闷,连英语都没学好的我,怎么就要去学德语了呢?"

直到大学第二个学期,余锋才开始认认真真地学习语言。没想到的是,阴差阳错之下,他毕业时,外语专业的学生竟然特别吃香,因为改革开放的年代,非常需要懂得外语的人才。大学还没毕业,企业就找上门来了。那是一个大学毕业包分配的年代,而他们的分配,是企业出了高价的分配。

"现在想想,如果当初进了浙江大学,或者在上海机械学院学了应用物理,我的人生应该就是另一种走向了。"

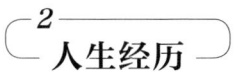
人生经历

从国企翻译到跨国公司高管

工作第二年(1986年)开始,余锋几乎每年都有机会出差德国。这样的经历，让他比绝大多数国人更早地见识到了外面的世界，见识到了德国的工业化程度，这大大提升了他的眼界。从上海工程机械厂，到转制的上海金泰股份有限公司，余锋工作了12年，从技术部门的一名翻译，转型成销售部、市场部、进出口分公司等业务部门的负责人。

1997年，他加入世界500强企业之一的英格索兰公司，先后担任市场部经理、业务总监，中国区售后业务总经理，英格索兰机械（上海）有限公司总经理等职。同时，因为感觉到有提升需要，他考上了中欧国际工商学院高级管理人员工商管理硕士，1999年毕业。

2003—2005年，余锋在美国和新加坡工作了两年多。这些跨国工作经历，贯通中西的视野，帮助他在企业战略规划、运营管理、市场营销和供应链管理方面积累了丰富的经验。

在英格索兰工作了整整20年，最让余锋感到自豪的是，后期他成了公司极少数需要在年报中披露收入的高管之一。2013年12月9日，从英格索兰剥离出来的安朗杰公司在美国纽约交易所上市，余锋就是在台上敲钟的人员之一。安朗杰是全球安防领域的领先企业，公司的英文名是ALLEGION，而中文名安朗杰，就是余锋取的。此后，余锋一直担任安朗杰公司全球高级副总裁兼亚太区总裁的职位。

2017年，余锋加盟美国《财富》百强企业之一的霍尼韦尔。如今的他，是霍尼韦尔全球副总裁。作为道琼斯指数30只成分股之一的霍尼韦尔，在航空、智慧楼宇及服务、工业控制技术、特性材料等多个领域拥有全球领先的水平。

这段时间，余锋负责的项目是智慧能源。何为智慧能源？通俗地说，就是把家里的水表、电表和燃气表等硬件，通过网络连接起来，这些公司的工作人员无须再上门抄表，通过网络就可看到家庭的用水、用电和用气情况，也能监测相关硬件是否运行正常。

始终坚持学习的习惯

早上6点起床,7点开始工作,直至下午5点,居家工作(疫情期间)的主要内容是各种视频会议。结束工作以后,在居住小区附近一所学校的塑胶跑道上散步一个小时,既是放松身心,也可以在头脑中对一天的工作做个复盘总结。晚饭后继续工作一段时间,晚上10点准时进入卧室,看书一个小时,然后休息。这是余锋的日常作息,十分规律。

不管工作多忙,除去特殊情况,每天坚持看书学习,是余锋工作以来一直坚持的一个习惯,可以说,这个习惯是从高中阶段开始形成的。

有时候,他会开玩笑地说,自己是一个"业余"硕士,而自己的手下,是来自全球的高级人才。如何管理好这些高级人才?必须要不断学习。做销售的时候学习销售相关知识,做管理的时候学习管理相关知识。

对于学习,余锋还有自己的一套方法。首先是学习的东西要整理,他坚持做笔记,相信"好记性不如烂笔头",当然,笔记的方式可以多样化,目前,他积累的PPT已经有四五千张。其次,学了一定要用,只有用了,实践了,知识才能真正变成自己的,才能在实践中检验哪些是适合实际的,哪些是不适合实际需要被放弃的。

从国有企业到跨国公司,从跨国公司的中国业务到全球业务,30多年来,余锋经历了不同的公司和不同的岗位。这些经历让他确定:管理是有门道的,管理是可以出效率的,管理也是可以学习的。"再好的公司也有不那么出色的业务板块,但管理做得好,就可以在较短时间内,在不增加资源的情况下,增加效益。"这一点,无论在英格索兰、安朗杰,还是在霍尼韦尔,余锋的做法都获得了很高的评价。

余锋还担任上海交通大学、复旦大学、华东理工大学、上海外国语大学等上海多所高校的客座教授。扎实的基本功加上丰富的企业高管经历,让余锋的讲座一票难求。他还清楚地记得第一次去复旦大学管理学院做讲座的场景,学院提前两周公布了讲座信息,并进行前期报名,报名人数限150人,但当天晚上来了200多人,很多学生没位置坐,就席地而坐。一直到晚上9点,学生们还意犹未尽,有很多问题想要请教,直到主持人出来打断,告诉大家余教授连晚饭都没吃,讲座才结束。

有人好奇:在这么大的跨国公司担任高管,要管的业务这么多,怎么还有时间每天学习?怎么还有时间去高校做讲座?怎么还有时间写这么多的书?余锋的回答或许只有一个:坚持学习习惯不动摇。

故乡回忆中的一抹温暖

姚志君 1982届校友。对外经济贸易大学硕士研究生毕业。历任对外经济贸易大学助教、讲师，中国国际信托投资公司旗下新力能源开发有限公司业务经理兼总经理助理，英国特许公认会计师公会（ACCA）北京代表处首席代表兼中国大陆行政事务主管，中国管理研究国际学会（IACMR）执行总监。她为中国会计行业的规范发展贡献了一份力量，也为从事中国管理研究的学者们提供了思想和经验交流的渠道。

她任镇海中学北京校友会秘书长十多年，举办了多种形式的在京校友活动，组织校友企业家回甬参与投资、为家乡发展献计献策。

镇中印记

镇海中学让我成为责任心和爱心的传递者。老师们的责任心和爱心影响了我，在后来的学习和工作中，我总是以最强的责任心来完成各项工作，并将我的爱心传递给更多人。镇海中学也是我正确世界观和简约生活态度形成的基点。当年的同学们勤奋刻苦，从来不攀比物质生活，更多的是比谁更努力。这么多年在北京，我一直把简约作为我的生活标准。

1 青春记忆

对于 40 年前的老师们,多数人或许还有印象,或许能想起来其中几位的名字,但是能把几乎所有老师的名字一口气都说出来的,相信不会很多。56 岁的姚志君,就是其中一位。高一(2)班班主任周豫东老师,高二(1)班班主任谢荣华老师,政治老师冯瑄珍,地理老师孙启厚,化学老师余舜荣,数学老师王元,历史老师炎明,英语老师陈亚玲……当一个个老师的名字从她口里蹦出来的时候,作为访谈者的我就知道,高中短短两年,在她的一生中是多么重要的一段岁月。

姚志君初中就读于临江中学,当时初三一共两个班,90 来个人,中考时,含她在内,只有三四个人考上了镇海中学,比例很低,所以,考上的学生感觉很光荣。

第一次体验住宿生活,住宿条件和现在不能比,但当年的学生们感觉很新奇。宿舍有点像大户人家的房子,中间有一个天井,里面有一口井,同学们可以自己打水洗漱、洗衣服。住的房间不小,但人也很多,十多张上下铺排在一起,晚上熄灯了如果睡不着,大家就会讲讲故事,姚志君记得当年就给舍友们讲过从广播里听来的一个连续剧。宿舍的墙壁是木制的,相邻的两间用木板隔开,但上面没到顶,所以有点什么动静,可以说是鸡犬相闻。

"高二时,熄灯以后想看书多学点儿,一开始不敢,后来发现隔壁有人打着手电在学习,所以周末回家我就从家里拿来了蜡烛,结果点了蜡烛学习的时候被宿管老师发现了,蜡烛被没收,还被宿管老师批评了一顿。"这还没完,第二天,班主任谢老师又把姚志君叫到办公室,狠狠说了一顿。"现在想想确实很危险,万一着火,都是木头房子,那么多人呢!"不过当年的姚志君,还是第一次被老师批评得那么狠,难受得哭了……姚志君对这一事件的印象如此深刻,以至于她在谈到高中二三事时,还来不及说自己担任校团委委员、参加影评小组、获得运动会 800 米比赛第二名、参加排球比赛等活动,这件事就"跳"了出来(姚志君把这件事当作对自己的训诫)。当然,在对母校的回忆中,更多的还是温馨、美好的画面。

高考前有一天,姚志君在校园里一个僻静的角落看书复习,直到天色昏暗,她都没有察觉。突然,有一个声音从不远处传来:"哎,姚志君,天都暗了,你再这样看眼睛要坏掉的。"一抬头,姚志君发现是冯瑄珍老师在提醒她,再一看,天真的已经暗下来了……那么多年过去了,这件小事她还是念念不忘,她说这是自己回忆起母校时一个温暖的画面。

高考以后,姚志君去了对外经济贸易大学上学,后来留校任教,之后几换工作,一直生活、工作在北京,而镇海中学就成了故乡回忆中的一个温暖所在。"老师们为我们付出了几乎全部的时间和精力,当时多位五六十岁的老师,对我们如同对自己的孩子般爱护和关心。记得我收到大学录取通知书后遇上冯瑄珍老师,当她听说我准备一个人坐火车到北京上学,就担心地说:'小姑娘第一次到这么远的北京去,一个人去不放心的,我帮你找找人。'她后来联系了在北京大学上学的 1980 届校友周骏,约好日期。于是,我就由周骏学长带着上北京了……每次想起这件事,我脑子里总是浮现满头白发的冯老师精神抖擞又温和慈祥的样子。"

女儿四五岁时,姚志君回老家,特意带着女儿到镇海中学的校园里走了走,让女儿感受妈妈曾经就读的高中是什么样子的。后来,因为担任镇海中学北京校友会秘书长,姚志君回过几次母校,看着如今环境优美、古色古香的拱桥回廊和亭榭,有着千年历史的大成殿,承载着英雄之气的历史人物纪念建筑以及绿草如茵的标准运动场,姚志君十分感慨,也十分羡慕在这里就读的学弟学妹们。当年,他们在老校区就读,学校场地小,稍微大型一点的运动就无法在校园里开展,就连 800 米跑步,都要到隔了一段路的东部校区的操场去。当年的操场正是如今校园的所在地,但那个时候,现在的校园还没有建起来。尽管如此,镇海中学依然是姚志君回忆中的一抹温暖。

2 人生经历

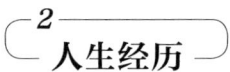

为他人作嫁衣　也是自我进阶

从对外经济贸易大学硕士研究生毕业以后,姚志君留校先后担任助教和讲师,4年后离开学校。之后的几份工作中,在英国特许公认会计师公会(ACCA)和中国管理研究国际学会(IACMR)的22年工作经历,是姚志君职业生涯的两个主要阶段。

ACCA成立于1904年,是世界领先的专业会计师团体,是国际会计准则委员会的创始成员,也是国际会计师联合会的主要成员。在中国,通过ACCA资格认证的人被称为"国际注册会计师"。

与ACCA的接触始于姚志君在对外经济贸易大学担任老师期间。她英语流利、专业知识扎实、做事认真踏实,给财会课程合作方ACCA的高层留下了较深的印象,所以后来她被邀请主管ACCA北京代表处的筹备工作,1998年ACCA北京代表处正式成立时,她担任首席代表。在之后的13年中,姚志君致力于在中国宣传推广ACCA这一国际专业会计师资格认证,并与高校合作设立成建制的ACCA班,成批、高效地助推财会专业的大学生获得ACCA资格,促进具有国际资格的专业会计师人才的培养与发展;推广会计行业的最高道德和管理标准,与中国注册会计师协会(CICPA)建立战略合作关系,协助CICPA建立行业准则和职业道德标准、举办注册会计师专业师资培训;与中国财政部、审计署等相关部门建立良好的关系,使ACCA战略更好地配合中国经济尤其是中国会计行业的发展。20世纪90年代末至21世纪初期间,姚志君还协助ACCA总部为中国财政部编制与国际财务报告准则趋同的中国会计准则。

"在ACCA工作的十几年,正好是中国注册会计师行业和中国会计准则走向规范的阶段,我很高兴能在中国会计行业发展的重要历史时期,做出自己的一份贡献,留下自己的足迹。"

出于个人原因,2012年,姚志君离开ACCA北京代表处,来到了离自己家更近的中国管理研究国际学会(IACMR),担任执行总监一职。IACMR是一个专业性的学术组织,旨在为有志于提升中国情境下的组织管理知识的学者、学生、管理者及咨询者提供服务。因为此前在ACCA的工作经历和经验,姚志君在IACMR的工作推进顺利。IACMR通过举办国际性学术双年会、教学工作坊、研究方法研讨班等,为从事中国管理研究的学者提供了思想和经验交流的渠道,增进了全球范围内管理研究者的国际合作,推动了中国境内管理研究能力的发展。

"无论是中国企业还是中国学者,这些年走向世界的都很多,为中国管理研究提供服务平台,服务这些专业人士的过程,对我个人来说,也是人生的进阶。"姚志君笑着说,20多年社会机构的服务,看起来像是为他人作嫁衣,但她努力做出精致精美的"嫁衣裳"的同时,也实现了自己的人生价值。

镇海中学北京校友会

2020年刚刚退休的姚志君,如今还有一个身份——镇海中学北京校友会秘书长。在这个镇中人自己的组织中,她已经服务了十余年。2011年,镇海中学100周年校庆时,镇海中学北京校友会在北京大学校园内举办了庆祝大会和校友聚会活动。平时,校友会也会组织小范围的联谊活动,参与梓荫企业家联谊会、镇中创新创业活动等。校友会还响应宁波驻京办的活动号召,组织校友企业家回甬参与投资,为家乡发展献计献策。

2016年,镇海中学北京校友会创办了微信公众号"京华镇中人",向在京校友介绍镇海中学和家乡新的发展,重点发布镇海中学和镇海区的最新消息、项目、招商政策、人才引进政策等,以便在外的校友们及时了解情况,在可能的情况下,积极参与家乡的建设和发展。微信公众号上也会分享校友的创业历程和经验体会,分享镇中人在工作或学习方面的经历、感悟和思考等。

"镇海中学北京校友会坐拥首都地理优势。就清华大学和北京大学而言,近几年镇海中学每年都有60多名毕业生考入这两所中国最高学府,所以镇中校友资源十分丰富。"姚志君说。今后,镇海中学北京校友会打算组织还在大学就学的校友走访创业的校友,采访创业校友的创业过程和经历,了解他们目前遇到的问题和他们的期望,以期对年轻一代起到引导作用。

自由探索的乐趣

郑丽敏 1982届校友。南京大学教授、博士研究生导师。2002年入选教育部跨世纪优秀人才培养计划,2003年获得国家自然科学基金委员会杰出青年基金,2007年获得江苏省"科技创新十大女杰"、江苏省"三八红旗手标兵"称号,2009年入选"新世纪百千万人才工程"国家级人选,2012年起享受政府特殊津贴。

镇中印记

在镇海中学的五年时光,奠定了我考大学、选专业、做科学研究的基础。后来我一辈子从事与化学相关的科研和教学工作,都离不开当年萌发的兴趣和探索精神。

1 青春记忆

初中班主任的家访

1977年,那是一个拨乱反正、社会秩序逐渐恢复的年份。那一年,因"文革"中断了十年的高考得以恢复,中国迎来了科学的春天、教育的春天。那一年,郑丽敏来到了镇海中学读初中。

"那真的是一个改革年代啊,很多政策都在发生变化。我赶上了第一批初中三年制,也赶上了最后一批高中两年制,这么想来,我在不知不觉中见证了一个时代的开始啊。"坐在南京大学这座高等学府里,思绪一下子拉到40多年前,郑丽敏教授回忆起自己的中学时代,有些感慨,也许一不小心,人生就是另一番模样了。

在镇海中学的五年,郑丽敏教授最想感谢的是初中班主任周国夫老师。"如果没有周老师,我可能就不是现在的我了。"

为什么这么说?

原来,当年初中毕业后考中专、技校是很不错的选择。一方面,考上中专以后,农村户口可以变城市户口,另一方面,中专毕业了就能直接工作,对当年普遍比较贫穷的农村家庭来说,这是一种非常好的选择。初二的郑丽敏,也面临着这样的人生选择。当时家里除了在港务局工作的父亲,其他人都是农村户口,父母希望女儿考个中专,把户口迁到城里去,毕业了找一份安稳的工作,那就是理想的生活了。

得知孩子父母有这样的想法,班主任周国夫老师立即前去家访,这是一次对郑丽敏来说意义重大的家访。在郑丽敏家里,周老师直接跟家长说,孩子学习好,不用去考中专了,以后肯定能考上大学,会有更好的发展。

父母将周老师的话听进去了,内心里,他们也希望自己会读书的女儿能有更好的未来。于是,关于中专的话题就这样戛然而止,少年郑丽敏开始了一心读书的中学生活。

教数学的周国夫老师有着一颗关心时事的理想化的心灵。穿过40年的时光隧道,郑教授记起了初中时的一件事情。那一次,学校组织秋游(也可能是春游),大家坐在船上,天突然下起了雨,周老师拿出一份报纸,坐在船头,很有感情地给同学们朗读了一则新闻,那是一则讲述新疆建设兵团建设者们故事的新闻。具体什么事儿,如今的郑教授已经记不清了,但是一帘雨丝下周老师声情并茂的朗读和同学们认真倾听的神情,留在了郑教授的记忆深处。

高中化学老师的影响

对郑丽敏影响深远的,除了初中班主任周国夫老师,还有高中化学老师余舜荣。郑丽敏的化学一直学得很好,高中时,她是化学课代表,跟化学老师的接触自然就更多一些。"余老师上课特别有意思,听他的课,总能打开一个新世界。"

因为喜欢化学,才喜欢上了化学老师,还是因为喜欢化学老师,所以更加喜欢化学,郑丽敏有点说不清楚。但是,她此后一直与化学打交道,离不开余老师的影响。

余老师带化学兴趣小组,郑丽敏是成员之一。当年,大家一起做焰火实验,一起做电化学实验,那种团队合作进行探究的感觉太过美好,那种通过实验验证一种认识的过程也太过美好,以至于一般人觉得可能会更加喜欢文学的小姑娘,就这样爱上了实验室里的瓶瓶罐罐。

"高考填志愿的时候,父亲希望我填数学专业,我自己最喜欢的是化学,其次是图书馆。1982年,南京大学第一次来镇海中学招生,我就这样走进了这所高等学府。现在想想,中学老师对学生后来的志愿选择还是很关键的。"

南京大学化学化工学院是中国最早设立的化学院系之一,始建于1920年,后由原中央大学化学系和金陵大学化学系合并成立南京大学化学系,1993年成立化学化工学院,其化学学科为一级学科国家重点学科。2017年,化学、化学工程与技术两个学科入选国家"双一流"建设学科。

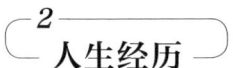

人生经历

在化学研究中感受价值

在南京大学化学系,郑丽敏从本科、硕士,一直读到了博士,1992年博士毕业后留校任教。此后,她的教学和研究,就始终没有离开过这所学府。

20世纪90年代初,国外的学术期刊在国内只有影印本,而且时间上往往要比正式出版晚个半年,这对想了解最新研究动态的中国学者来说,无疑是一件颇为痛苦的事情。

想去看看国外的化学研究水平究竟达到了怎样的程度,于是,郑丽敏采取阶段性出国深造。1994—1996年,她在瑞士苏黎世大学进行博士后研究;1999—2000年,她去了美国休斯敦大学做访问学者;2012年,她作为高级访问学者在日本京都大学理学院化学系进行短期研究。就这样,欧洲、美国、日本,世界上化学研究最前沿的地方,都留下了郑丽敏的足迹。这些经历为她在化学领域的学术研究奠定了很好的基础。

其间,在南京大学,郑丽敏从化工学院讲师,晋升到副教授、教授,2003年起任博士研究生导师。

郑教授长期从事配位化学研究工作,特别是在金属有机膦酸化合物的组装、结构与性能调控等方面开展了系统的研究工作。她已经发表学术论文200多篇,曾获国家教委科技进步一等奖。

作为一类重要的无机-有机杂化材料，金属有机膦酸化合物在过去 20 多年中一直受到人们广泛的关注，并已经在离子交换、分离、催化、质子导电、光学材料等领域显示出极大的应用潜力。郑教授团队系统研究金属有机膦酸化合物的组装规律，探索基于金属有机膦酸化合物的新颖功能材料，包括晶态和低维材料、光磁双功能材料、手性材料、与清洁能源相关的质子导电材料和电催化材料等。

比如质子导电材料是燃料电池的重要组成部分，因而在清洁能源领域具有非常重要的作用。郑教授团队的研究目标就是探索基于金属有机膦酸化合物的新颖高性能质子导电材料，深入研究其导电机理。

这些在普通人看来有点枯燥的内容，在研究者眼中却是非常有趣的。"设想的一个目标，通过研究和实验实现了，或者非常意外地合成了一种新物质，观察到了一种新现象，这些都是特别有意思的经历。"说起自己的研究领域，稳重的郑教授也禁不住有点眉飞色舞，那是她真正感兴趣的领域，也是她可以在其中自由探索的领域。

对一个医生来说,最重要的是……

方 勇 1984届校友。医学博士,主任医师,上海交通大学博士研究生导师,上海交通大学医学院创伤医学研究所所长。从事烧伤整形外科的临床、科研和教学工作近30年,已完成国家自然科学基金和上海市科委、教委等科研项目20余项。有多年的医院管理经验,历任上海三甲医院的副院长、院长,上海交通大学医学院副院长等职。发表论文80余篇(其中SCI收录11篇),出版专著2部。获上海医学科技奖和华夏医学科技进步奖各1项。

镇中印记

最早的学习方法和钻研精神可能就是镇海中学培养的吧,我习惯了自己思考、推导、研究,这对我后来考研、做课题、写论文都大有裨益。镇海中学的每个老师都很好,我感激他们。

1 青春记忆

井底的光

方勇出生在北仑白峰街道的下阳村,那里曾经属于镇海县。小时候一抬头就能看到青山连绵,山外就是大海,出海是方勇的梦想。

方勇家里没人当过医生,也没人教过他悬壶济世的崇高理想。他说,他就是个农村的小孩,家里有5个兄弟。因为穷,也因为当时的大环境,哥哥们都没读完小学。自己最小,糊里糊涂读完小学后,听说了考大学一事。

现在想起来,那种感觉,就像往井下打了光,丢了绳子。井底的人看到了光,才会拼命往上爬。

不知道多少同学曾把奋发图强之类的话刻在书桌上或贴在铅笔盒里。老师讲得很直接:"考不考得上,往后就是草鞋和皮鞋的区别!"可说归说,那时的乡下初中,找不到一本像样的英语教材,就算有,也没人看得懂。

1981年中考,方勇英语只有35分,可他还是收到了镇海中学的录取通知书。那年英语只按50%计入总分,他们学校考进镇海中学的就两个,他是第二名。

那晚爸爸喝了杯酒,家人在屋前的空地上聊到深夜。忘了聊什么,只记得一地白月光,夏虫叫个没完没了。

那时真不敢想啊,三年后他会成为村里第一个大学生。

班主任

进入镇海中学后方勇发现,身边还有很多英语零基础的学生,他们被分到了同一个班里。班主任就是英语老师。大家都觉得班主任好看,白皮肤,下巴尖尖,笑起来大眼一弯,像大姐姐一样。

第一堂课,她在黑板上写下了自己的名字:张忆陈。据说是上海知青,这名字听起来挺有故事,可是谁都不敢问。

她放下粉笔,笑盈盈地望着大家:"基础差不是我们的错,我陪着大家从26个字母开始,一起努力吧。到高考的时候,英语就不是拦路虎了。"

豁然开朗、突飞猛进的奇迹没有发生,但因为张老师的耐心和鼓励,方勇从来没有对这门不擅长的学科失去信心。高考时英语不算拔尖,但也没有成为短板,总成绩不错。也许张老师早已忘了那个因为改不了"灵桥腔"而不好意思开口的学生,但他永远感激她。

要承认,天分这东西真的存在。但多数同学和他一样,凭着自己和老师的全力以赴,步步为营,稳扎稳打,这种踏实一直延续到他今后的人生里。而这所学校的传奇,也是由大多数普通而勤奋的人一起创造的。

兴 趣

学校有各种兴趣小组,方勇那时并不知道自己有什么兴趣,但听说电影小组成员到电影院看电影不用花钱,只要写一篇观后感就可以,就很感兴趣。

新片上映的时间和课程安排常有冲突,那真是件纠结的事:上课当然最重要,可一部电影就放这么几天啊。

他是个老实孩子,偶尔那么几次,一个人溜出校门,带着破釜沉舟的心情,慌慌张张直奔影院。那时没录像没网络,真觉得,这次不看,一辈子都看不到了。

很多年后方勇出差回到镇海,开车凭记忆在街头兜兜转转,终究也没有在车水马龙中找到那家电影院。昔日建筑大约早成碎石残瓦,那些牵肠挂肚的故事也在记忆中烟消云散。但他不会忘记,40年前学校的这项"福利",曾为懵懂少年开了一扇窗,让他看到了更大的世界和更多的人生可能。

后来他还培养了其他兴趣,比如篮球、排球、跑步,高中生活其实要比初中丰富得多。比起刻苦,老师更强调方法,所以事半功倍。

数　学

很幸运,有名的胡明德老师教过他们一阵子。胡明德自学成才,是浙江省第一批七个特级教师之一,也是镇中的一个传奇。教方勇这一届时,胡明德已年近花甲,但拼劲不改。深夜伏案,灯寒月寂,靠浓茶和烟撑着。每堂数学课都伴着他身上特殊的烟味儿。

其实他们花在数学上的时间是不多的,胡老师并不主张预习。他在课堂上提出问题,然后鼓励大家提出各种想法,一步步推演、提炼。一堂课没结果,下堂课接着来,在这个过程里,大家把知识点都消化了、理解了,这比题海战术悟得更透。

1984 年浙江高考,数学之难空前绝后。总分 120 分,方勇觉得自己功底不错,也不过 81 分。后来听说,浙江平均分才 40 来分,很多人一出考场就哭了。但镇海中学的学生,特别是胡老师的弟子,还是镇定的。出考场后,有个女生问了他两道题,他们对了下答案,心里有底了。

那个女生开心地离开后,方勇有点恍惚。突然想起来,高中三年,自己只和女生说过三句话。除了刚才那两句,还有一次是从老师办公室出来,顺带喊另一个同学:"老师找你!"

高中生涯就这样结束了。

考完后,他用扁担把所有书和本子从学校挑回了家。想着如果考不上,就再也不能读书了,心里便装满了深一脚浅一脚的惆怅。

2 人生经历

> 对一个医生来说,最重要的是……

命运常有阴错阳差和机缘巧合。方勇年少时想着做个海员早点赚钱,他的第一志愿是海运学院,可因为成绩优异,被上海第二军医大学提前录取,本科一读就是6年,毕业后却又漂到了海上——被分配到海军南海舰队后,他被安排去了西沙群岛和南沙群岛,成为驻岛军医。

岛上人少,诊所也小,送来的大多是触目惊心的外伤患者,以当时的医疗条件和自己的业务水平,方勇常觉力不从心。晚上值班,夜深人静时,患者一声接着一声的呻吟像一把钝刀子,划拉在身上不见血,那种痛却很折磨人。那时他就想,还是继续学本事吧。

1992年,方勇考上了第二军医大学研究生。选择烧伤整形专业,更多的是因为想师从自己仰慕已久的烧伤外科专家葛绳德教授和陈玉林教授。但很快他就发现,这个专业正是需要人才的时候。

改革开放20余年后,中国开始实现工业化,制造业迅速发展,但粗放型的生产方式让意外时有发生。在机器的轰鸣和车流的呼啸声里,越来越多的重危烧伤患者被送到了上海。

方勇师承两位教授,也继承了他们的严谨和勤奋,潜心于重危烧伤和创面愈合的临床与基础研究。1997年,方勇拿到博士学位,博士论文获得全军优秀论文一等奖,并获得烧伤界权威专家史济湘教授"国际先进水平"的高度评价。

2001年从部队转业时,方勇拒绝了上海市中心三甲医院的邀请,选择了相对偏的宝钢医院。那时他已过了而立之年,人生方向渐渐明确。他觉得对一个医生来说,最重要的不是医院的名气,而是哪里最有用武之地。

那时,"宝钢股份"刚挂牌上市不久,这家始于1978年的行业龙头企业迎来了她的黄金时代。沸腾的高炉热火朝天,而钢铁厂附近的医院,烧伤科还是一片空白。作为从长海医院引进的重点人才,方勇组建了烧伤整形科,并将其打造为上海北翼地区规模最大、设施最齐全的烧伤整形中心。

宝钢医院后来变成了上海交通大学医学院附属第九人民医院北部院区。方勇担任烧伤整形科主任期间,科室先后接诊6万余例患者。最忙的时候,方勇常常晚上睡在值班室。他对救护车的声音尤为敏感,当那些此起彼伏的鸣笛重叠在一起由远及近时,很大可能就是又有公共安全事件发生了。全科的人都得拿出十二分的精神,加班加点,全力以赴。

在成为专家和权威之前

方勇经历过宝钢炼钢厂铁水包坠落事件、宝山液氨泄漏事件……在一场又一场硬仗中,他逐渐练就冷静、客观与果断坚强的特质,却又要时时自省,免于职业性的麻木、无情和铁石心肠。

这其实很难,有时候比职称评审、发SCI论文还难。

方勇救过一个1岁3个月的孩子,全身75%烧伤。送来的时候大人哭天抢地,第二天却不知所踪了。小小的身体被纱布包得严严实实,一对眼珠乌溜溜地转,哭不出声音来,小嘴一瘪一瘪,像在轻轻哽咽。方勇带领全院职工集资,再发动社会爱心捐款,并想方设法为孩子寻找父母。

意料之中,父母再也没有出现。

孩子一天天好起来后,方勇和同事们将他送到了福利院。"心里是舍不得的,可还有更好的安排吗?"

他还救过一个因偷电而被高压击伤的小伙,被公安送来,身无分文。方勇只字不提患者受伤的原因,全心全力将其治好,还自己出钱把他送回湖南老家。

有年轻同事说起"那个小偷"的时候,方勇很宽容地笑笑:"可能他真的是因为太穷了。"他也不去想这个年轻人会不会从此走上正道,觉得自己能尽的,不过是一个医者的本分。

他所在的烧伤科在很多人眼里是医院里最"惨烈"的科室,那里充斥着难以接受的意外、惨不忍睹的伤口、一片恶臭的脓血和撕心裂肺的哭喊。从医 30 余年,他理解的医者仁心,就是看尽人间苦难,见识人性复杂之后,还依然有同情心。

"那些大面积烧伤的往往是以卖力气为生的普通一线工人,或是父母疏于照顾的孩子。我也是苦过来的,能帮就帮一下,但求心安。"

这些年,随着社会的发展和对安全生产的重视,公共安全事件比以前少多了,大面积烧伤的患者也不常有了。而烧伤后皮肤的整复和功能重建,还是需要不断深入研究的。他希望做得更好,让患者以更积极的心态面对未来。

此外,方勇还多了一个行政职务:上海交通大学医学院副院长。每年都会有一批新的医学生来报到。能考上 985 和"双一流"的,都是非常出色的孩子,方勇看到那一张张意气风发的脸,就会想到当年的自己。他们中的大多数,将来会成为各个医学领域的专家和权威。

"但我希望你们在成为专家和权威之前,先踏踏实实做好人。你们眼里,不仅要有人的'病',还要有病的'人',要学会贴近他们的痛苦,体谅他们的难处,看到他们的眼泪和微笑,理解他们的软弱和无助……"

这是他对学生的期许,也是他对自己的要求。

纪律最差女生的逆袭

金 霞 1985届校友。艾特内容整合营销创始人。本科毕业于复旦大学新闻系。在公关、广告、市场营销和新闻业有近20年工作经验。当4A广告公司在中国成立时,金霞作为第一批员工进入了中国第一批4A广告公司——麦肯·光明广告公司,后先后在TBWA、耐克公司工作,1999年创立自己的营销公司艾特。她也是"中国乡村儿童大病医保公益基金"的发起人之一。艾特作为志愿者,积极参与为贫困学童筹募善款的"免费午餐"等系列公益活动。

镇中印记

镇海中学的老师都很有责任心,从不放弃任何一个学生。他们会因势利导,发掘每个学生的潜力,我就是其中一个受益者。由衷感激每一个帮助我成长的恩师。

1 青春记忆

"跳级"考上镇海中学

金霞的母亲是一名教师,父亲是一名财务人员。金霞至今感谢母亲对自己舒展个性的培养和鼓励。母亲对金霞是有要求的,但在个性上不强求。

小时候的金霞,不是那种典型的好学生,有点调皮,有点任性。她想做自己喜欢的事情,比如小时候喜欢跳舞,她就会想很多办法去满足这种非学习的兴趣。没有受过芭蕾舞专业训练的金霞,有一次看到《天鹅湖》这个节目,特别向往自己能穿上那套美丽的服装,在聚光灯下翩翩起舞。妈妈从头到尾没有打击她,而是想方设法满足了她的愿望。这件事让金霞从小就有了一个态度:没有什么不可为,什么都可以试一试,都可以通过努力去获得。

金霞还在读幼儿园时,母亲经常在课后给自己的学生补课,没有时间去接女儿,就派班级的学生去接她,或接到学校里,或接到家里,所以金霞从小就认识了很多比自己大的哥哥姐姐们,也因此练就了不怯场、善交际的性格。9岁的时候,她就站在镇海县级的各种舞台上表演、主持。

小学时的金霞,上课纪律较差,于是老师去跟她父母告状,但父母没有惩罚她,也没有批评她,而是想了个办法:让金霞"跳级"。

她先从三年级"跳"到了四年级,三个月后又"跳"到了五年级,准备直接考镇海中学初中部。可是,镇海中学是那么容易考进的吗?

金霞说,自己不是一个很努力的人,但是在数学上有着很高的天赋。在短短的时间里,金霞背书、学习,把落下的课程基本补齐了。最后,她成功考入镇海中学初中部,数学成绩在当年是第二名,还进了快班。初中毕业后,金霞顺利考入镇海中学高中部。

从纪律最差的女生到班长

在大多数人的印象里,镇海中学的学生应该是勤奋努力、行为规范的"学霸"。用金霞的话讲,她不属于拥有镇海中学传统气质的人。

进入镇海中学高中部的她,高一时被同学们评为纪律最差的女生。她会在课堂上偷偷看小说,溜出去打乒乓球。

高一和高二前期,金霞的成绩在班里是最后五名。她的成绩差,更多缘于她思想上的特立独行和个性上的反叛。然而这种状况并没有持续太长时间,这要感激镇海中学的老师们。

高二上学期的某一天,班主任、语文老师周豫东把金霞叫到办公室,没有跟她谈成绩,他温和地跟金霞商量:"听说你爱写东西,还喜欢跳舞。你要不要帮着班级办黑板报,代表班级去参加文艺汇演独舞比赛?"金霞被触动了,她答应了下来,并且为班级赢来了两个奖项。随即,周老师表达了对金霞的欣赏和鼓励:"你文体不错,要不要做文娱委员?"金霞美滋滋的。

既然做了班干部,成绩再这么差下去怎么行?于是,她憋了一股劲。天分较高的金霞努力后取得了很大进步,到高二下学期,她已从班级倒数前五名进入了正数前五名。

取得这样的成绩,除了个人因素,金霞感激自己遇到的老师们:"镇海中学的老师很有责任心,对每个学生,不管成绩好坏,从来都不放弃。"她在很多老师家里吃过饭。"你要不要来我家吃饭,顺便补补课?"金霞记得,高二的英语老师在家里给她补习功课的方式很生动,在欢乐的互动中,自己的成绩很快就上去了。数学老师是北仑人,经常会做一些蒸咸肉等柴桥特色菜给她吃。此外,物理、政治老师的家,她都去过。那些饭桌上的温暖,是她一生的财富。

金霞觉得自己有了无尽的能量,到了高三,在周老师的鼓励下,她又做了班长,激励同学们一起自律、学习。临近高考时,金霞的成绩稳居班级前三名。后来,她考进了复旦大学。

2 人生经历

大学转系

金霞所学的电子工程系半导体微电子专业,是复旦大学的高分专业,但她发现自己并不喜欢它。从小就喜欢读小说、写文章的她,想要转到新闻系。

大二时,金霞找到了新闻系主任,大胆地说:"我认为复旦新闻系缺一种人才,就是可以采访科学家的人才,因为你们目前的学生大多是文科生,他们在跟科学家的沟通上有所欠缺,而我就可以成为这种人才。"系主任被她这种不怕权威、目标明确的态度打动,后来又经过相关考核,她转系成功。由于落下一年的功课,她用一年时间完成了新闻系两年的课程。在新闻专业,她接触了广告和公关,并对它们产生了浓厚的兴趣,这也为她之后的职业生涯埋下了伏笔。

放弃"铁饭碗" 追随内心

1990年,金霞大学毕业,进入了上海的央企宝钢,工作稳定,可以说是"铁饭碗"。但她却不满于此:"如果待在这里,未来30年的生活我都能看到,我不想要这样的生活。"每天一下班,金霞就坐公交车去市区夜校学习英语考托福,打算出国,她在为更具挑战性的未来积蓄力量。

1992年,全球著名的跨国4A广告公司之一——麦肯·光明广告公司在上海出现。金霞一下子被点燃了,她隐约觉得:这就是我的梦想。不久后,金霞成了在中国建立的第一批4A广告公司的第一批员工。

既有专业的知识和优秀的英语表达能力,又有着开放热烈、积极上进、乐观勇敢性格的金霞,在麦肯如鱼得水,迅速成长,每天工作到凌晨两三点她都乐此不疲。此后,金霞又在一家4A广告公司TBWA工作了2年。

她说,早年的 4A 广告公司,为自己打开了另外一个世界,当时二十几岁的她,就有各种机会站在世界舞台上,表达一个中国人对中国市场的洞察。

1995—1999 年这四年间,金霞任耐克公司市场经理一职,这丰富了她作为代理和客户的经验。也是在这个过程中,她知道了什么是快乐的事业,也无比清楚自己未来的梦想。

创业生涯

1999 年,中国互联网迎来了第一波发展春潮,新浪、网易、腾讯、阿里巴巴等公司开始崭露头角。也是这一年,在耐克不断给金霞更多发展机会的时候,她做了一个让很多人匪夷所思的决定:"我要辞职了。感恩耐克给我的一切,但是天下没有不散的宴席,我要创业了。"

金霞的老板找她谈心,想把她留下来:"邓小平说'摸着石头过河',可你为什么要跳到河里去?"金霞哈哈大笑,坚定地说:"跳到河里有什么可怕的?大不了我再游上来。"

创业并不是一帆风顺的。第一家小广告公司创立后,没有生意,倒闭了;开了电商公司,也失败了。但金霞下定决心:我一定要做自己想做的事情。她说:"其实我创业之前就准备好失败了,因为 99% 的创业都会失败。所以失败对我不是打击。"

同年,她创立了艾特内容整合营销公司。此后,深谙广告、公关、媒体之道的她,在近 20 年间,带领公司从几个人扩大到几百人,如今,它是多家全球 500 强及世界一流品牌在中国的指定营销合作伙伴。2016 年,艾特衔接整合文化娱乐全产业链的资源,以专业的策略和 IP 资源团队,为品牌客户提供内容、渠道、传播的整合营销生态服务。客户涵盖宝洁、汇丰、伊利、玛氏、强生、康师傅、辉瑞、惠氏等。凭借其精英团队的策划及整体专业执行能力,艾特多次获得国内外专业大奖。

经历过团队背叛、客户毁约等各种挫败,七度创业甚至赔光积蓄的金霞,始终坚信自己注定是个创业者,终于,她在广告营销业闯出一片天地。她说,能够探索未知,是创业人生对她最大的吸引力。

近年来,技术的进步和传播媒介的变化不断冲击和重塑着传播业,金霞凭着不服输、爱探索的劲头,一直走在行业潮头。面对商业环境的浮躁和许多业内"潜规则",她一直坚持初创公司时立下的原则:不媚俗、不屈从,以专业精神立足。

芯片界的传奇

虞仁荣 1985届校友。上海韦尔半导体股份有限公司董事长。公司主营半导体产品的研发和销售，2017年在上交所主板上市。通过并购，公司规模快速壮大。2020年，公司市值超过2000亿元，成为国内半导体领域的"黑马"，虞仁荣本人的身家也是一涨再涨。他的目标是在宁波办一所新型研究型大学。

镇中印记

高中时的目标，就是考上清华大学。高考后填志愿，只填了一个，后如愿进入清华大学无线电系。从镇海中学到清华大学，两所牛校铸就了我的格局、眼界和分析判断能力。想明白自己要干什么，能干什么，这是最重要的。

1 青春记忆

中学 6 年和老师与同学结下深厚感情

镇海区庄市街道钟包村,是第一代宁波帮人士包玉刚先生和叶澄衷先生的故乡。1966 年,虞仁荣出生在这里。坐在上海张江科技园区公司办公室内,虞仁荣顺口就说起了家乡的名人,除了包先生,邵逸夫先生的故居离钟包村也就 5 分钟车程。商帮名人之外,中国工程院院士倪维斗和倪光南,都出自镇海区庄市街道。

虞仁荣没有说的是,伴随着韦尔股份上市、收购北京豪威、市值连续翻番,近年来,他自己也是媒体报道的焦点,只是低调的他基本不接受采访,公众能看到的也就只有关于韦尔股份的公开信息。

2020 年 10 月 2 日,镇海中学校友总会成立,虞仁荣作为智库成员出席了成立仪式。走在这所度过了自己初中、高中时代的学校里,尽管如今的校园并不是自己当年学习生活的老校区,但古色古香的环境和时不时碰到的熟悉的校友、老师,亲切感还是扑面而来。

青春回忆

1979 年到 1985 年,镇海中学老校区,见证了虞仁荣的中学时代。"初中班主任张素娟老师是我们的语文老师,她就像对待自己的孩子一样对待我们这些学生,我们每一个人都受到过张老师的照顾,有时候是天气冷了,被子不够暖和,张老师为我们拿来一床棉被,有时候是带的饭菜不够,张老师给我们加菜。更多时候,是从清早到晚上我们上完晚自习上床睡觉,张老师像一位大家长,一直盯着我们。"

十三四岁的男生,第一次住校,宿舍还是大通铺,晚自习后在宿舍里打打闹闹是难免的事,班主任和宿管老师要操的心总是比较多。

不过,感情也是这么积累起来的。毕业以后,虞仁荣还和当年的几位同学多次去张老师家里拜访,校友相聚时,也会邀请张老师来参加。

从初中升入高中,班级重组,但是熟悉的面孔不少,部分初中同学成了高中同学。六年同窗下来,又都是住校生,吃住在一起,感情自然深厚。尽管上大学后大家各奔东西,忙于各自的事业,但回老家时,大家说一声,总有几个当年的同学能聚一聚,聊聊现状,说说过去,在忙碌的工作生活中,这样的小聚无疑是轻松的。

高中班主任是陆启梁老师,同样的爱岗敬业,对学生严格又不乏鼓励。"镇海中学的老师们其实都很好,真的敬业。"虞仁荣说。陆老师后来担任了镇海区人大常委会副主任,见得就很少了。

2020年9月17日晚,"梓荫·筑梦"反哺基金和"梓荫·耘耕"奖教基金联合颁奖仪式在镇海中学举行,镇海区人大常委会原副主任陆启梁出席颁奖仪式。面对台下坐着的年轻教师和在职优秀教师,这位镇海中学的老班主任表示,教师在塑造学生人生观、价值观、世界观方面所扮演的角色非常重要,尤其是班主任。镇海中学正是因为有着一批批爱岗敬业、默默耕耘的优秀教师,带着一届又一届学生向着正确的道路坚定前行,才有了如今桃李满天下、声誉传四海的辉煌教育成就。

2 人生经历

他和他的公司都成了"黑马"

2020年无疑是极为特殊的一年,"黑天鹅"不期而至,市场风云变幻。我们目睹了脆弱者的挣扎,也见证了强大者的奋进。在严峻的市场环境下,有企业沉沦,也有企业升腾。

2021年1月18日晚,韦尔股份披露业绩预告,公司估计,2020年全年,净利润变动区间为24.50亿元至29.50亿元,而上一年,这个数据为4.66亿元,同比增加19.84亿元至24.84亿元,增幅为426.17%到533.55%。

韦尔股份于2017年在上交所主板挂牌上市。公开数据显示,2016年,也就是上市前一年,其营业收入为21.61亿元,净利润为1.42亿元。上市后的两年,即2017年至2018年,公司实现的营业收入为24.06亿元、97.02亿元,同比增长11.35%、303.25%,净利润为1.37亿元、1.45亿元。

从2019年开始,韦尔股份的经营业绩开始大幅飙升。2019年,公司实现营业收入136.32亿元、净利润4.66亿元,同比增长40.51%、221.14%。

对比发现,2020年的净利润相较2018年增长至少15.90倍。

年盈利24.50亿元至29.50亿元,对韦尔股份意味着什么?2012年至2019年,公司净利润累计13.16亿元,2020年的盈利数差不多是过去8年的2倍。

针对2020年经营业绩强劲增长,韦尔股份解释称,市场需求驱动,加上不断推出新产品,推动净利润大幅增长。

二级市场上,韦尔股份股价强势上涨。2020年初,公司股价为143.40元/股,2021年1月21日最高达322元/股,最大涨幅约为124.55%。

韦尔股份,已成为中国半导体领域的"黑马"。作为韦尔股份实控人,虞仁荣的身家也是一涨再涨,成为中国"芯片首富"。

看清方向和趋势　坚持不懈地努力

据媒体报道,在半导体领域,清华大学无线电系 1985 级是个特殊的存在。包括紫光集团创始人赵伟国、兆易创新创始人之一舒清明、卓胜微电子联合创始人冯晨晖、格科微电子创始人赵立新、燧原科技创始人赵立东等在内的十余位半导体链条上的企业创始人或高管,都是清华大学这一级的学生。

虞仁荣也是清华大学 1985 级校友中的一员。

当年的清华大学,本科还是五年制。1990 年,从清华大学无线电系毕业后,虞仁荣进入浪潮集团做工程师。那一年,浪潮刚刚研制出全球第一台中文寻呼机,发展势头正猛。但仅在浪潮待了两年后,虞仁荣就去了一家主营业务为代理分销电子元器件的公司 —— 香港龙跃电子,出任其在北京办事处的销售经理,一做就是 6 年。到 1998 年 2 月,虞仁荣离开香港龙跃电子时,已经对电子元器件代理分销的路子了如指掌了。

32 岁的虞仁荣自立门户,创立了北京华清兴昌科贸有限公司,自己做起了电子元器件分销。

对市场极为敏锐,路子也熟,虞仁荣的生意做得风生水起。发展到 2006 年,他已经成为北京地区最大的电子元器件分销商,在业内颇有名气。

但是仅仅做分销毕竟缺乏核心竞争力,借着向上的发展势头,虞仁荣于 2007 年趁势对事业升级,在上海成立韦尔股份,主营半导体产品的设计和销售,开始了两条腿走路的快速发展。

为了快速发展,韦尔股份选择了并购的方式。2013 年至 2015 年,韦尔股份多次发起收购,很快在消费电子领域获得了中兴、小米、联想等国内手机厂商的认可。

真正让韦尔股份成为一匹价值千亿市值的"黑马"的,还要数对北京豪威的并购,而北京豪威的全资子公司正是图像传感器芯片巨头豪威科技。豪威科技成立于 1995 年,2000 年 12 月在纳斯达克上市,一度是图像传感器芯片中高端市场的老大。随着索尼、三星的崛起,豪威科技市场份额逐渐被蚕食,跌至行业第三。从 2017 年 9 月韦尔股份宣布拟收购北京豪威,到 2019 年 5 月收购案尘埃落定,其间经历过多次起伏,但虞仁荣收购决心巨大,始终不曾放弃。

事实证明,这场收购很值得,不仅进一步拓宽了韦尔股份的业务布局,更成了撬动韦尔股份业绩与股价的支点。

2020 年的韦尔股份,在图像传感器市场排行全球第三,其中,在安防、医疗和 AR/VR 方面均居全球第一,汽车领域位居全球第二,手机市场位居全球第三,由于手机市场占比太大,所以整体份额在全球排名第三,但其市场份额正在快速提升中,2021 年有望位居全球第二。

从自主创业到公司上市,虞仁荣用了不到 20 年时间。上市 3 年,公司市值涨了 20 多倍。成功的关键是什么?虞仁荣说,是看清方向和趋势,然后坚持不懈朝这个方向努力。

"我喜欢琢磨,把事情想明白。为什么要干这个事情?怎么干?想明白了,事情就好办了。"在虞仁荣看来,独立精神和自由思想非常重要。

企业做到如今规模的虞仁荣,又有了新的目标,他要在宁波办一所研究型大学,培养学生独立的精神和自由的思想。目前,这一目标还在起步阶段。隐隐地,我们看到了宁波帮先辈的影子。

受用一生的好习惯

李夏军 1986届校友。上海科技大学生命科学与技术学院研究员。1990年毕业于北京大学生物学系细胞生物学及遗传学专业，获理学学士学位。1993年获北京大学生物学系生物化学硕士学位。同年赴美国攻读博士学位，1998年获美国哥伦比亚大学博士学位。之后到哈佛大学医学院从事博士后研究，2006年起在纽约大学西奈山医学院先后担任助理教授、副教授。在美国学习工作20多年后，2016年8月回到中国，在上海科技大学担任研究员，研究领域主要是遗传学与表观遗传学、干细胞和发育生物学。

镇中印记

在镇海中学的三年，培养了我良好的学习和生活习惯，使我成为一个自律的人。这一点，在后来的科学研究中我深有感触，它让我抵御来自方方面面的诱惑，在实验室中耐得住寂寞，守得住兴趣。历史上许多重大科学成果的发现都具有偶然性，往往是一个实验结果点燃了科学家们的兴趣，引导他们去开拓新的研究领域，创造出亘古未有的成果。

1 青春记忆

努力学习　锻炼身体　好习惯受用一生

2021年1月6日,微信公众号"梓荫山下"发布了一则信息,在浙江省教育厅公布的2019学年高校新生(浙江籍高中毕业生)体质健康测试中,蛟川书院、镇海中学双双名列浙江省普通高中总成绩合格率前十名。关于镇海中学"能文能武"的秘密,吴国平校长在不同场合表达过同样的观点:坚持有效教学的基础是有效德育和有效体育。学生如果没有明确的学习目标和持续的学习动力,有效教学就会大打折扣;学生如果没有强健的身心素质,有效教学就成了空中楼阁。

当天,上海科技大学研究员李夏军通过朋友圈看到了这则信息。在李夏军的朋友圈中,有母校的老师,也有学弟学妹,所以他时常能看到关于镇海中学的新闻。而这则关于体质测试的信息,让李夏军想起了自己的高中时代,正是当年在镇海中学的三年,让他养成了努力学习、锻炼身体的习惯,这个习惯他受用一生。现在虽然科研和教学工作繁忙,他还是一直坚持跑步和游泳。

1983年,李夏军从庄市中学初中毕业,考入镇海中学高中部学习。一个最大的变化是从走读变成了住校,由此他养成了良好的作息规律。每天早上按时起床,先参加学校组织的晨跑,再吃早饭,然后是一天紧张的学习。下午活动课时同学们一起从老校区到东部校区操场跑步,晚自习大家都在教室里安静学习,没有杂念,直到回宿舍按时就寝……

"当时有个同班同学因为身体不好而休学,这件事对我触动很大,以前我没那么重视体育锻炼,但是从那以后,我真正理解了身体是革命的本钱,无论是早上晨跑、体育课、下午活动课,还是其他体育锻炼,我都会积极参加。看到现在母校的学弟学妹们不但是'学霸',还是'体霸',我觉得很欣慰。"

除了培养学习与锻炼的良好习惯,20世纪80年代初的镇海中学,还有两件事情令李夏军颇有印象:每星期三下午,同学们都要去学校农场劳动。当时使用的是普通农肥,两个人一组,把农肥从学校校园抬到农场。"这应该培养了所有学生劳动的习惯,尤其是城里的孩子。"另一件事是当时的教务处副主任郑修老师,经常通过学校广播给学生们讲时事政治。李夏军记得,有一次,郑老师讲到当时的美国总统里根上台后要对中国的输美纺织品征收额外关税,这将对中国刚刚对外开放的经济,尤其是劳动密集型产业产生巨大影响。郑老师坚信中国的体制优势,最后会取得胜利,事实也确实如此。"这让当年的学生们接触了时事政治,并且认识到时事政治的重要性及其对学习、工作、生活的影响。中国目前所处的国际环境面临诸多挑战,国际关系错综复杂,学生们更要关心时事政治,相信中国政府的治理能力和体制优势,努力成为国家和社会建设急需的人才。"

在镇海中学的三年时光匆匆而过,李夏军的成绩一直稳定在前几名。高三时他被学校推荐报考北京大学,如有需要,北京大学的分数线可以下降30分。当时的清华大学和北京大学没有免试入学名额,所有学生都须参加高考才能进入这两所高等学府。"我们那一届,被推荐到北京大学的一共两人,一文一理。"高考成绩出来后,李夏军以浙江省理科第14名、宁波市第2名的好成绩顺利进入北京大学生物学系细胞生物学及遗传学专业。

为什么会选择遗传学专业?李夏军说,在20世纪80年代,他们读高中时,"中国现代遗传学之父"谈家桢是不少理科生的偶像。谈家桢师从遗传学鼻祖摩尔根,1980年当选中国科学院院士,1985年又当选美国国家科学院外籍院士。谈家桢曾提出"生物工程将在21世纪迎来大发展"的观点。这位知名的宁波籍科学家,在少年李夏军的心中种下了遗传学的种子。此后,李夏军的研究一直向着遗传学的方向前进。

2 人生经历

留美 23 年后回国做研究

从镇海中学到北京大学,是从一个精英密集的地方到了另一个精英密集的地方。不过,有一件高中时从来没有想过的事情,李夏军在北京大学时认真考虑了,那就是出国。当年出国留学不像现在这么普遍,还是比较少的,不过北京大学毕竟是学术研究的前沿阵地,出国的氛围相对其他高校要浓一些。

看到身边的同学考托福,准备出国留学,李夏军也心动了。主要是因为在基础研究方面,当时美国在世界上是遥遥领先的,尤其与中国相比。于是,1993 年,与不少北大学子一样,李夏军坐上了飞往大洋彼岸的飞机,开始了在美国的留学和研究之旅。这一待,就是 23 年。

李夏军还记得,1993 年夏天,当他乘坐的飞机抵达芝加哥奥黑尔国际机场时,他所感受到的那种繁荣和发达。各种交通工具直通机场,出机场后马上可以坐上去城市中心的地铁,而当时整个中国只有北京才有两条地铁线,而且比较短,不通机场。当然,2016 年他回到上海的时候,上海的机场也早已一派繁忙了。这 20 多年,中国发生了翻天覆地的变化。

在美国中部著名的伊利诺伊大学香槟分校,李夏军遇到了高中同班同学蒋海波和大学同班同学吴玮,还遇到了不少北大校友和浙江同乡。当时在那所学校里有几百名中国留学生,大家都很团结,互相帮助,学习上经常交换笔记,讨论问题,生活上也相互照应。第二年,他又转到了纽约的哥伦比亚大学医学院,继续博士研究生的学习。经过 3 个实验室的轮转后,他很幸运地进入了著名的遗传学家伊凡·格林沃尔德教授的实验室,用线虫作为模型开始研究一个重要的 NOTCH 信号通路。伊凡·格林沃尔德教授当时已经是著名的霍华德·休斯医学研究所的研究员,后来成为美国国家科学院院士。在伊凡·格林沃尔德教授的悉心指导下,李夏军开始研究刚发现的老年痴呆症致病早老蛋白在 NOTCH 信号传递通路的功能和它们的膜拓扑结构。由于早老蛋白的重要性较大,当时有不少实验室从事这方面研究,竞争非常激烈。在持续一年多的紧张工作后,李夏军和伊凡·格林沃尔德教授获得的成果发表了,他们的成果被著名的《科学》杂志作为当年神经领域突破性科技新闻加以报道。1998 年 10 月,李夏军顺利通过了博士论文答辩,并获得了哥伦比亚大学优秀毕业生的荣誉称号。

此后,李夏军博士受著名的惠特尼基金会资助,到世界顶尖的哈佛大学医学院菲利普·里德教授实验室从事胚胎干细胞的博士后研究,开展一些探索性课题。之后他到美国纽约大学西奈山医学院担任助理教授和实验室主任,开始独立的科学研究,发表了多篇有影响力的论文。

在美国留学工作期间,李夏军一直关注中国新闻。除了与一些中国同行在国际会议上交流,李夏军还时常从繁忙的研究工作中抽空到中国参加学术会议,做科学报告。他每次回国都能目睹中国在经济发展和基础设施方面取得的巨大成就,心中不乏自豪。但他也看到了中国在高等教育和科学研究方面与发达国家依然存在差距。中国的持续发展离不开高等教育和科学研究的发展。渐渐地,他萌生了回国建立实验室开展前沿领域科研的想法。

2016 年,当创办不久的上海科技大学向他伸出橄榄枝的时候,他知道,是时候回国了。于是,李夏军辞去了美国纽约大学西奈山医学院副教授的职位,正式加入位于上海张江高科技园区的上海科技大学,希望在这所新型研究型大学里,为中国的科学研究开展一些独创性工作,也为培养与国际接轨的高层次研究型人才做出一点自己的贡献。

"现在,我们的硬件已经非常好了。记得 2018 年我实验室招聘一名助理研究员时,一位在美国南加州大学获得博士学位,后继续在加州从事研究的博士后在面试时问我,中国的研究条件与美国相比如何?当时我告诉她,如果美国实验室的研究条件是 100 分的话,那我们这个学校可以打 120 分。这位博士后加入我实验室后,发现果真如此。"当然,硬件之外,中国整体科学水平还有待提高,还需要更多科学家的努力。

2018年和2019年，李夏军连续两年作为上海科技大学的招生代表，赴母校镇海中学，向学弟学妹们介绍这所年轻的高校并宣讲它的国际化理念。他希望更多镇中优秀的学弟学妹们能够利用中国非常有利的学习环境和科研条件，积极投身国家的科技发展。

造机器人的人

钱　晖　1984届初中校友、1987届高中校友。1997年起担任上海发那科机器人有限公司总经理,带领公司从最开始的几十万营业额到2020年的近70亿元年产值,产品市场占有率在业内名列第一。他见证了中国工业逐步智能化的过程,并以创新的商业模式为工业自动化智能制造领域的研究和应用做出了突出贡献。获评上海市宝山区领军人才。

镇中印记

现在想来,20世纪80年代的一所城郊中学有正规的计算机房,还有计算机兴趣小组,真的很了不起。她在不知不觉间培养了我一生的兴趣。

1 青春记忆

渡口启航　走向世界

甬江上唯一的渡口,有两个名字,镇海人叫镇海渡,北仑人叫红联渡。一渡越甬江,南北联通北仑和镇海。它也是宁波距东海最近的内陆渡口。

1981年,北仑还属于镇海县。十多岁的钱晖,开始了每两周坐一回渡轮往返的求学经历。那一年,他从霞浦考入镇海中学读初中。"我记得,那时候的渡轮还是木帆船。"

在渡轮的来回中,时间慢慢流淌到了1985年7月,钱晖高一的那个暑假,镇海撤县设区,以甬江为界,北为镇海区,南为滨海区。等到1987年,钱晖高中毕业的那一年,滨海区更名为北仑区。

不过,城市的变化对那个坐渡轮求学的少年并没有多大影响,他埋头于自己的学业。钱晖的数学成绩很好,高中时,他是许克用老师的数学课代表。很多年以后,钱晖还记得当年许老师对他说的一句话:"你的英语成绩不太好,要努力,不然很难走向世界。"或许,高中时的钱晖对"走向世界"并没有很明确的概念,他的英语成绩在当年也没有明显提升。不过,10多年后,当他成为上海发那科机器人有限公司的总经理,与国内外同行和工业企业不断交流合作时,"走向世界"真的成了他的工作姿态。而他当年不是很好的英语,在不断的应用中,已经不知不觉变得很好。

2020年10月2日,镇海中学校友总会成立,钱晖作为智库成员之一应邀出席。那一天,他见到了很多年没有见过的许克用老师。"许老师竟然还能认出我来!"

当年以学业为主的钱晖,课余生活谈不上丰富多彩,他还有印象的是,高中时他加入了学校计算机兴趣小组。20世纪80年代的镇海中学,已经有了正规的计算机房,里面的计算机是IBM386的,地板做了专门的防静电处理,兴趣小组的同学们跟着老师学编程。"偶尔,同学们会在机房里偷偷通宵玩游戏。"这大概是他中学时代做过的比较出格的事情了。

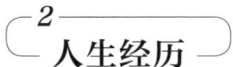
人生经历

工业智能化的参与者

1987年高考结束,钱晖填报了上海工业大学(现上海大学)机电一体化及机器人专业,那是上海工业大学招收的第二届机器人专业学生。从此,他的学习、研究和工作,都与专业方向息息相关。

1991年大学毕业,工作还是包分配制,钱晖被分配到了上海柴油机厂工具车间,进行数控机床相关研究。之后,他又加入了上海电气自动化研究所,进行自动化相关研究。

由于在专业领域的表现出色,1997年,钱晖参与了由上海电气(集团)总公司和日本发那科株式会社合资的上海发那科机器人有限公司组建工作,并在公司成立后担任总经理。2020年,公司年产值近70亿元,与国内主要的制造业企业都有了工业机器人方面的合作,产品市场占有率在业内名列第一。

2020年12月2日下午,上海发那科智能工厂三期开工奠基仪式在宝山区举行。致辞中,钱晖表示,该项目建成后将成为中国最大的机器人智能工厂。

近几年,伴随着科学技术的快速发展,人工智能成了一个热点话题,关于"人工智能时代,人类会不会失业"的讨论一度也很热门。对此,在这个领域里浸淫了20多年的钱晖,在接受媒体采访时表示,现在的工厂已经不光是自动化的工厂,更是智能化的工厂。我们已经进入了智能化时代。所谓智能,是说机器可以看,可以听,可以感受,并且能将看、听、感受后产生的数据上升到电脑层面。获取数据后,需要的就是算力和算法。

"随着智能制造的发展,算力大幅度提升,算法不断改善,人工智能会越来越发达,工厂里面的人也会越来越少。那么我们人要去做什么?去从事有创造性的、更有意义的、对人类未来的进步会产生更多推动力的工作。"

未来,需要更多有创造性的人才。

人工智能等待突破

为了更好地了解工业机器人,有必要了解一下这段发展史。

20世纪50年代末,工业机器人最早开始投入使用。约瑟夫·恩格尔贝格利用伺服系统的相关灵感,与乔治·德沃尔共同开发了一台工业机器人——"尤尼梅特"(Unimate),率先于1961年在通用汽车的生产车间里开始使用。最初的工业机器人构造相对简单,所完成的功能是捡拾汽车零件并放置到传送带上,对其他的作业环境并没有交互能力,就是按照预定的基本程序精确地完成同一重复动作。"尤尼梅特"的应用虽然是简单的重复操作,但展示了工业机械化的美好前景,也为工业机器人的蓬勃发展拉开了序幕。自此,在工业生产领域,很多繁重、重复或者毫无意义的流程性作业可以由工业机器人来代替人类完成。

此后,传感器的应用提高了机器人的可操作性,触觉传感器、压力传感器、视觉传感系统开始得以应用,带传感器的、"有感觉"的机器人出现,并向人工智能进发。

发那科自成立以来,一直专注于制造领域的智能化发展。这些年,面向国内智能制造方面的技术变化,被称为"新四化",即自动化、网络化、信息化和智能化。钱晖介绍,发那科认为,智能化最主要的发展方向有两个,一个是视觉,另一个是触觉,而视觉的重要性远远超过了触觉。

自 20 世纪 90 年代末开始,发那科就在机器人的视觉技术方面投入了大量的人力和物力。这么多年,钱晖见证了智能化视觉技术从最初的 2D 平面视觉,发展到最新的 3D 视觉。机器人和视觉技术的融合,让机器人不但能看,还具有了判断和思考的能力。

视觉技术不但在工业机器人的发展方面至关重要,在其他领域,比如自动驾驶、人脸识别等方面同样至关重要。因此,全球很多公司、高校和团队,都在进行这方面的科学研究。

但是,钱晖说,视觉技术发展到今天,与人的眼睛比起来,依然处于初级阶段。"按照人的智力来说,现在的视觉技术大概相当于人三四岁的水平。因此,需要更多的行业研发人员投入其中,共同推动视觉技术和智能化的发展。"

也因此,在发那科的研究所里,每年都会补充"新鲜血液",钱晖把新来的科研人员称为"小朋友",他们是国内外顶尖高校的硕士研究生、博士生或者博士后,他们专注于机器人和智能化的科学研究。钱晖笑称,这些"小朋友"代表的是未来。"工业机器人下一阶段的发展,期待着理论层面的突破。"钱晖说。

留住宁波人的根脉

沙 力 1987届校友。浙江大学经济学与北京大学哲学双硕士。宁波市同泰嘉陵投资有限公司董事长,宁波甬上名人文化研究院院长。中国人民政治协商会议第十五届宁波市委员会常务委员,中国殡葬协会科技工作委员会副主任,浙江省殡葬协会常务副会长,宁波市殡葬协会会长,宁波市侨商会常务副会长,宁波市佛教协会常务理事。沙力创建的同泰嘉陵,是宁波市首个江南园林式人文陵园,全国首批四家殡葬改革示范单位之一。

左一为沙力

镇中印记

母校会越来越好,越陈越香。我对母校最深的感情是把两个孩子都送到了蛟川双语小学。今后,希望能在文化研究、文人梳理上为母校做些事情。

1 青春记忆

学生时代的沙力,妥妥的"学霸"一枚。小升初,他以全镇第一的成绩从当年的城关一小毕业,但是因为从小热衷课外阅读,视力不好,成了当年少数近视眼的学生之一,也因此一度没有被镇海中学初中部录取(在近视率居高不下的当前,这或许会让人觉得不可思议,但当年近视率很低,学校招生时一度有这样的门槛)。大概是学校看他成绩确实好,最后允许沙力以旁听生的身份进入镇海中学初中部。在初中部,沙力的成绩基本稳坐年级前三,后顺利转正。

中考时,沙力以全县第一的成绩,顺利进入镇海中学高中部。到了现在,已经成为两个孩子父亲的沙力,偶尔还会在孩子面前展示一下自己当年的成绩单。

说起当年的成绩,沙力觉得,除了学校和老师,也和自己的家庭环境有关。沙力的父母都是大学生,这在当时并不多见。因为家中藏书不少,小小少年的一大爱好就是阅读,八岁时已经读完《三国演义》。即便高中选择了理科,文学阅读依然是他的一大兴趣。

说起在镇海中学的六年,令沙力印象深刻的,竟然是那些看似和学习无关的事情。初一,沙力加入了学校天文兴趣小组,因为表现好,他得到了参加在北戴河举行的全国天文夏令营的机会。"我记得谢敏海老师带着我和另一名同学,从老外滩坐轮船到上海,然后转火车到北京,第一次出这么远的门,第一次吃德州扒鸡,第一次到天安门城楼,和毛主席像合影,还去了长城、故宫,在北戴河看满天繁星和月亮。那真是美好的记忆。"

初三到高中,沙力还是学校航模兴趣小组的一员,在陈学林老师的带领下参加过很多次比赛,也得过省市的奖项。"当时一下课就喜欢往航模兴趣小组跑。在那里,我第一次使用电烙铁焊接,第一次刨木头……感觉就像提前进入了社会一样。"

"到现在还有很多人说镇海中学的学生死读书,我结合自己的经历说不是的。我们的动手能力得到了培养,也到世界上很多地方去看了看。除了学习,我们还增长了见闻,开阔了视野。"

尽管已经毕业30多年,如今的沙力依然和初中班主任颜力老师、高中班主任金鸿雁老师保持着经常性的联系。"金老师现在担任宁波科学中学的校长。我如果去杭州湾新区,就会去看看金老师,同学聚会的时候,也会邀请金老师到场,平均一年能见三四次面。"

沙力记忆中的镇海中学,爱国主义教育和优秀中华文化的传承做得很深、很正,老师经常教育学生做人第一、学习第二。"镇海中学的校风在每个学生的人生之路上都打下了坚实的烙印,一脉相承的校风至今变化不大,很正气。大学时代,师生之间的关系相对疏远,我们的三观主要是在中学时代奠定的。"

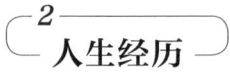
2 人生经历

从外贸到陵园

高考后,沙力入读上海交通大学工业外贸专业,这是当时非常热门的一个专业,录取分数线很高。大学毕业,顺理成章地,沙力跨入了外贸行业,就职于宁波市进出口公司。因为业务能力出色,1996年他被评为宁波市十大金牌外销员之一。1997年就读于市委党校中青班第七期,1998年受市委组织部委派,赴香港宁兴有限公司担任总经理助理,由此建立了丰厚的人脉关系,更接触到了香港宁波帮的老前辈们。再之后,他顺应变革潮流,建立了自己的外贸公司和红酒进出口公司。

外贸事业顺风顺水的沙力,却在21世纪初考虑跨行业发展,他想寻找那种别人不太愿意做的、门槛高一点的、文化味道浓一点的服务行业。2006年的一次偶遇促成了沙力人生的转折。

那是很平常的一天,沙力坐飞机从上海到北京。一旁坐着的是一位儒雅的老者,两人攀谈起来。沙力发现老先生竟是大名鼎鼎的西南作家李宽定,而他的另一个身份,是贵阳最大的陵园海天园的主任、中国殡葬协会副会长。

一位文人,竟然从事殡葬业?沙力很惊讶。李先生告诉他,人生于天地间必有一死,人与动物最大的区别在于人有葬礼,人生的终点都是孝葬。末了,李先生邀请沙力去海天园走走。

殡葬业,是沙力之前从未想过的行业。那天的交谈,给了他很大的触动。

后来,沙力特意参加了中国殡葬展览会,也去了贵阳海天园参观。亭台花木掩映间,老人坐着下象棋,小情侣在拍婚纱照,沿着池水而建的,是展现贵州历代名人的文化长廊……海天园的一切,让沙力惊呆了,陵园还可以做成这样!

生是什么?死又是什么?那个时候的沙力,正在读北京大学哲学系研究生。生死问题正是哲学问题。两相结合,沙力找到了自己转型的方向——在宁波建一座人文陵园,让逝有所尊、逝有所安。

于是,有了后来的同泰嘉陵,创始团队正是李宽定先生带来的。为了做好人文陵园,沙力考察了国内外的著名公墓:巴黎的拉雪兹神父公墓、美国的阿灵顿国家公墓、莫斯科的新圣女公墓,以及上海的福寿园、青岛的福宁园、湖州的枫树岭……这些陵园有一个共同点——它们几乎都是当地的历史文化纪念馆。

一开始,家人和朋友都不看好,甚至反对。在一般人的观念中,从事殡葬业是一件挺让人忌讳的事情。但是沙力坚持己见,他认为一座城市的老百姓离不开生老病死,做好陵园,是给每个人的最后一程以尊严和圆满。

"名人集邮"工程

2008年春天,同泰嘉陵建成,环境优美,完全不似宁波之前的陵园。

入驻同泰嘉陵的第一个人是一位母亲,她长眠于莲花心灯下。这里面还有一个故事。有一天,一个20多岁的小伙子找到陵园方说,他妈妈去世了,他还在读书,家里没钱,能不能便宜一点,他只有2万元。当时,一个墓位的价格是4万元,工作人员没有同意。男孩一连来了三次,第三次,沙力接待了他。

男孩告诉沙力,他们家是单亲家庭,母亲一个人把他拉扯大,母子感情很深,他看了很多陵园,最喜欢同泰嘉陵,如果把妈妈安葬在这里,他相信妈妈会开心的。因为感动,沙力答应了小伙子的请求。小伙子给妈妈挑了一个莲花心灯,还在墓前亲手写了碑文:"树欲静而风不止。再好的笔,也写不尽我心中的悲。"

因为陵园,沙力接触了很多人,看尽了人生百态。其中,宁波文化名人和浙东抗战老兵的故事,值得大书特书。

随着同泰嘉陵品牌的美誉度逐渐提升,沙力在文化上的投入也不断加大,他有一个"野心":"搞一个'名人集邮'工程,把离世后不同领域的宁波名人聚集于此,叶落归根,文脉传承。那么,百年之后,这将是我们宁波的另一个'天一阁'!"

李达三先生生前主动写信给宁波市委统战部,表达了叶落归根的想法。后来,经过争取,先生确定身后安葬于同泰嘉陵,同泰嘉陵承建李达三纪念馆。沙力多次拜访先生探讨纪念馆方案。有一次,在先生的家里,沙力问时年98岁的李达三先生:"是什么支持你走到今天?"李先生用铅笔在纸上写下了八个字——勤俭、诚信、爱国、爱乡。沙力深受震动。

每一次接宁波名人重回故土都是一个工程。不说远的,沙力分享了自己与浙东书风传人沈元魁、沈元发两兄弟的故事。

沙力和沈元魁先生碰面的时候,沈元魁已将身后事吩咐完毕(已买好墓地),打算和他的父亲葬在同一个地方,得知这个情况的沙力不禁着急起来:"沈先生,您在一个破败不堪的公墓,谁去看您呢?学生们也都不知道您归属于何处,浙东书风这一脉岂不面临断层?"沈先生听后露出了犹豫的神色,却始终没有下定决心。

于是,沙力多次前往老先生家里,软磨硬泡,又和其弟沈元发先生交谈,希望他能帮忙说服沈元魁先生。

直到有一天,沙力突然收到了沈元魁先生去世的消息,他在殡仪馆内最后一次恳求沈元发先生:"能否再次考虑将元魁先生的墓地放在同泰嘉陵?我将免费为先生树碑立传,并建造纪念馆,让更多的人来看先生,让浙东书风在宁波继续发扬光大……"沈元发先生终被沙力的执着打动,最终表示同意。

当沈元魁先生安葬暨纪念馆开放的那一天,天一阁的馆长以及很多书法大家和他的弟子们都参加了入葬仪式,大家感慨万千,也为先生有一处圆满的归处而感到欣慰。

如今的同泰嘉陵里面,还有赵安中纪念馆、沙耆纪念馆等文化名人纪念馆。每年,他们的后代和学生都会从世界各地赶来祭奠。

2015年8月28日,浙东抗战老兵纪念园在同泰嘉陵举行开园仪式,9位抗战老兵在纪念园里入葬。到现在,长眠于此的抗战老兵已达102人。十四年抗战中,400万中国军人在战场上浴血奋战,为抵御外敌入侵、保卫祖国贡献了自己的青春和热血。如今,抗战老兵一个个故去,同泰嘉陵给他们提供了体面的归宿。沙力还挖掘抗战老兵的故事,建成了一个个纪念馆。

如今,每年的清明节,不少团队会前来祭奠,这里还成了爱国主义教育基地,镇海中学的学弟学妹们也来过多次。有学生说:"当我注视这座方尖碑的时候,历史书上说的那些故事,不再是冰冷的白纸黑字,而是真实存在过的事,是非常有温度的。特别是伫立在烈士墓碑前,看他们的生平,会觉得一个个名字都是有血有肉的,我们脚下的每一寸土地都是用他们的生命换来的。"最近,受镇中团委之邀,沙力和著名抗战文学作家方军一起给高二年级200多名学生上课,宣讲抗战事迹和爱国精神,展示日军侵华罪证实物,受到了在场师生们的高度好评。

一年又一年,沙力明确了自己最想做的事情:记录宁波人的历史、留住宁波人的根脉、传承宁波人的精神。他如今从事的甬上文化名人系列研究以及老兵系列研究,无不为此。

不做临床医生的女科学家

王青青 1989届校友。浙江大学基础医学院院长,浙江大学免疫学研究所教授、博士研究生导师、副所长。中国免疫学会常务理事,浙江省免疫学会副理事长。她一直从事肿瘤免疫和天然免疫调控机制的研究,研究成果为阐明肿瘤的免疫逃逸机制提供了新的认识,为肿瘤的免疫治疗提供了新的思路。其博士学位论文《单抗导向的超抗原联合细胞因子基因治疗的抗肿瘤作用及其免疫机理研究》入选2003年度全国百篇优秀博士学位论文。2014年作为首席科学家承担国家"973"计划,2018年入选国家"万人计划"科技创新领军人才。

镇中印记

镇海中学的老师们孜孜不倦的育人态度,超前的因材施教的理念,一直伴随着我的职业生涯。感恩在镇海中学的短暂三年,那是我一辈子的深刻记忆。

1 青春记忆

新镇海人的红利

王青青,并不是地道的镇海人。

当年镇海兴建电厂,她的父母都是电厂职工,一个做技术,一个是医生。年幼的王青青,跟着父母到了镇海生活。陌生的小镇、不熟悉的校园,曾让她有点迷惘。

读完小学,她本可以以优异成绩进入镇海中学初中部读书,但是因为视力的原因被拒之门外。努力三年之后,在中考时,她以优异成绩进入镇海中学读高中。

说来也巧,她的弟弟比她早一年进入镇海中学,初中和高中都在镇海中学度过。

那个年代,家长们对孩子的学习并不是特别关注,但家里两个孩子都上了当地最好的学校,是件特让父母骄傲的事。

"我妈妈这几年一直在说,当年的'迁徙',最大的红利就是读了镇海中学。"王青青一直很庆幸在镇海中学度过了三年。

在她的记忆里,学校老师都非常敬业。班主任兼物理老师盛树君虽然年轻,但很关心学生,对每个学生都是嘘寒问暖的;数学老师课上得特别好,以至于她迷上了数学,而且成绩特别好。

"在镇中,最让我印象深刻的,是镇中的老师对待不同类型的学生有不同的教法。按照现在流行的话说,就是非常懂得因材施教。"王青青说。

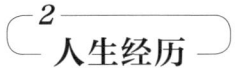
人生经历

不做临床医生的好老师

1989年9月,王青青进入浙江医科大学临床医学系,选择了和母亲一样的职业。本科毕业后,王青青被免试保送研究生,攻读肿瘤学。博士毕业后,她留校任教,在浙江大学免疫学研究所工作,成了一名老师,并工作至今。

毕业后,按照正常轨迹,王青青可以做一名临床医生。为什么有这样跨度比较大的选择?她说:"其实我内心非常想成为一名教师,这是我从小的梦想。"另外,随着研究的深入,她发现自己对基础研究更感兴趣,所以选择做老师。

第一次走上讲台,虽然有些忐忑,但是看到学生们求知的面孔,她坚定了自己的选择。

多年来,王青青教授坚持在教学第一线,承担了临床医学专业、生物医学专业等各个层次的医学免疫学双语课程教学。她兢兢业业地做好教学工作,认真上好每一堂课,把最好的状态展现在课堂上。课后收到学生咨询问题的邮件,她总是抽出时间耐心一一解答,对学生提出的改进意见积极回应。

尽管工作繁忙,她依然认真指导多名本科生的科研训练项目和毕业设计。她培养的本科生获得浙江省新苗人才计划、浙江大学"挑战杯"和SRTP科研训练计划项目立项20余项,指导的多个本科生作品获得全国大学生基础医学创新大赛一等奖、二等奖。

她心中惦记着每一名学生,关注着每一个孩子的问题,正如当年教她的镇海中学的老师们。她会为实验室的每一个学生买蛋糕庆祝生日,营造温馨、和谐的氛围;学生在生活上碰到困难,她总是尽力提供物质上的帮助和精神上的慰藉;学生家人生病住院,不管多忙,她都要抽出时间帮忙联系看病的医院和医生;有学生遇到生活、工作上的挫折,她总是循循善诱,耐心做好情绪疏导。一位研究生在毕业论文的致谢中写道:"她让我们感受到了一位孜孜不倦的科学家不懈努力地探索未知,感受到了一位可敬可爱的教授坚持在一线岗位传道授业解惑,感受到了一位勇敢知性的职场女性完美地平衡工作和生活……让我在求学和人生的路上都受益匪浅。"

王青青觉得,一个老师的最大幸福莫过于看到学生成长,看到学生的目标和理想越来越清晰。她说:"带给学生那种自我成长的感觉,那种感悟的状态,是一位教师的责任和最大的快乐。我也曾经思考过为什么会对学生有这样的热情与执着,我想,这是镇中老师给我潜移默化的影响。"

作为管理者,王青青也推动着学院的发展。

2011年,浙江大学基础医学院获教育部批准,成为医药类唯一一个国家试点学院,以前瞻性视野增设生物医学专业,成为中国首家开设此类专业的单位,填补了相应人才培养的空白,满足了社会对生物医学领域发展人才的需求。学院推进国际化的生物医学和基础医学本科教育项目,设立生物医学"3+1"(3年浙江大学本科+1年英国爱丁堡大学硕士)和基础医学"4+1"(4年浙江大学本科+1年英国牛津大学硕士)的联合培养模式,践行"知识、能力、视野、人文"四层次兼备的人才培养体系。2020年,学院入选教育部基础学科拔尖学生培养计划2.0基地,为培养医学领域拔尖创新人才贡献了浙大力量。

是老师,也是科学家

30多年来,王青青教书育人,也潜心研究。

她一直从事肿瘤免疫和天然免疫调控机制的研究,研究成果为阐明肿瘤的免疫逃逸机制提供了新的认识,为肿瘤的免疫治疗提供了新的思路。她的博士学位论文《单抗导向的超抗原联合细胞因子基因治疗的抗肿瘤作用及其免疫机理研究》入选2003年度全国百篇优秀博士学位论文。

其实,做研究,整天泡在实验室,是一件很枯燥的事情,但她乐在其中。

比如进行肿瘤免疫课题研究,需要设计严格细致的实验方案,进行动物实验,分组很多,指标很细,很多指标需要当天测完,她经常从早上六七点就开始实验,做到凌晨,甚至通宵。

很多实验研究在动物体内开展,不一定能推论到人体组织或样本上,所以需要通过很多实验来摸索,发现规律,得出结论。

一遍、两遍、三遍……几十遍……几百遍……

2014年,王青青作为首席科学家承担了国家"973"计划项目"肿瘤免疫逃逸新机制和免疫治疗新途径的基础与应用研究"。

作为项目负责人,她主持了多项国家自然科学基金重点项目及面上项目、"973"计划子课题、浙江省杰出青年基金项目等,研究成果为炎症相关性疾病包括恶性肿瘤感染的机制阐明提供了新的视角,为疾病的治疗提供了潜在的干预靶点。

她曾以通讯作者在 *Nature Immunology*,*Journal of Clinical Investigation*,*Nature Communications* 等主流期刊发表论文几十篇,研究结果多次被 *Nature Review Cancer*,*Immunity*,*Blood*,*PNAS* 等权威期刊正面引用。她申请了7项国家发明专利(以第一发明人获得授权的专利3项)。她曾获得中国免疫学会青年学者奖、浙江省青年科技奖等荣誉,并入选"教育部新世纪优秀人才支持计划"、浙江省"151"人才工程重点层次、浙江省卫生高层次创新人才。

一直以来,王青青都努力让自己成为一名好的科学家,让科研和教学相互促进,相辅相成。现在看来,她已经做到了。

走在新闻一线的总编辑

叶小力 1989届校友。镇海中学南京校友会副会长。《新华日报》高级记者,新华报业传媒集团江苏经济报社副总编辑,中国经济传媒协会副秘书长,南京大学人文社会科学双创人才实训中心特约研究员。2013年10月,入选江苏省委组织部、江苏省人才工作领导小组组织实施的江苏省"333高层次人才培养工程";2020年1月,因在媒体融合发展上的孜孜追求和卓有成效的新闻实践,经中国传媒大会专家委员会评审,当选"金长城传媒奖·2019中国传媒融合发展杰出人物"。

镇中印记

镇海中学是全国著名的中学。母校优良的校风、优秀的老师和同学,感染着我积极向上;母校耀眼的光环,让我走出校门30余年来一直感到十分自豪,也时刻提醒着自己更加努力奋进,不负母校声誉。

1 青春记忆

摆渡过江去读书

叶小力是北仑柴桥人,小学在东山门村小学读书。他的父母都是初中毕业,但非常重视儿子的教育问题,经常会用其他人的励志故事来激励儿子,并为他创造良好的学习条件。在这样的家庭氛围中,叶小力从小学习就很认真,妥妥的"小学霸"一枚。在年少的他心里,早早就埋下了"要考上镇海中学""要读大学"的梦想种子。

小学升初中全县统考,叶小力清晰地记得,自己以两分半之差与镇海中学初中部失之交臂,去了柴桥中学。在柴桥中学,他下定决心:三年后,一定要考入镇海中学高中部。所以在初中,他没有丝毫懈怠,一直认真学习。功夫不负有心人,1986年,他成功考入镇海中学高中部,进入了心心念念的"梦想高中"。

由于学校距家较远,叶小力成了住校生,每两个星期回家一次。他始终记得那些为了求学而路途颠簸的日子。在每个回家的星期六下午,他都要先到镇海渡口摆渡过江,然后再坐公交车回家。当时北仑、镇海的交通不是很发达,中间还要翻山越岭,全程有30多公里。有时候,公交车遇到沟沟坎坎,全车乘客都要下来一起推车。

但在叶小力看来,这些都不算苦,因为他心里装着求知的甜。

"灵通社"学生社团

对叶小力职业影响最大的,莫过于镇海中学"灵通社"这个学生社团。

他记得当时镇海中学有很多社团,学风、校风很好,老师不鼓励应试教育那一套,而是引导学生们全面发展。高一下学期,出于个人兴趣,叶小力加入了学校的"灵通社",也就是中学生通讯社,其为学生们提供了学写新闻的机会和对外投稿的平台。

这个社团每个星期都有简单的讲座,指导老师会教授新闻怎么写,会讲述名记者的采访故事,叶小力被深深地吸引了。于是,他时时用心留意校园里发生的新闻事件,并将之写成一篇篇新闻稿。那时候,投稿都是将手写稿邮寄出去的。

宁波电台、镇海电台、报社……当时的叶小力,无比盼望着自己的作品能被这些新闻单位选用。持之以恒的练习和投稿,他写的新闻稿越来越像样了。一开始是镇海电台和宁波电台选用他的稿件,每每选用,这些媒体单位都会把信函寄到学校传达室,告知稿件已被录用,一并附赠稿费单,稿费大概一二十元。每次看到自己的名字出现在学校传达室的小黑板上,他都感觉无比开心,因为那意味着自己的稿件被录用了。在不回家的星期天,他会约上好友,先去邮局取出稿费,然后兴高采烈地去离学校不远的青少年宫打乒乓球。

有一次,他给《浙江教育报》投了一篇通讯稿,没想到这篇通讯稿竟然登上了头版头条。他的作品,还有他的名字,第一次变成了铅字。手里捧着这份散发着油墨香的报纸,叶小力脸上露出无比幸福的笑容。周末放假时,他飞奔着跑进家门,把这份喜悦分享给父母和爷爷奶奶,一家人都沉浸在欢乐之中。

2 人生经历

江苏省第一批新闻传播学硕士

1989年9月,叶小力考入了南京大学中文系中文专业。在此后四年的学习过程中,他经常跑到同属中文系的新闻专业去旁听新闻课程。1993年6月毕业后,叶小力回到了家乡宁波,进入了宁波日报社,在新闻部做夜班编辑。在那里跟班实践了一个月,他就全面了解了新闻从内容生产到报纸出版的全流程。

扎实的文字功底,加上对新闻内容的敏感性,他编出了不少优秀的稿件。后来的事实也证明叶小力确实很出色,短短几个月的时间,他就拿到了当年度新华社评选的新闻时事编辑奖。

1993年9月,刚刚走上工作岗位不久,母校南京大学就来电告知:"南京大学新闻传播学硕士点批下来了,1994年可以招收第一批研究生。你愿不愿意来读?"叶小力心动了。幸运的是,当时宁波日报社的领导,还有部门同事都非常支持他,"你很优秀,我们实在不愿意你走,但是读新闻研究生对你是一个很好的机会。边工作边学习,祝你顺利考取!"

晚上上夜班,白天复习,叶小力就这样边工作边学习了3个月。1994年1月,叶小力参加全国硕士研究生考试,以第一名的成绩被南京大学新闻系录取。1994年9月,叶小力离开宁波日报社,回到南京大学求学,成为南京大学也是江苏省培养的第一批新闻传播学硕士。

1997年6月,叶小力研究生毕业,进入了新华日报社,成为这份著名的省级党报经济部的一名记者。秉持着对新闻职业的热情和热爱,叶小力逐渐崭露头角。他曾经在一个月内,在《新华日报》发表了13篇头条稿。作为一名记者,叶小力无疑是非常优秀的。

《晓立专访》

在记者岗位上,叶小力做了10年。2007年1月,新华报业传媒集团领导经过研究和考虑,把叶小力调到了集团下属的江苏经济报社担任副总编辑。

随着媒体深度融合时代的到来,传统媒体纷纷寻求转型之道。职业记者出身的叶小力始终认为,报纸要实现可持续发展,首先必须做好内容,内容是一切媒体的首位核心竞争力。按常理来讲,总编辑做好管理工作就好了,至于到一线采访做内容,就留给记者去做吧。

但是,叶小力这个总编辑,偏偏与众不同,他决定亲自走基层、跑一线。于是,出于对报社采编经营及人才培养等各项事业发展需要的长远考虑,2018年8月30日,叶小力以自己的笔名"晓立"在《江苏经济报》开设全新栏目《晓立专访》,每周至少推出一篇深度报道,重点关注、解读江苏省各地区各行业在经济社会发展过程中的热点和难点,梳理优秀的地区改革发展和企业创新转型经验。

叶小力带着报社年轻记者团队,从苏北到苏南,从省城到村庄,跑遍了江苏的13个省辖市。从市到县到镇到村到田头,从厂矿生产一线,到专家研讨、高层论坛现场,几乎都有"叶记者"的身影。情境化的、参与式、面对面的采访,使他笔下的经济新闻更为生动、立体、可感。

截至2021年1月底,《晓立专访》开设已逾800天,累计发稿115篇,30余万字。2020年,因新冠肺炎疫情影响,报纸停刊,出差采访受阻,但《晓立专访》的发稿达到了30篇。栏目所发稿件中,有多篇文章被"学习强国"平台、《人民日报》客户端、人民网、新华社客户端、新华网、中国网、《中国周刊》杂志、交汇点新闻客户端、中国江苏网等中央及江苏省重要媒体平台选用转发,其中"学习强国"平台就选用了21篇,新华社客户端转发了15篇(多篇浏览量达到100多万)。正如全国新闻核心期刊《青年记者》2020年4月刊发的论文《融媒时代,精品力作的生产与传播之道——以〈江苏经济报〉"晓立专访"栏目为例》中提到的:"可以说,'晓立专访'已经成为主流媒体新媒体平台上一个优秀的内容'供应商'。"

专栏在选题、采访、视角、写作和传播等多方面追求精益求精的高标准,因此获得了社会各界的广泛好评,在全国新闻界也产生了较大的影响。国内新闻界较具影响力的行业研究网络平台"传媒茶话会"微信公众号以"这个专栏不简单,副总编一年采写了63篇深度报道!"为题推出专文报道。《晓立专访》用百余篇的实践,阐释了在媒体深度融合时代,立足"内容为本"、推进"融媒传播"的精品生产和可持续发展之道。2020年5月,《晓立专访》获得江苏省报纸优秀专栏奖。

借着《晓立专访》这个专栏平台,叶小力还用自己的言传身教培养了一批年轻记者。到一线采访时,叶小力经常会带上年轻记者,跟他们交流稿件怎么采、怎么写,为什么要选择这个报道题材,等等。对待年轻记者的稿件,他总是逐字逐句地进行修改,一篇稿件的修改要花费五个小时以上,改完他还要跟年轻记者谈体会,告诉他们为什么这样改。在20多年的从业经历中,叶小力始终秉持着记者的职业精神,保持着对新闻这个行业的热忱,并将这种专业和敬业的精神传递给年轻记者。

第五篇章

20 世纪 90 年代

开阔人生

20 世纪 90 年代

1989年起,高考标准化考试逐步在全国推行,但教育没有"标准化"。1994年,"素质教育"四个字第一次出现在中央文件里,而在这之前,镇海中学已经开设了"第二课堂",各个兴趣小组活动丰富多彩。20世纪90年代,除了各学科竞赛成绩优异,镇海中学的海模、空模、车模兴趣活动小组连续五年夺得宁波市中小学生"三模"比赛第一名,镇海中学被评为浙江省唯一的"全国中小学计算机教育先进单位"。镇海中学要求老师因材施教,尊重学生个性,建立最优发展模式,不管是尖子生还是学困生,都不能只是埋头读书,"要让每个学生都抬起头来走路"。

在20世纪90年代校友的回忆里,高中生活多姿多彩。"抬起头来走路",让他们的视野更开阔,步伐更自信,人生也更丰富。很多人的事业不再拘泥于大学时代的专业,他们愿意尝试、挑战,然后闯出新的一片天。

奔跑的姿态

陈 威 1990届校友。他是企业老总,他带领的宁波招宝磁业有限公司是宁波市磁材行业单项冠军企业,连续七年被日立电梯电机(广州)有限公司授予"战略供应商""优秀供应商"称号。2020年,他获评宁波市磁材行业突出贡献人物(宁波市共7人获评)。他热心公益,是梓荫会会长,发动镇海中学校友的力量,多年来坚持助学。他热爱体育,是镇海马拉松协会名誉会长,也是镇海中学"跑团"重要成员。

镇中印记

奔跑带来的不仅是健康的体魄,还有各方面奋发进取的心态。在梓荫会中与校友和母校的联系较多,我真切感受到了公益在校友中的引领作用。镇海中学一直在我的生命中,不曾远去。

1 青春记忆

球场上的奔跑

"多年前,有个想法,在 50 岁的时候我要完成一个百英里越野赛,今天终于顺利如愿了!" 2020 年 11 月 15 日,陈威发了一条朋友圈,那天,他跑完了 2020 江南百英里雪窦山越野赛,那是他给自己 50 岁的一份礼物。

对热爱运动的陈威来说,奔跑,已然成了这么多年来生活、工作的一种姿态。

"当年我所在的镇海中学高一(1)班,运动氛围特别好,校运会时,其他班级都比不过我们,球类、投掷类项目更是我们的强项。" 陈威,恰是班上的体育委员。

从初中到高中,在镇海中学的 6 年岁月里,除了学习,运动是陈威能想起来最多的画面。体育课上、活动课上、课后时间,校园的球场上总有一帮男生追着球跑,在篮球场上挥汗如雨的其中一个,很有可能就是陈威。就在高考前一周,那样紧张的复习时间,他依然和同学相约来到了球场,或许,那也是男生的一种放松的方式。可是那一次,他和另一名同学在抢球时狠狠撞在了一起,结果两人同时受伤,那名同学头上缝了针,陈威的眉角被撞破了,幸亏不太严重。

后来,无论工作多忙,运动的习惯始终伴随着陈威。工作以后打球不方便了,他就开始跑步。在他的影响下,镇中"跑团"已经有了 40 多位校友,他们时常组织一些活动,他们的关系从校友升级成了"跑友"。而他的马拉松足迹遍布中国多个城市,他也曾参加欧美等地的马拉松赛事。受他影响,招宝磁业有限公司也成立了"跑团",公司的同事们在总经理的带领下形成了戒烟、跑步的氛围,整个团队的气氛特别和谐。

树上树下的复习

1990年6月,镇海中学重建东部校舍第一阶段工程全面完工。当年秋天,学校调整布局,本部迁东部,设高中21个班;原西部为分部,设初中12个班及1个高中职业班。

陈威在镇中的6年,有5年在西部校区度过。他毕业那年,本部迁址。"现在想起来,西部校区当年的夹竹桃长得特别好,梧桐树也很高大。每次考试前,总有很多人在树丛里、树荫下复习,似乎在那样的环境里,复习的效率也会变得更高一些。"

有几次,好动的陈威索性爬到了梧桐树上,躺在树杈上看书。不知道当年的少年,在那样一个独特的环境下,复习之余看着满目绿荫和树叶间漏下来的斑驳光影,在思考些什么。

"后来,西部校区拆掉了,拆之前不知道,没来得及留下一些照片,甚是可惜。"

因为担任梓荫会会长一职,陈威近年来去学校的次数比较多,尽管自己毕业已经整整30年,但是镇海中学的校风和学风一直都没有变。走在安静的校园里,看着身边走过的拿着书本的年轻面庞,陈威还能想起当年的学习"神童"施展经常排队打饭时还拿着一本英语字典背单词的情景。作为20世纪80年代的校园知名人物,数学天才施展在小学毕业以后跳过初中,直接被镇海中学高中部录取,两年后他考入中国科技大学少年班,1986年他以全国第一名的成绩被中科院应用数学研究所推荐赴法国巴黎皮埃尔和玛丽·居里大学学习。施展的经历是当年的特殊现象,但"少年神童"的传说确实在一段时间内鼓励了大家的学习热情。

2 人生经历

稀土永磁那些事儿

稀土永磁,对普通人来说是一个很陌生的概念,陈威的事业却主要是与它打交道。

事实上,稀土家族中有来自镧系的15个元素,加上与镧系密切相关的钪和钇,共17个元素。它们的一个重要应用就是作为永磁体的主要原材料。所谓永磁,并不是指可以永远保持原始磁性的状态不改变,只是其磁性相对比较稳定,衰减周期相对比较漫长。不仅如此,稀土还有许多神奇功用。

由于特殊的原子结构,稀土家族的成员非常活泼,它们与其他元素结合,便可组成品类繁多、功能千变万化、用途各异的新型材料,且性能翻番提高,被称作当代的"工业味精"。比如,在超音速飞机中应用含稀土的合金,可使超音速飞机在400℃以下长期工作。钢中加入稀土后,制成的薄料横向冲击韧性能会提高50%以上,耐腐蚀性能会提高60%,而每吨钢只要加300克左右稀土,作用就十分显著,可谓四两拨千斤。稀土添加在酸性纺织染料中,可以提高上染率,调整染料和纤维的亲和力,提高染色牢度,改善纤维的色泽、外观质量及手感柔软度,并可节约染料、减少环境污染、减轻劳动强度……

宁波是稀土永磁材料的主产区,陈威任总经理的宁波招宝磁业有限公司,研发的就是稀土永磁相关材料。作为宁波市磁材行业单项冠军企业,招宝磁业连续七年被日立电梯电机(广州)有限公司授予"战略供应商""优秀供应商"称号。2020年,陈威本人获评宁波市磁材行业突出贡献人物,该奖项宁波市共7人获评。招宝磁业还与中国钢铁研究总院功能材料研究所等机构开展合作,进行稀土磁性材料的技术研发工作。

热心公益事业

人到中年,有能力以后总想做点有意义的事情回馈社会。有一次,镇中1990届几个校友聚在一起聊起这个话题,一拍即合,决定开启镇中校友共同的公益行动。之后,十来位1990届校友共同出资,申请批文,就有了梓荫会,陈威正是梓荫会首批成员之一。

2014年11月1日,宁波镇海梓荫会成立大会在镇海中学校园内隆重举行,来自全国各地的80余名校友会员参与了活动。梓荫会也成了镇海区首家在民政局获批登记的公益类社会团体,首任会长是镇海中学1990届校友李颖,陈威是第二任会长。

"我们希望充分发挥校友的资源和优势,回馈社会。孩子是国家未来的希望,而教育又是一个人成长中不可或缺的部分,所以我们选择以助学为主要方向,帮助那些学习成绩优异但经济困难的孩子。为了感恩母校的培养,特别以学校里的梓荫山命名。"

做公益不难,难的是坚持,大部分的公益组织维持运作都是靠募捐和捐赠,梓荫会的运作资金基本来自镇中校友或校友企业。"公益事业需要靠大量的人力、物力、财力来维持运作。大家都有自己的工作,都是抽出业余时间来参与活动的。欣慰的是,我们每一场线下活动都有很多志愿者积极参与。"

这些年,梓荫会的成员深入山区、海岛,从物质上和精神上帮助那些相对贫困的孩子。2020年新冠肺炎疫情期间,梓荫会发动镇中校友的力量,捐资几十万元,采购了物资,送往武汉和宁波的相关单位。除此之外,在其他校友的牵线搭桥和捐赠之下,梓荫会近年来设立了反哺母校的基金"梓荫·筑梦"反哺基金。这个基金和其他校友设立的基金,如"梓荫·孟民庆仁心"奖励基金、"梓荫·耘耕"奖教基金等,都是校友们回馈母校的结晶,有的奖励的是优秀青年教师,有的奖励的是长期担任班主任的优秀老师,也有的是奖励相对贫困或医学等定向领域的学弟学妹们。

"镇海中学的校友们都对母校深怀感情,当自己有能力以后,就想做些事情回馈母校。"作为梓荫会会长,在一次次的基金奖励现场,陈威都感受到了校友与学校之间的那份情谊。

从科学家到"幼儿园园长"

乌学东 1990届校友。中科院宁波材料所新材料初创产业园总经理,曾主持和参与浙江省重点科技创新团队、科技部973计划、重点863计划、国家自然科学基金,以及多项企业工程开发与合作项目等。国内外期刊上发表科研论文100余篇,获"中国产学研合作创新与促进奖(个人)""宁波市科技追梦人""宁波市科技创新推动奖""镇海区科技进步推动奖"等奖项。

镇中印记

现在想来,看问题的方式和思维习惯就是在高中时代逐渐形成的。老师还教会了我全力以赴,从那时起我学会了取舍,并且很少再有纠结的时候。

1 青春记忆

当乌学东从一名科学家转型成为中科院宁波材料所新材料初创产业园总经理,并下决心成为创业者"管家"和合作伙伴的时候,很多人觉得意外。细细想来,很难说,有些事是不是在青春时代就埋下伏笔,但他可以肯定的是,镇海中学的那段经历,在很大程度上改变了自己看问题的方式和思考习惯,一直影响自己到今天。

乌学东从小聪明,人人都觉得他是做科学家的料。当年中考,他以全年级第一的成绩考进镇海中学,数理化尤其优秀。他很信奉当时流行的那句话,"学好数理化,走遍天下都不怕",所以严重偏科。因为那时打心眼里觉得理工科才是真正的科学,可以解决一个个具体的问题,可以真正帮助国家建设,而文科不过是锦上添花的点缀。

但乌学东进了高中以后喜欢上了语文课,因为语文老师朱道初的课太有感染力了。用现在的话来说,他是一个真正的"文艺中年",诗词歌赋张嘴就来,尤其喜欢《红楼梦》。乌学东一直记得朱老师在课堂上讲《红楼梦》时双目熠熠发光,又娓娓道来,那些故事让人身临其境。可朱老师说,《红楼梦》之所以好看,不仅仅是因为故事精彩,更因为写透了人情人性,把人世想明白、理解透,更是一门学问。

那时年少,都不太懂,很多年后,这些孩子才渐渐咂摸出其中滋味。

文史不分家,朱老师同样热爱历史。他有许多历史书籍在办公室里堆着,随时阅读,几乎手不释卷,做了许多史料笔记,也撰写了不少文史随笔。从他的讲述中,乌学东听到了很多历史故事、人文典故。当时,他只觉得有趣,把读史作为繁重学业的点缀,没想到,等自己到了朱老师那个年纪,居然也爱上了历史,也同样一遍遍读了很多杂七杂八的书。

"读进去以后你才发现,真的很有意思。我们今天面临的困惑、烦恼、纠结、矛盾,其实前人都遇到过,我们争论的问题他们也早就思考过。尽管两百多年来,工业革命引发的科学技术日新月异,人类生活方式发生了很大的变化,但人的思维方式基本没变,从历史的角度看待问题、思考问题,很多问题会迎刃而解。"乌学东说。

其他任课老师也各有各的精彩:

化学老师杜剑华是标准的美女,男同学心目中的女神,年轻有活力,多才多艺,还特别爱笑,爱和学生打成一片,没有人不喜欢杜老师。

物理老师罗忠烈最有激情。上课的时候,他口若悬河、滔滔不绝,眼里闪着光。有时太投入了,前排同学会开玩笑说,罗老师唾沫横飞,是为了让知识雨露均沾。

数学老师许克用上课深入浅出、条理清晰,再难的题,他也能用最简洁明白的思路分析出来,常让人茅塞顿开。而且许老师非常勤奋敬业,几乎日日到得比学生早,夜自修结束他依然在办公室伏案备课。

那么多优秀却性格各异的老师在一起,对于理科尖子乌学东来说,学习成了一件非常快乐的事。当然,他们也是勤奋的,每每熄灯以后,还常打着手电筒在被窝里看书。一宿舍八个人常一起开起"卧谈会"。大家一起聊未解的难题,聊解题的方法。那时,乌学东发现,这样的"头脑风暴"比自己单枪匹马地琢磨更容易打开思路,交流合作要比单打独斗更有效率。

2 人生经历

乌学东在上海交通大学从本科开始到博士毕业共求学了十年,之后的发展顺风顺水。2000 年 3 月,他获材料学工科博士学位后就留校任教了。2003 年,他被公派赴美国伊利诺伊大学(UIUC)化学系和 Beckman 研究所做访问学者一年；2006年，他因"团队行动"计划被引进中科院宁波材料技术与工程研究所，任研究员、博士生导师、中科院海洋新材料与应用技术重点实验室副主任，并牵头组织编写《宁波市新材料战略性新兴产业三年行动计划》。

他一步步实现着做一名科学家的梦想。那些年，他主要研究有机表面功能涂层材料与表/界面化学，从事海洋防腐、防污涂层材料研究和开发工作。他参与开发的新型海洋重防腐涂料，成功应用于国家电网、石油化工、海洋工程与装备等领域，改变了我国重防腐涂料被国外产品垄断的局面。

成果出来了，转化却出现种种问题。宁波材料所众多科研成果因培育周期长、投入资金多、落地转化率低，有的还被外地客商买走而无法落地宁波。

2015年，中科院宁波材料所正式提出建设新材料初创产业园的设想，也得到当地政府积极响应和极大支持。曾参与过材料所创建的乌学东成为负责筹建初创产业园的最佳人选。

"起初还兼任着所里的科研和管理工作，后来发现两边都不能专心。"就像当年高考填志愿一样，乌学东觉得，自己必须要做出选择了。"无论科研还是创业服务，都需要 all-in，专心致志，全力以赴。"

乌学东选择了后者。

这么多年来，在有了人生阅历，并且读了许多文史方面的书以后，他的心态发生了微妙的变化，觉得做一个园区管家更能体现自己的价值。

"成果转化是一个难啃的骨头，高校积极性不高，企业不敢贸然投入，政府乐意去做，却又不知道怎么做，必须由一群专业的人全力投入、背水一战。"当年老师传递的全力以赴的理念，又一次被乌学东运用到了创业中。他放弃了原来的科研工作，也要求园区创业者必须全身心投入企业。"如果兼职创业，知道有后路，团队就不会孤注一掷，成功率也不会高。"

经过多方共同努力，2016年6月，新材料初创产业园开始运营。乌学东的身份变成了"翻译"，帮助技术团队与市场对上话；也变成了"说客"，帮助企业融资、贷款。

第一家入驻企业——晨鑫维克是宁波材料所国家级人才江南研究员和上海某企业联合成立的一家专注于高温真空装备制造的初创企业,真空与涂层装备已累计申请和获得国内外及PCT专利数十件,有明显的技术优势。如何才能精准地为初创企业赋能,是摆在当时初创园运营团队面前一个全新的课题。

初创园从上海请来了著名国际风投中国合伙人为晨鑫维克诊断把脉,从财务、运营、管理、制度、研发、营销、企划等全方位深度介入。乌学东全程陪同,并学习资深专家的理念和思路。如材料所研发制备硬质涂层的CVD装备,可以把进口装备价格从3000万元直接降至200万元,那公司究竟是应该做装备还是做涂层产品?晨鑫维克创始人和乌学东一起走访了下游客户紧固件企业,了解客户的工艺、需求和痛点,通过各种渠道到竞争企业那里了解情况,比对产品性能和装备工艺……

通过前后两个多月的奋战,分析公司竞争优劣,晨鑫维克确立了公司分高温真空装备和新材料两大板块发展战略。"现阶段应重点攻克国内重点单位的装备工程,获得较稳定的订单和充沛的现金流;新材料板块无论是市场客户成熟度还是自身产能都还不足,宜放在次要发展战略。"

乌学东还帮助他们,通过对公司内部管理和财务的梳理,建立了一套规范清楚的管理制度和财务账目,这为其当年9月一次性就通过国家高新技术企业认定评审奠定了基础。同时,有了中科院宁波材料所的赋能和背书,企业短时间内就顺利通过国内某重点单位的验厂,接到了上亿元的装备订单。2018年,晨鑫维克在安徽合肥买了50亩地,并修建了几万平方米厂房,从初创园顺利毕业进入高速成长的轨道。晨鑫维克的模式是材料所的技术人才与产业界结合的典型案例,材料所提供的是品牌、技术支撑和可以应对市场需求变化的专业技术人才,产业界提供的是资金和市场,强强结合,优势互补,达到共赢局面。

培育企业的过程让乌学东觉得很有成就感。"如果把材料所看成新材料的摇篮,那我们初创园就是新材料企业的幼儿园,当然我们不是保姆,我们和初创企业是合伙人。"每当有参观团拜访,乌学东总要如此介绍。而下面的这句话是新材料初创产业园最贴切的自我介绍,"幼儿园是我们走出父母庇佑、踏入社会的第一步,而初创园是材料科学家走出象牙塔迈进商业化的第一步。"

目前,园区已注册49家公司,注册资本5.4亿,已培育出国家高新技术企业8家,集聚核心科技创新创业类人才650余人……"幼儿园"的规模越来越大,而乌学东这个"园长"的理想是培育出一两家上市公司。"培养公司和培养人才一样,是一件意义深远的事。"

小城走出的"台柱子"

陈　蓉　1992届初中校友。上海戏剧学院电视艺术系主持人专业本科、主持艺术研究专业硕士毕业。上海电视台、东方卫视著名主持人、制片人。获得过广播电视节目主持人最高荣誉"金话筒奖",也拿过中国电视艺术的最高奖项"星光奖"。20多年来,参与了几乎所有上海大型晚会和庆典的主持工作。她是东方卫视当之无愧的台柱子。

镇中印记

　　校风严谨、教学质量高、老师开明,这样的镇海中学为我打下了扎实的基础。于是,那个从镇海小城来到上海的姑娘,有了一个很好的开端。

1 青春记忆

往返于宁波和上海之间

母亲是宁波人,父亲是上海知青,陈蓉的学生时代,往返在宁波和上海之间。小学二年级开始,因为父母忙于工作,没时间照顾女儿,也为了让女儿接受大城市的教育,陈蓉寄居在上海的姑妈家,在上海读完了小学。

初中以后,陈蓉回到父母身边,初二到初三就读于镇海中学初中。"镇海中学的两年,给我打下了很好的基础,让我后来在上海读高中时课业上比较轻松。当年,我在学校担任文艺委员,也很好地锻炼了组织能力。"陈蓉说。

班主任、数学老师张和对学生很严格,数学教得非常好。"对女生来说,数学往往是比较难的学科,但张老师教得实在好,我的数学学得就比较轻松。"

语文老师王贤明,现在已经是鄞州中学的校长。当年的王老师在教学上比较创新,非常重视阅读和写作,要求学生每天写一篇作文,题材不限。喜欢写诗的陈蓉就连续写了诗歌交上去。交的时候,她心里有点忐忑,因为诗歌字数很少,怕被老师批评,结果老师非但没有批评,还帮助她改诗。有的男生喜欢看武侠小说,一篇一篇写下去,老师也没说什么。"我们就觉得这个老师很开明。"

"初中同学感情特别好。初二那个暑假,我们班还组织去朱家尖旅游。一周时间,有男生,有女生,那样的记忆很珍贵。" 2020年10月,镇海中学校友总会成立,陈蓉受邀担任主持人。20多年没见的一名老同学得知陈蓉在镇海,连夜开车赶过去见了一面。尽管岁月已悠悠过去了那么多年,但两人一见面,聊起过去及后来的种种,陌生感很快便消弭在了共同的回忆中。

校风严谨、教学质量高、老师开明,这是陈蓉对镇海中学的印象,她还举了一个例子以佐证镇海中学的教学质量。初中毕业后的陈蓉来到上海北虹中学读高中。当年,浙江和上海的教材不同,但即使这样,在北虹中学的第一个学期期中考试中,陈蓉取得了年级第四的好成绩。"一个刚从镇海过来的小姑娘,在之前教材不同的情况下,还能在一堆上海学生中取得这样的成绩,只能说明我在初中接受了非常好的教育。"

从学霸到著名主持人

在上海北虹中学,陈蓉加入了学校广播台,从主持人做到了校广播台台长。北虹中学是一所以艺术见长的高中,每年年末,都会在上海音乐厅举办"北虹之春"艺术节。那是正儿八经规格很高的演出。三年里,因为学校广播台的经历,陈蓉一直是"北虹之春"的主持人。"加入学校广播台,成为主持人,我觉得和初中时做班级文艺委员也有一定的关系。"做好当下的每一件事情,其实也是为后来的发展打下了基础。

因为在播音主持方面展现出来的才华,北虹中学一位副校长三次建议陈蓉报考上海戏剧学院。一开始,陈蓉并不了解上海戏剧学院,听名字还以为专业都是和戏剧相关的。"我一开始还想,唱戏的?我不会啊!"所以,前两次,陈蓉并没有将这个建议听进心里。直到第三次,上海戏剧学院的招生简章出来了。1995年,学校第一次出现主持人专业,"那一次,我才真正动心了"。后来,陈蓉报考上海戏剧学院,并以很好的成绩通过专业考试。

大二时,经过层层选拔,陈蓉成为上海电视台娱乐综艺节目《智力大冲浪》的主持人。这是陈蓉电视主持生涯的开端,而且是一个高起点的开端。

1997年,上海电视台去上海戏剧学院为《智力大冲浪》挑选主持人。这档节目在当年收视率近30%,知名度非常高,竞争可想而知。

"我们学校不乏小童星出身的同学,有丰富的艺术实践经历的同学,像我那样在电视领域近乎一张白纸的反而是少数。所以一开始,我并没有抱很大希望,就是抱着一种努力试一试的心态去的。"

结果,一轮又一轮,凭借着落落大方、不怯舞台的表现,陈蓉留到了最后,最终胜出。但事实上,陈蓉也有经历过曲折。"到最后,经过两轮试镜,我已经被录取。策划会开了,外景也录了,最后看完样片,我却被淘汰了。"从惊喜的云端跌落,陈蓉回学校哭了一场。哭过以后,她调整了自己的心态,继续面对自己的学业。没想到,一个月后,节目组再次通知她正式被录用。

"第一期节目播出,我骑着自行车停在马路红灯处,有人走过去了又回过头来问:'你是陈蓉吧?'那个时候的节目收视率真的高。"

"一波三折"、兜兜转转的经历锤炼了陈蓉的心态,尽管刚主持时,也遭遇过这样那样的挑战,但凭借着天分加勤学苦练,她在《智力大冲浪》中渐渐成名,奠定了以后主持生涯的基础。

大概是上海戏剧学院出过太多明星了,还在大二就当了知名栏目主持人的陈蓉,也没觉得有什么特别之处。接下来的日子,她特别忙碌,既要完成学校里的课程,也要参加电视台的会议和节目录制。她经常骑着自行车奔波在学校和电视台之间。30分钟的车程,她来来回回骑了无数遍,一边想着怎么把每一期节目录好,一边又要把书读好,压力不小。"现在回过头去看,逼一逼,事情也就做成了。"

1999年,陈蓉从上海戏剧学院电视艺术系主持人专业本科毕业,获得"文化和旅游部优秀毕业生"称号,正式进入上海电视台工作。

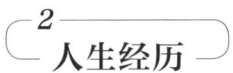
2 人生经历

获得最高奖项的背后

20多年的主持人、制片人生涯,陈蓉主持过上海电视台、东方卫视的众多节目。《今天谁会赢》《舞林大会》《天才爱美丽》《陈蓉博客》《幸福魔方》《盛女大作战》《我们在行动》……网上曾对她有过这样的评价:温婉知性、大气雍容,一颦一笑中总让人感觉舒服与温暖。从《智力大冲浪》中清新可爱的邻家女孩,到《今天谁会赢》中的知性女考官,再到《陈蓉博客》中充满智慧和文化气息的谈话类节目主持人,陈蓉完成了一次次挑战和转型。而因为《舞林大会》,她又彻底颠覆了其在观众心中的淑女形象,热情奔放,收获"双面美人"称号。

尽管每一个节目都很重要,但要说最特别的节目,陈蓉说,除了最初的《智力大冲浪》,还要数2010年开播的《幸福魔方》和2018年开播的《我们在行动》。

《幸福魔方》是一档日播类情感调解节目。它很真实,一切都是即兴发生的,无法预料其走向,因此非常考验主持人的专业素养、个人价值观和社会阅历。你的个人观点是否具有普适性,是否是积极向上的,节目播出以后都要经得起观众的检验。同时,因为是日播类节目,一天录三到四期是常态。一进录音棚,就是从早上到半夜。对于女主持人来说,穿着高跟鞋,常常站到脚抽筋、没有知觉。"我因此练出了5分钟换装、1分钟吃完盒饭的本领。"

《我们在行动》是一档聚焦精准扶贫的公益节目,由陈蓉自己担任制片人和总导演。节目中,她带着明星和大V来到贫困地区,不但拍摄当地的现状和扶贫背后的故事,更深度参与其中。节目内容既有李佳琦、薇娅等的直播带货,又有背后对接的产业资源,以实现当地特色产品的稳定对外供应。"仅仅是5季节目播出期间,我们就实现了14多亿元的农产品销售额。"

因为在精准扶贫上所作出的特别贡献,该节目三年来拿了大大小小几十个奖项,包括由国务院扶贫办颁发的"全国脱贫攻坚组织创新奖",以及代表中国电视艺术最高奖项的"星光奖"。

奖项背后,是别人看不见的努力和付出。陈蓉讲了一个"云南飞鸡"的故事:有一期节目,陈蓉他们在云南一个贫困村里找到了一种会飞的高原土鸡。它白天在树上乘凉,晚上在树上休息,具有俯冲飞翔的能力,肉质非常鲜美。当地有几百人在养这种鸡,但他们不敢再扩大规模,因为没有真空包装和冷链这种技术,活鸡只能在当地卖。为了将土鸡带出山区,带到上海,陈蓉团队前后花了几个月时间。团队先找到上海蔬菜集团,带着产品经理一起去调研,后来在隔壁县找到了一家稍有规模的屠宰场,但他们的真空包装不符合上海要求。沟通之后,老板按照上海的包装要求调整生产线。随后,上海蔬菜集团又对接了冷链配送,最终,"云南飞鸡"成了上海一款稳定的长期扶贫产品。

每一期节目背后都有不同的艰苦和付出。作为制片人,陈蓉得想选题、组织策划会,得联系嘉宾,甚至于得成为产品经理……

除了担任各类节目的主持人,自己做制片人,这20多年来,陈蓉参与了几乎所有上海大型晚会和庆典的主持工作。"非常幸运,我参与和见证了这么多年来的各类重大事件。"2007年,凭借系列晚会《上海旅游形象大使总决赛及大型晚会集锦》的出色主持,她获得中国播音主持最高奖项"金话筒奖"。之后,无论是上海申博成功,还是抗击疫情,各类重大活动和晚会的报道上,都有陈蓉的身影。

"金话筒奖"的评选专家对陈蓉的主持进行了这样的点评:在十多年的主持中(如今已经二十多年),陈蓉逐渐形成了大气、稳健、知性并具亲和力的主持风格,在各种主持场合能够把握节目进程,掌控节目节奏,带动现场气氛,并与嘉宾观众达到良好沟通,实现最佳演播状态。

40多岁,在电视领域已经不再年轻的陈蓉,在如今这种传媒业面临颠覆性变革的时代下,不断挑战自我,一直走在创新的路上。如今,她又在思考,精准扶贫之后,下一个选择会是什么。

玫瑰与卡布奇诺

孟 晨 1993届校友。1997年毕业于上海外贸学院对外贸易日语专业。2002年创业,从事原木贸易及航运相关服务。半专业满世界跑,找一个国觅一座城趴着住,逮到机会就和当地人聊天,喜欢东张西望,喜欢新鲜,看不够大千世界。因为接受过学医校友的帮助,2020年回母校设立了以父亲名字命名的"梓荫·孟民庆仁心"奖学金,奖励当年被各高校临床医学专业录取毕业生中考分前列的学子们,鼓励入读医学专业的学弟学妹。

镇中印记

　　认真地对待生活,不要停止接触新的事物,保持探索的动力,这些都是镇中留在我骨子里的印记。

1 青春记忆

个性的修正

2020年9月5日下午,镇海中学报告厅内,7名即将入读上海交大、复旦大学、浙江大学临床医学专业的2020届毕业生,接过了由学姐设立的定向升学奖学金,另有一位被北京大学医学部录取的受奖励者,因当时已赴北大报到,无法来到现场。

"梓荫·孟民庆仁心"奖学金,由镇海中学1993届毕业生孟晨女士设立,2020年首次颁发,奖励当年被各高校临床医学专业录取毕业生中的前8名,奖励金额共计15万元。

为什么会设立这样一个定向升学奖学金?

孟晨说,自己加入了镇海中学上海校友会,上海校友会里有一个医学群。校友身体不适的时候,就会进群咨询,群里的校友们总是给予热情解答。"我在里面得到了很多帮助,非常感恩。现在家人看病第一件事就先到群里找校友求助。校友们无私的帮助难以回报。我知道,这是母校这个平台带来的,所以想到回学校设立这样一个奖学金。它既表达了我对校友之间互帮互助的感恩之心,也是因为在医生校友群里,看到医生这个职业学习的强度和工作压力,表达我的敬佩之情。物质之外,人生还有更高层次的追求,比如责任心和荣誉感。希望有更多优秀的学弟学妹们能够报考临床医学专业,在精神层面也同样丰富,做个被人尊敬的人。"

孟民庆是孟晨深爱的父亲。父亲的突然辞世,令家人悲痛不已。以父亲的名义设立一个奖学金,孟晨和哥哥孟春以此表达对父亲的怀念。

"很多年以后,回过头去看,镇海中学对我少年时的习性带来极大的修正。"孟晨回忆起自己的年少岁月。一个好动的女生庆幸自己进了这所重点高中。

孟父孟母都是大学生,镇海炼化厂职工,家教非常开明。幼年时,孟晨被寄养在炼化厂附近的棉丰村五大队。在阿爷的宠溺下,她上树抓天牛下河摸螺蛳,是个在乡村环境中成长的纯天然野孩子。到了小学的年纪,她才回到父母身边,就读于炼化子弟学校。"我读书成绩一直很一般。上课时,我坐不住,招惹周围同学。学生成绩评语上,老师一直写着:上课不要说闲话。放学后,我常去溜旱冰,晚饭后呼朋引伴,骑脚踏车到海边。那是80年代。"初三时,皮到夜游的一帮人在全校面前被点名批评。放学进家门,迎面而来的是这辈子唯一的一个巴掌,来自孟妈妈。不过,孟爸爸依旧护着说:"你是小姑娘,就是要注意不要被人欺负,其他的相信你不会太过分的。"自此之后,孟晨开始慢慢收心读书。之后的中考,她超常发挥,升入镇海中学。

"对我来说,这算是人生中很重要的一件事,因为我一直就不算个乖孩子。如果我不上镇中,不去那么严格的普通高中,难说会不会有行为偏差。"

"那时候,镇中的好多同学是农村户口,他们都想努力学习改变命运。虽然我的成绩还是中等,但也是一群优秀同学里的中等。我还是属于不那么遵守纪律的学生,但在那种环境里,要玩也没人陪你玩,大家都在读书。"

一批好老师

进镇中后,我有幸遇到了一批好老师。数学老师许克用,教学时特别认真仔细,对待学生永远轻声细语。孟晨记得,许老师晚自习基本都在学校值班,不懂的问题去办公室随时可以问。

班主任是化学老师杜剑华。"以前觉得老师都是大人,现在想想那时的杜老师30岁不到,是位年轻教师。高一入学,班主任开场就说,'我们班里有26个初中时的正班长,××个副班长,××个学习委员。大家都是很优秀的同学,但是高个子里也分高矮。我希望同学们首先要调整好自己的心态。"孟晨在座位上默默盘点过往。从小到大,自己一条杠都没得到过,还是班里为数不多的非团员。

孟晨说,自己之前的学习习惯不好,上课不专心听课,下课自己翻教科书。入学一个月后的物理小考对她产生巨大的触动。她考了 37 分,而隔一个过道的男生陈巨帆考了 97 分。孟晨这才意识到和同学们的巨大差距,不得不改变学习习惯,尽量跟上教学进程。

第一次期中考,她考了 26 名,正好是全班人数中的一半。孟晨还算满意,但是回到寝室,发现同学们已经哀鸿遍野。大部分同学都是之前很少掉出班级前三名的,很难接受自己来到镇中后的排名。一次因为考试成绩落后,班主任对孟晨说,你要知道你没有特别聪明,要更加努力。"那是我第一次听到有人对我说,我不是很聪明。"孟晨笑着说,"我才反应过来,原来从小长得不好看,可能爸妈就只好说我聪明。那次以后,我有了自知之明,读书也更加用功了。"

数学是孟晨的弱项。

"不过,"孟晨笑着说,"我怀疑我会乾坤大挪移。每到大考试,我的脑子和数学课代表的脑子就会对换下。我数学最弱。高三那年的 6 月 7 日至 9 日,最后一次十校联(模拟)考,120 分的数学,我才考了 61 分。看到成绩单,父母话都不敢说。高考只剩下一个月,他们骂也骂不出。我记得,高考第一天考语文。我大唱一句'风萧萧兮易水寒,壮士一去兮—— 不复还!'后摔门离家,我拼了!"那年高考数学,孟晨犹如神助,考出平时难以想象的 111 分的好成绩。

数学的高分直接使得孟晨以浙江省外语类第 61 名的好成绩,顺利被第一志愿上海外贸学院对外贸易日语专业录取。

中考和高考两次关键考试的超常发挥,孟晨说,应该和家里开明的环境有关。父母心大,很少管,更多选择信任。自己又觉得成绩普通,考不好也正常,所以心态一直挺好,用现在的话说,没有偶像包袱吧。

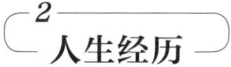

2 人生经历

快乐生活与工作

在首届"梓荫·孟民庆仁心"基金奖励现场,除了证书,孟晨还特意给受奖励者准备了一人一朵玫瑰花。玫瑰花的颜色比较特别,是咖啡色的,名字也是一款咖啡的名字——卡布奇诺。"我想告诉大家的是,不是每一朵玫瑰都是艳丽的。我希望你们以后都可以有丰盈又浓郁的人生体会,如卡布奇诺一样。"

丰盈而又浓郁的人生体验,这也是孟晨对自己人生的要求。翻开她的朋友圈,基本看不到与事业有关的信息,能够看到的,都是她充满乐趣的生活。参加花艺学习,每周布置公司前台;慢慢去接触艺术,定期去画廊,从最初觉得艺术的高大上,慢慢变成逛画廊如同找美好的家居店……

其实,孟晨有着自己热爱并投入的工作。大学毕业至今,她专注于原木贸易和航运业务,在所在的领域小有收获。

幸运的是,爱玩的孟晨拥有一位爱陪她玩的先生。工作免不了枯燥重复,在平凡中,他们努力寻找乐趣。

她和先生一起在新西兰经历15000米高空跳伞,在土耳其的费特希耶海边体验滑翔伞。某种程度上,孟晨愿意去经历些小冒险。"我喜欢从15000米的高空往下跳。在那个高度往下看的时候,地平面是球状的。选12000米高度的话,地平面就是平的了。"她说。

孟晨也热爱滑雪,她把滑雪的感受形容为"就像裘千仞一样在水上飘"。"对,就是雪上飘的那种感觉。"

2018年,借着陪小侄儿的契机,孟晨第一次上雪道。经历各种摔后爬起来,她想,一定要在骨质疏松前征服黑(高级)道呀。回到上海后,她在室内滑雪机上练习,冬季去雪道摔。终于在第15次上雪道时,她顺利地从黑道滑下,完成了自己的一个小心愿!

旅行欧洲,看建筑,参观博物馆,找书找视频,慢慢地学习,渐渐地了解了其背后的故事。有空的时候,她就和先生去一个国家,租一间房子,再加一辆车,住上一段时间,去感受当地的风土人情和文化特色。梵蒂冈的西斯廷、米开朗琪罗的《创世纪》……孟晨第一次看它们只觉得人物众多、色彩繁复,完全不知所云,难以消化。回家后,她心有不甘,翻阅大量相关历史、宗教和艺术家传记。在第二次罗马之行时,她再次站在《创世纪》的天顶画下,已经能对着先生细细解释这幅巨作为何能成为西斯廷大教堂的明珠了。

对于旅游,孟晨有一些建议。"现在网络如此发达,无论你想看什么地方,都能找到足够多的图片和视频,用简单的方法就能有身临其境的体验。但是,出去旅游之前,我们有必要先问一下自己:我跑那么远的路去看和在家里看视频有什么区别?我到底要去现场看什么呢?想明白、查清楚了再出发,不然只是为了看到'活的了',没多大意义。"

孟晨多次说,在同龄的同学里,自己算比较贪玩的。同学们大多的职业选择更加希望稳定。但交流中能感受到,她马不停蹄地玩是另一种求知,这未尝不是一种镇中精神。

生活比学识更重要

胡建君 1994届校友。作家,中国美术学院博士,上海大学上海美术学院副教授,博士生导师。上海大学中国书画研究中心副主任,上海美术学院新媒体文创联合工作室主任,上海诗词学会常务理事。师从贺圣谟、徐建融、卢甫圣先生。已出版《怀玉 —— 红山良渚佩饰玉》《飞鸟与鱼 —— 银饰里的流年》《我有嘉宾 —— 西园雅集与宋代文人生活》、"大师艺术教育经典"系列、《陆康印象》、《何荷》等作品二十余部,并担任各类书画展览、艺术文化活动策展人。

镇中印记

镇中的老师懂得因材施教。我当老师后,也时时记着这点,希望能发掘每个人身上的闪光点和长处。碰到母校的学生,总是忍不住高看一眼,偷偷加个分,没办法,就是偏爱,哈哈。

1 青春记忆

胡建君是土生土长的镇海人,从镇海中学到她家步行不到10分钟。那时好像没有"名校"的概念,她爸说,离家近就是好学校。

现在想想,真有道理啊。

离家近,便可享受早上"再睡十分钟"的幸福,还有雨天拎着鞋赤脚跑回家的畅快。这两件事,年龄越大,越觉得珍贵。

离家近,便能邀请同学们周末来家中聚餐。碰到男生,她爸一定会问:"会喝一口哦?"如果人家犹犹豫豫地点头,他便喜滋滋地将大门一锁,搬出黄酒配猪头肉。

在她家吃过饭、喝过酒的同学,后来又在她家打地铺,通宵听歌、看碟。他们喝着果珍聊着天,有同学每次来必点《东方不败》,前前后后看了26遍,居然没人提出异议。大家都喜欢看林青霞一袭红衣在水里畅饮。那一回眸,顾盼神飞,风华绝代,让人许久都不能回到现实。

同样能带给他们一点幻想的,还有学校后面的梓荫山。那时镇海的房子也矮,冬天下点雪,苍苍茫茫,小城变成一幅疏落的白描画。站在山上,人们仿佛置身金庸小说里的某个场景,一时恍惚,不知今夕何夕。

在山上背书时,校工阿英常环绕操场跑步,一圈接着一圈,不知停歇。不知道阿英什么时候进校的,为什么叫阿英。他的智力和常人不同,但性格乐观憨厚,会表演倒立,还会唱《军港之夜》,同学唤他一声满脸带笑。

快三十年了,阿英还在,一点都没变老。学弟学妹们设计文创产品时,把他画在帆布袋上。倒立的他,跑步的他,活灵活现。胡建君细细辨认帆布袋上的签名,又惊又喜,啧啧赞叹——"严国静"。原来这个传奇的男人是有大名的,原来他会写自己的名字。镇海话"阿静""阿英"发音相同,一时误传。

这所百年名校,万千学子皆是过客。只有阿英留在了大家的青春记忆里,所以他不会老。

大家都走远了,回忆起来,这些影像就像浸在水雾里,是透明的朦胧青涩——

语文老师胡学健戴一副方方的黑框眼镜,很儒雅。夜自习时一回眸,那张儒雅的脸常面无表情地贴在教室后门口的窗玻璃上极不协调——谁让他也是班主任呢?所有班主任都有这一出吧?

他的声音更符合语文老师的人设,有人文艺腔地形容"像阳光下带着褶皱的丝绸,明亮,有质地,层次分明"。第一次作文课,那些句子到了他的嘴里,便春风化雨荡气回肠——胡建君哭了。

因为他念的就是她的作文——《再祭》,写爷爷的。她至今记得老师的评语:"至文出于至情,感人肺腑。"字字推敲,句句锤炼,让人期待。

写作竟成了少年时代最大的快乐。一周一篇太不过瘾。于是,胡建君很上进地提出,要不每天写一篇吧?建议当然不被采纳。但教师的欣赏是最好的激励,她以中考语文第一的成绩骄傲地进来,以高考语文第一的成绩骄傲地毕业。

胡建君也喜欢物理老师罗忠烈。他那么酷,讲解风趣,举重若轻,写字画图都用左手,连受力分析图都画得那么富有艺术感。可惜,她理科差。有一回,考砸后的她在操场上郁郁寡欢,罗老师远远地走过来说了一句:"我知道你作文很好啊!"那天落日的余晖里,他的镜片发着光,让人温暖。她爸说,有这样的老师真是幸福。

其实,有这样的爸爸也很幸福。他从来不会把女儿不及格的物理、化学试卷扔得像风筝一样飞舞起来。他总是云淡风轻地说:"你语文不是第一名吗?"

胡建君私下里揣测,那些苦口婆心叫大家不要偏科的老师们,其实也是这样想的吧?他们每个人都各有所长,也知道学生各有所长,并实践着因材施教。所以,她好像从来没有真正担心过,考不上大学怎么办,反正总会有喜欢的事等着去做。

那个年代,基本没有什么课外补习班。周末的大把时间可以用来听歌、玩耍。那是华语流行乐坛最好的时代,胡建君家有几大衣箱的磁带,还有爸爸从国外带来的环绕立体声设备。三五好友聚一起,一听就是一天。卡带旋转,看窗外暮色缓缓堆积,常有一种类似乡愁的情绪梗在心头。

她还悄悄给喜欢的人寄过林忆莲的专辑《不必在乎我是谁》,但他一定猜到她是谁了。

你一定会问:然后呢?胡老师说写作起码要有头有尾,最好首尾呼应,可是真实的生活常常神龙见首不见尾,说着说着就没了。

从初中到高中,在镇海中学的六年是丰富而幸福的,哪怕胡建君高考考得很失败。读大学的时候,她总是忍不住一遍遍地说起母校。因为说得太多了,后来她的室友,一位中文系省优秀毕业生,毕业后竟放弃去省城杭州的机会,一心一意来到镇海中学执教,从此扎根在她的故乡。

胡建君对母校的宣传一直不遗余力,直到今天。

想当初,她在宿舍里聊起母校的时候,这位后来的优秀教师总是笑她:"你净记得这些零碎的!"

胡建君全盘接受:"对的,我就是净记得这些零碎的。"她不曾拿整块儿的青春去实现什么理想,完成什么目标,就是这些舍不得放不下忘不掉的细末小事,让生命闪闪发光。

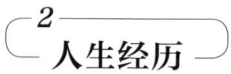

2 人生经历

美的立场

从中国美术学院博士毕业后,胡建君有两个选择:一是在上海古籍出版社做编辑,二是在上海大学上海美术学院任教。她不是不喜欢做编辑,之前在那实习过。古籍出版社一点儿也不像外人想象的那样古板沉闷。那些传说中的老学究，其实一派天真，经常互相诗词唱和，有趣得很。她差点就要决定了，突然一想，以后要被称呼为"胡编"了，似乎不太好听，算了，还是做"胡老师"吧。

在上海大学，选胡老师的课是要靠高绩点、拼手速的，同学间流传着各种各样的"秒杀攻略"。好不容易抢到了，上课时谁也舍不得看手机。她讲诗词、中国美术史、唐宋文化，常常即兴发挥，多半从生活中的器具、美食或身边的一草一木、一砖一瓦聊起，然后，就收不住了。

她的通识课是最抢手的课，每一年都不一样。她觉得校园就是延伸的大课堂，以识草木鸟兽之名，经常带着学生走出教室。"投我以木瓜，报之以琼琚。"诗中的蔷薇科木瓜竟就长在宿舍楼边，有梨的清香。"采薇采薇，薇亦作止。"薇草其实在校园的角角落落里很常见，有点像婴儿的手指，还有诗词中常见的碎米荠、鹅肠菜、佛甲草、婆婆纳……她带着学生虔心寻找、探访、记录，有人摄影，有人写诗，有人画画，有人做植物雕塑，最后一起制作《上海大学植物地图》与《诗经植物笺纸》，并做了一个声情并茂、品类丰富的展览。在这个过程中，学生们体会到，原来一花一叶里有这么多诗意，原来世界是一场无休无止的美丽。

这项尝试始于几年前，如今这个名叫"植物地图"的群依然活跃着。早已走出象牙塔、走进滚滚红尘的孩子们还在里面聊诗词、聊艺术，也聊热气腾腾平凡琐碎的生活，还有人因此群成为搭档、至交、情侣、夫妻……对胡建君来说，这是一个老师最值得骄傲的事。

设计课程的初衷，就是为了引导孩子们发现生活中的美。"美不是装饰，不是点缀，美就是立场，是一切立场的母立场。"这是胡建君从小的家教。

她的父亲曾是宁波市第一位工艺家具行业的工艺美术大师，20世纪80年代就被省里"点名"外派到北美宣传推广中国的古典家具。对他来说，"美"不仅仅是工作，也是与生活相关的点点滴滴。

"生活比学识更重要。"这句不知道父亲哪年哪月脱口而出的话，胡建君成为大学老师后越想越觉得有道理,于是奉为胡家家风,并以此传授弟子——那是人生幸福的秘籍。

身教比言传更重要。上课有学生迟到,她问起缘由,学生红着脸嗫嚅半天。原来,在从宿舍走向教室的路上,路边的广播响起了久违的旋律,他就站在路边唱起了歌,等回过神来时,上课铃早已响过——真是一个可爱的借口,意外之喜是他还被加了分。

"懒 君"

学生爱她,除了爱她的课,还爱她的平淡、洒脱和亲和。她自己擅长填词作诗,也教《诗词格律》。这门课小众,也难学。她对学生说:"如果你们上了两堂课还是没有找到诗词的感觉,那就放弃吧。混及格就行,说明你的特长在别处。如果真正喜欢,那就持续一辈子。"她觉得教育,尤其是大学教育,主要是唤醒人内心深处的热情,让他们发现自己一辈子的兴趣。而每个人的兴趣点是不同的,对不感兴趣的事,就不要浪费时间和精力了。

她自己就是这样的人,从小到大,没有真正"勤奋"过。读高中时,她物理不好,破罐破摔,窝在房间看金庸小说。父亲以为她在用功,敲门大声说:"别太用功了,出来看一会儿电视吧!"

那时,她爱画画,但是没有正规培训;爱读书,但看不进被翻译过了的世界名著。除了诗词,她便醉心于《聊斋志异》《阅微草堂笔记》《子不语》《世说新语》等怪力乱神的作品与野史笔记。

笔记小说、武侠演义之类正经读书人不屑的野史杂记让她更了解遥远年代的市井人情、生活细节,也使她的审美与思维灵动活泼。多年后,写史料图鉴、文房雅玩的文字,那些枯燥的资料知识经她诗意鲜活的笔触,都有了生命,多了趣味,情思绵绵。《怀玉——红山良渚佩饰玉》《飞鸟与鱼——银饰里的流年》《我有嘉宾——西园雅集与宋代文人生活》……这些书吸引了很多非专业人士,有人因此从银行、机关辞了职来考她的研究生。

在太多虎爸、狼妈、成功学家和青年才俊们鼓吹着"不逼自己一把,你永远不知道自己多优秀"的时候,胡建君劝学生:"人生苦短,别为难自己了,把时间放在自己擅长且喜欢的事上吧。"

"反正我也懒!"她哈哈一笑,"懒人会有懒福!"

她爱苏轼词:"自笑浮名情薄,似与世人疏略。一片懒心双懒脚,好教闲处着。"于是心安理得自称为"懒君":

懒于交际,疏略俗务,所以所有行政职务,各种协会、团体的邀请能推则推,上上课,写写书,就很好。

懒得运动,所以能坐着绝不站,能躺着绝不坐。

懒得计算利害得失,所以很多重要决定,都跟着感觉走:决定做老师是因为不想当"胡编"。决定和前男友分手,是因为"不喜欢他后来的作品风格"。有个内蒙古女孩千里迢迢来考她的研究生,考上后刚好遇到一些麻烦。她心下不忍:"要不,你就暂时住我家吧。"当晚有聚会,她直接把家里钥匙交给门卫留给女孩,自己走了。这是她们的第一次见面。

站在今天往回看,所有决定都是对的。她的生活开心自在,而那个内蒙古女孩,也成为最有才华的得意门生。

她自认为做老师是成功的,虽然算不上一个"典范"。学生喜欢的未必是那些"典范",他们喜欢赤诚的、真率的人。

"高被引科学家"的价值

钱　冬　1994届校友。1994—2003年,在复旦大学物理系从学士学位读到博士学位。2003—2009年,在美国普林斯顿大学和加州劳伦斯伯克利国家实验室先进光源中心从事博士后和研究员工作。2009年起受聘于上海交通大学物理与天文学院任特别研究员、长聘教授、特聘教授,现任上海交通大学物理与天文学院副院长。国家"青年拔尖人才计划"、教育部"长江学者"、国家"万人计划"科技创新领军人才成员。研究方向为低维量子材料中的新颖量子现象探索。因为卓有成效的研究,在全球著名学术期刊上发表一系列高水平论文,连续多年入选全球"高被引科学家"名单。

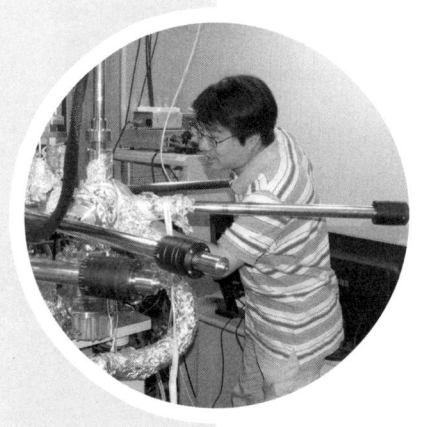

镇中印记

当年镇中的老师很开放,学习不仅仅是为了高考,而是让大家充分发挥自己的想象力。如今自己带学生,我也继承了镇中老师的这种精神,尽可能给学生创造良好的科研环境。

1 青春记忆

镇海中学特殊的劳动场景

1989年,镇海城关二中并入镇海中学。刚在城关二中读完初一的钱冬,开始了在镇海中学初中加高中的五年学习时光。

说起镇海中学,钱冬首先想到的竟然是学校的劳动教育和那些年在操场上拔草的情景。当年的学校操场,没有现在的塑胶跑道,还是黄泥土夯实的路面。一过寒暑假,荒草漫长。假期回去,同学们的第一件事是集中在操场上拔草。想象一下,场面颇为壮观,这是劳动教育的一部分。

高中时,钱冬到了新校区。刚刚建好的学校远没有现在的绿草如茵、修竹茂盛,很多地方还是光秃秃的,就连梓荫山上,除了一些高大的树木,旁边也是光秃秃的山石。于是,同学们成了新校园的"建设者",放学以后就去山脚下种小树木。若干年后重回校园,看到江南园林般漂亮的绿化,钱冬都有点羡慕如今的学弟学妹。不过,劳动也有劳动的乐趣。看着梓荫山上的绿植,想象其中说不定还有自己亲手种下的树木,那感觉有点神奇。

初中班主任是数学老师毛志挺。后来当了镇海区教育局局长、党委书记的毛志挺,当年才刚刚走上工作岗位没多久。在钱冬的印象中,毛老师有点严厉,尽管是数学老师,但很擅长思想教育。活动课上,他经常滔滔不绝地上起思想政治课。毛老师还特别喜欢在教室里兜圈,同学们总有一种无所遁形的感觉。

高中数学老师沈瑞初,是当年不多的几位特级教师之一。沈老师非常敬业,给大家上数学兴趣班,带同学参加竞赛。烟瘾很大的沈老师,把香烟悄悄地藏在自行车的坐垫下面。有时候烟瘾犯了,他就去拿一根,叼在嘴上不抽,过过瘾也是好的。喜欢恶作剧的男生,就会偷偷地把沈老师的香烟藏起来,看沈老师想过烟瘾又找不到香烟时的那种着急样。

高中班主任兼语文老师朱正会,说一口标准的宁波腔普通话。大家很佩服他用宁波普通话读课文能读得那般流利。老师讲一口地方普通话,那是20世纪80、90年代的特有现象,大家能听懂也就没什么关系。但也有外地来的老师,讲话带有浓重的当地口音,让同学们听不懂,后来不得不离开了镇海中学。

整体来说,那个时候的学生没有现在这么大的学习压力,劳动课、活动课时间充足,但是玩的花样也没有现在这么丰富。男生最多就是打打球,疯玩一阵。玩归玩,学归学,大家的成绩还是非常出色的。1994年,钱冬他们高三会考的时候,因为整个年级会考成绩特别好,导致后来镇海中学一度会考免考了好几年。

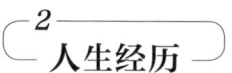
2 人生经历

复旦大学教改与普林斯顿大学科研

高考后填报志愿,理科一直很出色的钱冬选择了复旦大学物理系。"我们读初中的时候,很多男生的理想还是当一名科学家,所以在这之前选择物理的人很多。1994年,也可以说是社会转型期的关键一年,后来,更多的人选择金融、贸易和计算机等专业。"钱冬说。

1994年进入复旦的钱冬赶上或者说见证了几次大的教育教学变革。当年刚好是复旦教改第一年,最大的变化是开始实行学分制,可以自主选课;很快又开始通识教育(那时的通识教育是除了专业课外可选修大量的人文课);取消了班主任制,实行辅导员制;所有科目的考试成绩只打ABCD(以前是按百分制打分);让本科生尽早参与实验也是教改的一部分等等。受惠于此的钱冬,大三时就可以进实验室,第四年起就完全可以在实验室里跟着做研究的老师干活了。钱冬也是从那时起到博士毕业,一直跟着金晓峰老师做物理学的基础研究。

2003年,博士毕业的钱冬赴美国普林斯顿大学物理系做了3年博士后加2年多的研究学者工作。在普林斯顿的几年时间里,钱冬实现了重大的学术转向,从此,他的研究方向转为电子强关联系统和拓扑绝缘体相关方向。

拓扑绝缘体是对绝缘体的一种新的认识。2006年,物理学界开始发现拓扑绝缘体是一种特殊的半导体,即体内绝缘,而其边缘存在导电通道,且这种通道无法去除。让研究者怦然心动的是:这种拓扑绝缘体居然可以做到在100%导电的情况下完全不发热。拓扑绝缘体实际上是引出了一种既能导电又不发热的物理可实现性,这是令物理学界非常感兴趣的。"2007年时,我们的工作就证明拓扑绝缘体的理论是成立的,而且找到了第一种三维的拓扑绝缘体材料。"

在美国的几年,钱冬印象最深的是其浓厚的学术氛围。在普林斯顿大学,科研力量主要由"博士后+博士生+导师"构成,研究生远远多于本科生,其中来自美国以外的学生有一半以上。普林斯顿大学能吸引到世界上最好的博士后。在美国,博士后是最主要的研究力量。全世界最好的博士都会选择到普林斯顿大学等一批美国最好的学府做博士后研究,这是美国一直在科学上保持竞争力的核心要素之一。

当年,中国与美国在科研方面的差距可谓巨大。经过这么多年的发展,如今两者之间的差距已经缩小,在某些领域,差距已经很小。

差距的缩小也体现在国内研究型高校在很多方面已经与国际完全接轨上。以钱冬目前所在的上海交通大学物理与天文学院而言,就完全参照国际一流大学的标准评聘教授、副教授。早些年,国内高校的教师实行的往往还是终身制,但上海交大在改革后,会先与进来的老师签订6年合同,6年以后非升即走。即入职6年以后需要经过院系考核,通过了即转为长聘副教授或长聘教授,若没有通过,则会被辞退。这个机制尽管让年轻教师觉得压力很大,但对科研来说,却能确保优质的科研力量。

连续多年入选全球"高被引科学家"名单

2009年,钱冬回国,受聘于上海交通大学物理系做特别研究员,后来物理系改为物理与天文学院。

如今的钱冬,主要研究的是量子材料,瞄准的是其在拓扑量子计算和自旋电子学方面的可能应用。具有各种各样奇特量子功能的材料统称为量子材料,拓扑绝缘体就是量子材料的一种。寻找新的具有特殊性的材料,探寻为什么会具有这样的属性,想办法搞明白背后的原理,就是他所沉浸的科学世界。

到交大后,钱冬一直用心于拓扑量子材料的研究,尽管谈论器件化还太过遥远,但是理论上这种传输效率更高、能量几乎不消散的器件是存在的。

经过这些年的研究,钱冬在拓扑绝缘体和拓扑超导体方面取得一系列创新成果,研究论文已被引用超过万次,连续多年入选全球"高被引科学家"名单。全球"高被引科学家"名单旨在通过引文分析,揭示各学科领域被同行认为在全球最具影响力的科研人员。该名单的遴选基于客观的引文数据,体现了高被引学者的学术成果对全球同行的支持、影响、启发与挑战。高被引数据展现了某学科领域中的科研人员所取得的科研成果受到全球同行的集体认可。

作为一名基础科学的研究者,经过长时间的研究以后,探寻到新的材料或物质,弄明白背后的N个为什么,这就是钱冬最大的快乐。但是有时候,他也会遭遇"你研究的东西有什么用?"这样尴尬的问题。对此,钱冬看得比较明白。很多人将科学与技术混为一谈,总是会讲有用没用,但实际上,科学分为基础科学、应用基础科学和应用科学,技术更多地指向应用科学,对基础科学而言,更多时候是探索未知。

百度百科关于基础研究是如此定义的:基础研究指为了获得关于现象和可观察事实的基本原理的新知识(揭示客观事物的本质、运动规律,获得新发现、新学说)而进行的实验性或理论性研究,它不以任何专门或特定的应用或使用为目的。其成果以科学论文和科学著作为主要形式,用来反映知识的原始创新能力。

从国家战略层面来说,加强基础研究是提高我国原始性创新能力、积累智力资本的重要途径,是跻身世界科技强国的必要条件。完善学科布局,培育和支持新兴交叉学科,在若干科学前沿领域实现重点突破,建设一支高水平的基础研究队伍,才能使我国真正跻身世界科学强国之林。

懵懂出发，坚定回归

叶继春 1996 届校友。博士、研究员、博士生导师，2005 年毕业于美国加州大学戴维斯分校，获得材料科学与工程博士学位。2006—2012 年，先后在美国 AMD 公司、加州太阳能公司、阿尔他器件公司担任高级工程师。2012 年回宁波加入中科院宁波材料所，现为新能源技术所副所长。回归故乡以后，在中科院宁波材料所半导体学科建设以及宁波半导体产业的发展中发挥了巨大作用。

镇中印记

遇到了负责任的班主任，奠定了我一生的研究方向。镇中为我打下了扎实的基本功，筑好了厚积薄发的基础。

1 青春记忆

三位班主任

说起镇海中学,叶继春首先想到的是三位各具特色的班主任。

高一班主任是地理老师朱信行。当年刚从新疆建设兵团调过来,走路笔挺,说一口纯正的普通话。他自我要求很高,对学生要求也很高,不但管学习,就连坐姿站姿都要管。一开始同学们有点不适应,但一年下来确实有利于良好习惯的形成。

高二,生物老师宋伊芬当了班主任。年轻的宋老师属于严师益友型,学习上很严厉,生活上很关爱学生,在学生中颇有人缘。

到了高三,班主任换成物理特级教师罗忠烈。罗老师德高望重,用左手写的字非常漂亮。在罗老师的鼓励和调教下,高三那一年,大家的成绩都又往前冲了一把。那一年,罗老师身体不好,还去上海动了一个手术,但他非常热爱自己的教育岗位,也赢得了同学们的爱戴。

"罗老师对我影响最大,不但是因为他坚韧的性格、爱岗敬业的形象,还因为高考结束以后,我的志愿可以说是在罗老师手把手教导下填的。"那年高考,叶继春考了班上第三名,已达到北京大学的录取分数线。但在罗老师的影响下,叶继春的第一志愿填的是中国科学技术大学,第二志愿才是北大。在中科大的专业选择上,也是罗老师给的建议,三个专业选择分别是材料、近代物理和生物。最后,叶继春进中科大读了材料专业。从此,他的学习、研究、事业都没有离开过材料这个领域。

高中二三事

拥有近千年文化积淀的梓荫山,涵养了镇海中学的文化底蕴。而留在叶继春记忆中的梓荫山,不管后来了解有多深,最初的印象却是那一顿特别的午餐。

初中就读于北仑芦渎中学的叶继春,初三时以全校第一名的成绩被保送镇海中学(当时北仑区仍隶属于镇海县)。高一开学前,镇海中学召集当年所有保送进来的学生,提前到学校参观。那一天,大家在梓荫山的小山丘上,了解了这所学校的历史,也知道了曾经发生在这里的荡气回肠的故事。中饭是在山上吃的,那是叶继春在镇海中学吃的第一顿饭。他记得有美味的螃蟹。"当时的印象是校园怎么这么漂亮,伙食怎么这么好,吃饭的地方怎么这么高雅,而身边的人,好像都是神童。"

说起这些,如今的叶继春哈哈大笑。

除了梓荫山,大成殿前也留下了叶继春特殊的记忆和情感。学校实行卫生包干制,叶继春他们负责的就是大成殿前面片区的卫生打扫工作。"我们开玩笑说自己就像日本动画片中的一休哥一样,一天两次扛着扫把在大成殿前面打扫卫生。"

校工阿英,是镇海中学很多人的记忆,也是叶继春高中时代印象中的一抹红色。阿英擅跑步,练过气功。他有两句经典名言"一万米"和"一指禅"。当年,学校草坪刚整理完,不准学生们在草坪上踢球,可男生们偏喜欢在上面踢,这里面就有一个叶继春。阿英追着大家,被追的人嘻嘻哈哈笑着躲开了。等阿英离开大家又回去踢,阿英继续追赶……"整个三年,我们好像都是在和阿英的打闹中度过的。刚回国的时候去镇海中学,他居然还认得我,还跟我说自己结婚了,有了儿子……"

曾有另一位校友如此怀念阿英:"阿英者,镇海中学一校工也。于风华少年眼中,阿英神智略输于人,执着而不知变通。凡提水、负重、打杂诸事必尽全力。少年人常于远处戏呼阿英,必立足,诚恳而待。校运会上,见一人万米奔走,锲而不舍,目中无人,直抵终点,在众人惊慕中拾起扁担干活去者,阿英也。忠于事而敬业,不自懈;诚于心而敬人,不谄媚;位虽卑而自敬,不菲薄。镇中时人多有受教。"

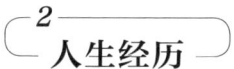

2 人生经历

懵懂地出去　坚定地回归

20世纪90年代,中科大本科还是五年制。到了大三,叶继春突然发现,身边的不少同学都在考托福、考GRE,准备出国留学。"当年的我,还是懵懵懂懂的,并没有明确的学业计划和人生规划。父母都是小城市里的人,也没有这么长远的眼光。看到好多同学出国,我就也跟着行动了。"

大四开始考英语,申请国外学校拿的是其他同学填剩下的材料。填了20多所国外高校,收获了五六所学校的offer。三次签证才通过的叶继春,赴美第一天就经历了九一一事件的空中风云,终于来到了美国加州大学硕博连读。

真正让叶继春想明白自己接下来要做什么的,是博士二年级时候的一名台湾同学。那名同学当过兵,在台湾读过研究生,也在台湾工研院工作过,对半导体行业比较了解。在加州大学戴维斯分校的那段时间,如果没有紧急的事情,每天下午两三点钟,两人一定会去食堂喝杯咖啡聊聊天,休息一下。那个时候,台湾同学就会向叶继春输出全球半导体领域的各种信息。"听多了,我对半导体产生了兴趣,第一次明确想要进入半导体公司。为此,我又修了十几门电子工程系的课,有材料背景又有电子工程背景,就比较容易找到半导体公司的工作。"

2005年叶继春博士毕业,之后如愿进入了世界500强之一的半导体公司AMD,后来还先后在加州太阳能公司、阿尔他器件公司担任过高级工程师。

其间,叶继春经历了2008—2009年的美国金融危机。眼看着曾经的巨无霸企业开始裁员、关停某些部门和业务,眼看着身边的一些同事一年多都没找到工作,甚至连小区的治安都大不如前,而他自己,虽然因为能力出色,工作无虞,但也感受到了华人工程师在异国因种种原因造成的天花板现象。

当时的叶继春,在美国硅谷扎根多年,有高薪收入,有自己的房产,夫人是和自己一起出国的镇海中学校友,还有了两个孩子,看起来一切都还不错,但他开始思考未来的长远发展问题。

"一切都是机缘巧合。2010年,我在美国与出访的时任中科院宁波材料所所长崔平有一面之缘。知道家乡有了这样一个高能级平台后很兴奋,之后也关注着材料所的发展。没想到一年后,我突然收到一封邮件,被邀请加入材料所,最终实现了举家的回归。"

放弃拥有的一切回到家乡,从零开始,组建自己的团队,去做自己想做的事情,这个过程多少有点艰难,也曾遭遇一些亲戚朋友的劝阻。但我下定了决心,似乎一切的进程变得很快。

2012年8月,叶继春一家四口买了单程机票飞回了故乡宁波。

宁波半导体产业发展的见证者

叶继春如今所带领的团队有14名员工,其中研究员5人、副研究员2人、高级工程师2人,还有五十余名学生,都是硕士或博士。

他们为国家、省里和市里做相关科技咨询和规划,比如正在参与的甬江实验室规划,同时进行半导体领域基础研究和应用研究。

说起宁波的半导体产业,叶继春如数家珍。他说,宁波半导体在原材料、封装和特种工艺方面,已经走在全国前列,目前,产业的聚集度正在进一步快速提升中。这其中,就有不少他们团队参与评估过的项目,甚至有些项目的引进与叶继春息息相关。他的另一个身份是宁波市的"引才大使"。

叶继春正带领着自己的研发团队,为宁波产业发展提供"最强大脑"。

材料所的研究"顶天立地",既要瞄准国际最高水平,又要立足本地产业需求,他们在高效太阳能电池、第三代半导体材料与器件,以及相关仪器装备开发等研究上都取得了不错的进展,目前已申请专利130余项,授权70余项,并发表过140余篇高质量论文。团队开发的多项技术正得到产业化推广应用。

做着自己喜欢的事情,回国时的梦想一点点变成现实,眼看着宁波半导体产业不断发展,而自己和团队的课题又与这种发展紧密相连,叶继春体会着"在路上"的忙碌、辛苦与喜悦。

千头万绪间找出口

林　植　1998届校友。上海市公安局经济犯罪侦查总队一支队二大队大队长。2002年毕业于华东政法学院（现华东政法大学），到2020年，已在经侦领域工作18年。2017年5月，获全国特级优秀人民警察。2019年，庆祝中华人民共和国成立70周年大会上，他作为全国76名公安英模代表之一，受邀参加观礼活动。2020年11月24日，全国劳动模范和先进工作者表彰大会上，林植获评全国先进工作者。18年来，他始终奋战在打击经济犯罪的一线，为国家和人民挽回经济损失40多亿元。

镇中印记

　　经侦工作学无止境，必须跟上日新月异的专业知识。镇海中学养成的良好学习习惯，让我在千头万绪的工作中始终保持着学习的能力。

1 青春记忆

经侦工作学无止境

林植称呼自己的高中班主任王青玲老师为"王姐"。当年,王老师工作时间不长,还非常年轻。后来,这个亲切的称呼就一直这么延续了下来。任教政治的王青玲,是学生眼中的"王姐",是家长心中的"定心丸"。她总是用一颗爱心感染学生,用精湛的业务知识教导学生,关心每一个学生的成长。后来,王老师成了镇海中学的副校长,再后来,他成了镇海区尚志中学的校长。

王青玲老师一提到林植则是连声称赞:"他读高中时,几乎没有事情需要别人替他操心;他为人很低调,待人很真诚,你看他为那么多市民办实事,得到那么多市民的认可;他有坚强的毅力,踏踏实实一步一个脚印完成自己既定的目标;他几乎不担任什么班干部,但人很大气,非常热心班级事务,集体荣誉感非常强……"

高考后,林植来到了当年的华东政法学院,如今的华东政法大学,学习法学专业。2002年大学毕业后,他对门对路地当上了人民警察。

在常人眼中,经侦工作十分"高大上",查资金、看账册,每天和有钱人打交道。有人笑称,经侦警察就是警察中的"白领"。而对于深耕经侦工作多年的林植而言,看法早已与学生时代不同。初识经侦,他以为查案不过是沿着线索顺藤摸瓜。如今"身经百战"后,他才发现案件的每个细枝末节都是考验。

经济犯罪不同于一般的刑事犯罪,涉及较强的专业性且具有极强的隐蔽性。经侦民警不仅要具备高超的侦查本领,还需掌握大量的经济金融知识。林植办公室的书柜里摆放着经济、金融、法律等方面的专业书籍,这些都是他的学习材料。经济犯罪案件的犯罪嫌疑人,作案手法往往都很专业,他们熟悉行业规则,熟知行业漏洞。经侦民警必须一边学习日新月异的专业知识,一边办案,不断填补知识缺口,紧紧跟上时代节奏。在林植看来,这份工作就像是"蜘蛛网",要从千头万绪间找"出口",在一团乱麻中理思路。正如林植所言,经济犯罪案件的每个侦办环节都是在跟最聪明的人斗智斗勇。

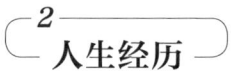

2 人生经历

屡破大案要案

2018年下半年,一起涉案金额高达百亿元的特大非法集资案件爆发,主要犯罪嫌疑人于案发前出逃境外。事关重大,林植临危受命。面对嫌疑人下落不明、破案线索缺乏的不利局面,他立即带队着手梳理汇总案件材料。

为了不断扩大线索的搜集范围,努力去刻画分析出嫌疑人出逃轨迹。他往返奔波于多个省市之间,行程数万公里,对可疑线索进行逐一核查,不放过任何蛛丝马迹。经过持续30多天的努力,他收集、梳理了近30万条数据,逐个核查了200余条重点线索。一点一滴,从无到有。终于,一个极不起眼的线索引起了林植的注意。他循线追踪、紧咬不放,几经周折终于锁定了嫌疑人在境外的藏身之所,最终通过国际警务合作将其抓捕归案,使得案件的侦办取得了重大进展。

而早些年的"沪易贷"非法集资案,也是林植负责办理的金融大案。而且,在投资人还没有察觉风险时,林植他们就留意到了这家互联网金融公司网站上的异常。若非尽早发现,受害投资者的数量和损失将更加庞大。

2014年3月,犯罪嫌疑人邢某通过设立"沪易贷"网站,以承诺保本高息的方式吸引投资人投资。在短短一年多的时间里,该网站吸收资金高达1.9亿元,投资人遍布全国各地。而就在此时,其官网上突然发布了一则需要延时兑付投资人本息的公告。

"我觉得不对劲。第一,它募集资金非常高。第二,它声称的利息很高,年化收益率高达59.2%。第三,就是我们看到它的资金无法兑付的情况。分析之后,我们初步认为有进一步调查的必要。"林植回忆当年办案的经过。

在没有投资人报案的情况下,林植还是决定深入调查。此后,上海警方尽管发现"沪易贷"网站上列出了大量的投资标的,但无法与现实中的真实项目相对应。"表面上投资人的钱进了项目,可实际上都进了邢某的个人账户,再由邢某自由支配。"林植表示,P2P网站作为中介应该只在撮合交易中收取服务费,但像"沪易贷"这样将资金沉淀在个人手中,就等于利用这个平台形成了"资金池",从而涉嫌犯罪。

正是因为林植他们的调查,投资人避免了大规模的损失。

挽回巨额损失

经侦工作中最重要的部分,就是查清资金流向,厘清账目往来。18年来,林植累计为国家和人民挽回经济损失40多亿元。

在处置"沪易贷"案件中,林植就坚持了"有赃必追、追赃必尽"的原则。由于犯罪人员将公司经营地址设在安徽,林植先后6次赴安徽合肥等地追缴赃款。就这样,一笔笔小数字、小账户汇集成最终的巨额追缴款。

2019年,林植侦办了一起特大挪用资金案。嫌疑人到案后拒不交代犯罪事实,始终隐瞒赃款资金用途,使得受害人的巨额损失,无法顺利追缴。

面对嫌疑人利用合法资管计划、信托产品掩盖其违法行为,并通过大量第三方账户转移涉案赃款,导致赃款去向无法查清的情况,林植从源头着手、细节出发,持续追踪了整整21天,从嫌疑人历年经手的所有资管计划、信托产品业务入手,对嫌疑人使用的100多个第三方账户资金、1万余条资金转账记录进行分析调查,最终发现了嫌疑人利用其关系人账户收取涉案赃款、转移资金的事实,成功全额追缴回5000余万元赃款,得到了受害公司的高度赞誉。

多年来,林植先后成功侦破、处置了一系列重特大经济犯罪案件。在许多同事眼里,他是劳模,是榜样,但在他自己看来,"真的没什么特别,就是一件事一件事去做"。

从刑事办案角度来看,犯罪嫌疑人到案,证据确凿可以起诉,案子便已宣告办结,但是林植办案从不止于程序上的办结。"每一个冷冰冰的数字背后,都是受害人的心血和积蓄。"他知道,他更应该做的是竭尽所能追赃挽损,让冰冷的执法更有温度。

在打击办案的同时,林植也非常重视经济犯罪的预防工作。这些年来,他始终在积极会同金融监管部门共同开展金融诈骗防范宣传,努力从源头上减少经济犯罪案件的发生。

前些年,国内出现了虚拟数字货币的投资热潮。许多不法分子乘虚而入,夸大投资价值,骗取资金,涉及了诈骗、非法集资、传销等多种违法犯罪。对此,林植主动会同金融监管部门全面排查风险平台及企业,并配合制定多项管理方案、落实管控措施,有力支撑了金融监管部门的政策落实。在日常工作之余,林植也经常带领大队同志深入社区开展宣传活动,通过分享案例、讲解法条,向百姓介绍金融诈骗的手法,提醒群众识别犯罪、预防犯罪,保护好自己的钱袋子。

火眼金睛,在看不见的战线上寻找蛛丝马迹;横刀立马,在瞬间万变的网络中打击金融诈骗。他用高超智谋迎战经济犯罪的群魔乱舞,这是神圣使命的责任担当;他用独特智慧维护人民财产和社会平安,这是厚积薄发的经侦本领。

这是林植荣获"2018感动上海年度人物"时,主办方的颁奖词,也是对他这么多年经侦生涯的恰当评价。

百万年薪的微软总监回乡教娃

张　吉　1998届校友。中科院计算技术研究所硕士研究生毕业后,她在微软亚太研发集团打拼了12年。从产品经理、资深产品经理,到部门总监,她作为负责人或参与打造的产品,包括iPad的office办公软件、网页版PPT、Mac版excel等应用广泛。2017年,她从北京回到宁波,投身少儿编程领域,创办了"未来号"。从一个人带几个娃,到几十个教师带一千来个娃;从零开始,到每年上百个软件编程类竞赛获奖;从只在自己的校区授课,到帮助公立学校组建校队,并组织线上线下公益讲座。她相信,风过的地方,有种子在发芽。

镇中印记

　　镇海中学和微软,是我见过精英最密集的地方。在那样的环境里,我总觉得自己要花十分努力才能跟上步伐,压力相对较大,但成长也非常快。

1 青春记忆

当年的老师都很牛　　当年的感情很美好

1995年,张吉从北仑顾国和中学考入镇海中学。20世纪90年代,镇海中学在北仑招收的学生比现在多。

"当年教我们的老师都很牛。你知道我们的数学老师是谁吗?是毛志挺毛老师。毛老师后来成了镇海区教育局的局长,如今是党委书记。我们的语文老师有两位:张春风张老师现在是仁爱中学副校长,王贤明王老师现在是鄞州中学校长。政治老师王青玲是现在尚志中学的校长……"尽管时间已经过去了20多年,但说起当年的高中生活和老师们,张吉一下子打开了话匣。

理科班出身的张吉,语文成绩很不错。当年,她还是镇海中学灵通社记者团副团长,也时常为校刊《早春》撰稿,所以,关于语文老师的记忆更加深刻。

"那个时候的张春风老师非常年轻,她做的一件事情特别好。每周让我们写周记,写什么内容,写什么体裁,完全由学生自己决定。基本上每个同学的周记,张老师都会点评留言,同学们很喜欢看。张老师的留言充满正能量。渐渐地,这就成了师生之间交流的一个平台。同学们也愿意在里面写一些心路历程。有一名周同学,像写小说一样,把全班同学的名字都编进去了。每周我们都非常期待看到他的内容。还有一名同学写爸爸和舅舅因为家族矛盾而吵架,甚至产生了激烈冲突,这名同学由此提出自己的困惑:一家人在一起,什么最重要? 现在回想起来,高中阶段正是价值观、人生观形成的时候,这样的师生互动方式,让青春期的少年得到了较好的心理疏导。"

后来,张春风老师去了仁爱中学,王贤明成了张吉他们班的语文老师。

王老师讲课妙语连珠、侃侃而谈,对作文的点评尤其精彩。因为语文好,张吉受到了王老师的较多鼓励。等到多年后张吉创办"未来号",已经担任鄞州中学校长的王贤明还受邀在"未来号"的微信群里和家长们来了一次互动。

2018 年,毕业 20 周年聚会。同学们来了,老师们也来了。那一次,已经是镇海区教育局局长的毛志挺对大家说:"你们是我带过的最好的一届学生。"然而,当年,毛老师真的是一位非常严厉的老师。他很少当面表扬同学们,反而批评较多。不过后来,张吉听其他老师说,毛老师在和老师们聊天时曾说:"这届学生一定会出成绩的。"

1998 年高考,这届学生的成绩果然很好。全省前十名,镇海中学占了三名,分别是第二、第四和第八名。张吉的先生罗文,正是当年的同班同学,高考时以全省第四的成绩进入清华大学。

说起和先生罗文的相恋,张吉说高中时只能算朦胧的好感。高考后,一个去了北方的清华大学,一个去了南方的厦门大学,两人开始书信联系,反而慢慢确定了感情。之后,为了这份感情,厦门大学毕业后,张吉考到了北京的中科院计算所。

经过岁月的过滤,带有青春悸动的回忆似乎也有了点甜味。不过,当年也有感觉痛苦的时候,那是大冬天依然不间断的晨跑。每天早上 6 点,来不及洗脸刷牙,先在寒冷的空气中绕着鼓楼跑步。因为体育老师在某一个点等着,绕圈的时候遇上了,老师就给发一张"跑票",晚上交上去,老师统计登记。"冬天的早晨真的太痛苦了,不过镇海中学一直对体育非常重视,学校坚定地认为早上跑步对身体素质有帮助。"

事实上,后来镇海中学在连续很多年的高中毕业生体质测试中,成绩都位居全省前列,一如这所学校在高考上的表现。2021 年,镇海中学和蛟川书院在浙江省 2019 学年秋季入学的高校新生体质健康测试中双双位列前十。

2 人生经历

从微软部门总监到创业编程培训

2017年,张吉告别生活了15年的北京和打拼了12年的微软亚太研发集团,放弃了百万年薪,回到宁波,从零开始,投身少儿编程领域,创办"未来号"。

对于这次转型,朋友们众说纷纭。总的来说,在微软的同事和朋友,反而羡慕张吉走出来重新开始的勇气。曾经中科院计算所的同学,也有看好编程教育的。"对我们这些人来说,努力争取、力求上进反而容易,要急流勇退、放弃所有却很难。所有现在得到的,都像枷锁让人不能放手。"但不赞同的声音也不少,有一位闺蜜就语重心长地说:"你好好地做你的软件行业不行吗?教育培训根本不适合你这种从外企研发部出来的高冷性格!"

回顾张吉工作的履历,就不难理解朋友们的佩服和担心。

2005年,中科院计算所硕士研究生毕业后,她"突出重围"进入微软亚太研发集团,成为首批来自国内的8位产品经理之一。那一年,微软首次在中国招产品经理,此前,这个职位都是从美国总部空降过来的。8个职位,引来了全国上万人求职,可见竞争之激烈。

在微软的12年,从产品经理到资深产品经理,再到成为带领50多人团队的部门总监,一路走来光鲜亮丽的背后,是别人所看不到的努力和付出。从早晨6点到7点半,张吉可能就需要跟西雅图、中东和亚太三个区域的人,开三个掐好了点的会议,来探讨不同的技术问题。

闯过了语言关,克服了文化差异,不断精进着计算机前沿知识。2012年,张吉带领的团队成功研发出了iPad版的office办公软件。这个应用在iPad"生产力工具"中一直稳居前三。当时,总部为了把这个团队吸引到美国,给予"整个团队都可移民"的条件,后来,80%的人员去了美国,而张吉留了下来。

在微软期间,除了研发工作,她还需要参加与教育相关的各种国际交流。一次次交流中,她了解到新加坡、日本等国家,从小学一年级就开始计算机编程教育了。在美国,编程是中小学热门课程,而在国内,公立学校与国际学校的差距巨大。这些信息,让张吉开始思考,国内的计算机教育需要做些什么。

2017年,在北京开软件公司的先生罗文受镇海邀请,公司从北京搬到了镇海中学校友创业创新基地。可以说是跟随先生的脚步,也可以说是曾经关于计算机教育的思考在合适的契机下生根发芽。张吉放弃了在微软的一切,回到宁波,开出了"未来号"这个主打编程的培训机构。

"在未来,编程是每个人都应具备的能力,不见得真的自己去编,这就像学英语,并非为了当翻译,而是作为一个工具,在和其他领域结合时,也就有了更多可能性,可以拓展思路。"

创业3年,组建了教师团队,构建了课程体系和培训体系,学员从个位数到四位数,在官方举办的各类竞赛中,获奖人数相当可观……成绩很好概括,但创业有很多因素需要考虑,张吉说,对于市场和营销,自己不太擅长,还需要修炼。

"单纯从创业的角度来说,'未来号'编程目前还算不上多成功,因为规模还太小,利润还很少,小班制的教学局限了我们大规模发展。但是,从对社会有益的角度来说,哪怕我们只是在教育上做了一点点事,也比什么都不做要好。"

第六篇章

21 世纪 00 年代

多元选择

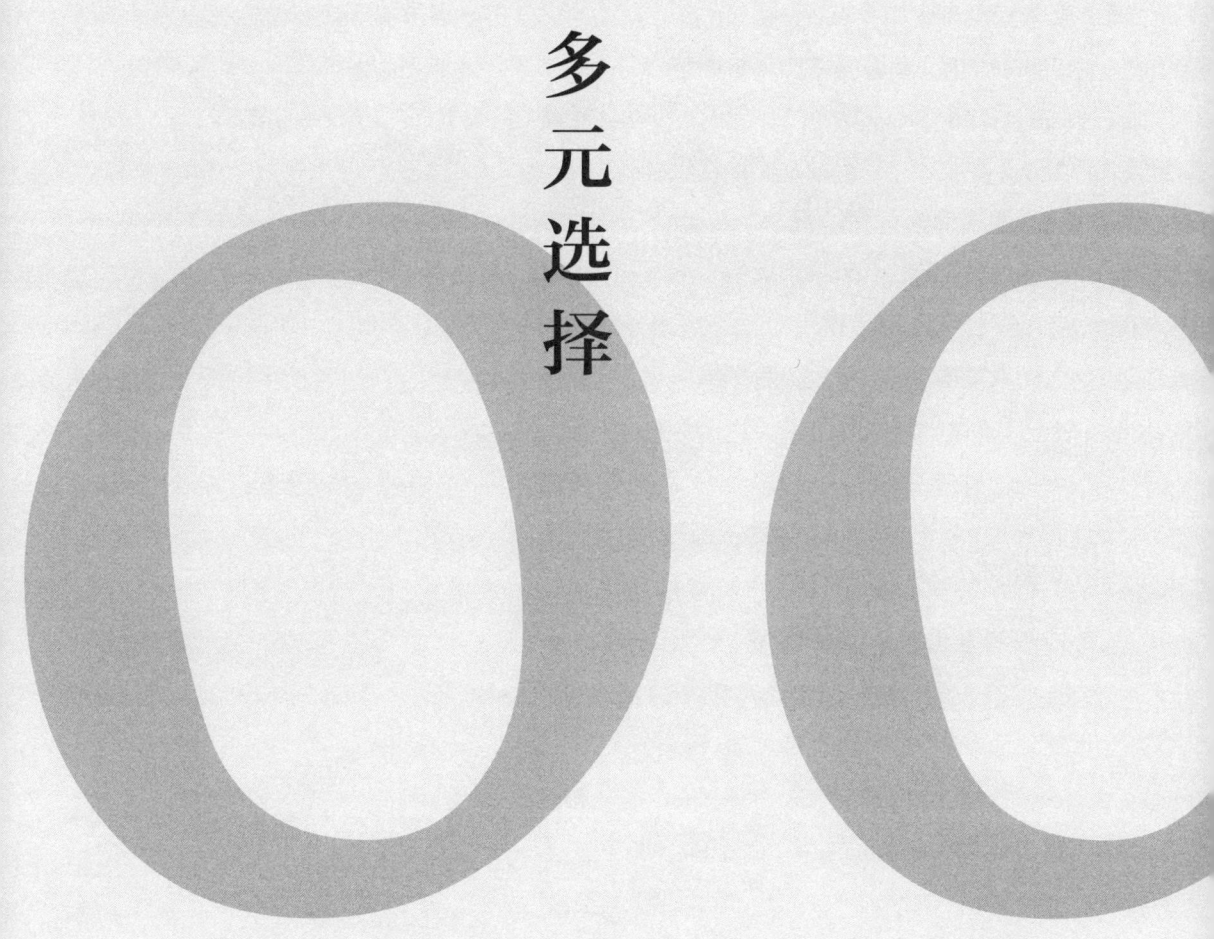

21 世纪 00 年代

2000年,吴国平接任镇海中学校长时,有记者问他:来到一所省内一流的名校当校长,很有压力吧?吴国平说,确有"难当"的感觉,但压力也是动力。

新世纪,教育信息化、新课程改革、个性化教育、差异化发展……一个个新课题接踵而来。学校通过高效的教学管理体制创新,坚持有效的德育和体育,探索"超课堂"的教学模式,打造出色的教师团队。多管齐下,高考成绩强势超越。重点大学上线率,清华、北大录取率连创"空前"佳话,"镇中现象"横空而出,镇海中学被很多媒体称为"状元摇篮"。

优秀的高中教学质量,加上高校扩招的大背景,对新世纪初的校友来说,考上大学不再是件难事。而科技的发展和互联网时代的到来也孕育着更多的机会。很多人在采访中谈到,高中时代形成的思维方式、价值理念以及不断学习的习惯,帮助他们抓住了这些机会。"创业"成为很多00后校友事业生涯的关键词。与20世纪的学长学姐们相比,他们的路没有那么"稳",但也蕴含着更多可能。

直播风口的那个少年

胡艺磊 2000届初中校友。2009年开始一直在创业路上打拼,先后创立了九江佳德实业有限公司、湖南天使互娱传媒有限公司、杭州甬仙小六食品有限公司、浙江百汇盛通科技有限公司等企业。2020年,湖南天使互娱总部迁至杭州,成立杭州百汇互娱文化传媒有限公司。旗下公司业务板块以直播电商为主线,串联了小家电、海产品等,同时,培养了一批主播、达人,在2020这个直播电商出圈之年,迎来了风口上的收获。

镇中印记

我不是当年的学霸,但我同样收获了"励志、进取"的校训精神,更收获了自少年始的同窗友谊。这些,让我行稳致远。

从前那个少年

1997年至2000年，胡艺磊就读于镇海中学初中部，那也是以镇海中学名义招收的最后一届初中。1998年5月，镇海中学校办企业大成实业公司创办"蛟川书院"（初中部）的办学许可证下达，镇中不再招收初中生。

采访胡艺磊的时候，刚好看到一则新闻：平均年龄74岁的清华学霸唱响《少年》，全网沸腾。"我还是从前那个少年，没有一丝丝改变，时间只不过是考验，种在心中信念丝毫未减。眼前这个少年，还是最初那张脸，面前再多艰险不退却……"

80后的胡艺磊，当然离平均年龄74岁的清华学霸很远，但是说起年少时的回忆，竟然也有了类似的感觉："我还是从前那个少年，没有一丝丝改变……"

20多年前，胡艺磊的同桌是贝璐杰。他们在一起篮球打得不错、踢着有点烂的足球，玩得最好的是桌球。每天放学后，几个好朋友就相约着去运动去玩。胡艺磊不算传统意义上镇海中学的学霸型好学生，但他热心、热情，朋友很多。这让他后来在创业的路途上，也收获了很多友谊，为自己的投资迎来更多机会。

大学毕业后各奔东西，但胡艺磊和当年的"哥们儿"依然保持着密切的联系，有时候就为了约一顿饭，他会特意开车从杭州来到宁波。

2021年初，杭州镇海商会正筹备成立，公司开得不是最大的胡艺磊却被大家推举为会长，正是因为他的热心。此前在九江发展，胡艺磊一直担任九江市浙江商会副会长。

住了近两年的铁皮房子

2007年,胡艺磊自浙江大学城市学院毕业,当年7月就职于用友软件,从事销售工作,后任大客户部经理。两年后,想要自己做点事情的胡艺磊来到了江西九江,他的家族在那里开办了规模不小的船厂。

他没有因为家族关系,在船厂里做什么管理工作,而是自己开了一家公司,承包了船厂的部分业务。一开始,他手下的人完全不知道自己的老板和"上面"有任何关系,因为他总是和员工一起干活:100多斤重的钢管和工人一起搬,夏天和工人一起进船舱。最热的时候,外面温度接近40摄氏度,船舱里温度高达六七十摄氏度。胡艺磊和工人们一起戴着防护面罩,在船舱里焊接,没多久,全身就湿透了。有一次,出来透气的时候,刚好赶上市里领导来视察,彼时的胡艺磊摘下面罩,头上黑漆漆的,只有戴面罩的地方露出肌肤的颜色。

正是因为沉得下心来,愿意吃苦耐劳,后来,他得到了拿地建工厂的机会,创办了以办公家具生产和销售为主营业务的九江佳德实业有限公司。

因为购买了土地,资金周转压力较大,在建造工厂的时候,首先建造的是厂房,后来才是办公用房和住宿用房。为了赶进度,胡艺磊和助手两人吃住在工地。而他们吃住的地方,是工地上临时搭建的一排砖头房子,顶上铺了铁皮,墙和地面都用砖头垒起来。他和助理一人一张单人床,一住就是近两年。一般形容漏雨的房子,说的是外面下大雨,里面下小雨,而胡艺磊形容自己当年住的房子,是外面下小雨,里面下大雨。倒不是因为漏雨,而是因为雨点打在铁皮的屋顶上,声音特别响。

后来,厂房建好,办公楼、宿舍楼也相继建起来。但是,那一排矮矮的铁皮房却一直没有拆掉,直到如今,依然在。站在楼上新办公室的窗口,胡艺磊就能看到那似乎有点不太协调的铁皮房子。对于他来说,那是一种纪念,也是一种提醒。纪念创业开始时艰苦奋斗的岁月,也提醒自己以后不管走到哪一步,都不要忘了出发时的初心。

目前，占地几十亩的佳德实业，经营颇为稳健，胡艺磊已将其交由专人打理，自己则专注于在浙江的发展。

布局直播　迎来风口

2014年12月，机缘巧合下，胡艺磊投资成立湖南天使互娱传媒有限公司，开始时主营娱乐直播，做到熊猫直播金牌公会。后熊猫平台倒闭，转至抖音，成为第一批头部公会。2018年直播带货兴起，天使互娱介入电商直播领域，目前公司旗下签约主播达1200余名，主营业务涵盖短视频内容营销和电商、娱乐直播、网红孵化等。

2019年2月，胡艺磊在杭州创办浙江百汇盛通科技有限公司，主营高科技生活小家电研发、生产、销售（社交电商新零售模式）。次年，公司旗下成立杭州百汇互娱文化传媒有限公司，将湖南天使互娱总部迁至杭州。

2020年被誉为直播带货的"出圈元年"。这一年，电商直播超2000万场，规模超万亿元。年初，新冠肺炎疫情突发致线下消费停摆时，直播带货作为"救命稻草"引来万物争相拥抱。一时间，明星、专家乃至政府官员，都走进了直播间。"双11"第一波抢购期，手机淘宝观看直播的用户占比达到41.6%。从配角到C位主角，直播在"双11"当中的角色变化成为2020年直播带货火热"出圈"的最好注脚。

这一年，李佳琦、薇娅等网红主播几近家喻户晓。

因为此前几年的布局，天使互娱在这个风口也实现了业务量的飞速增长。

然而，时至岁末，频频曝出的造假新闻，也掀开了直播带货的乱象一角，强监管的声音开始出现。2020年11月，国家网信办发布《互联网直播营销信息内容服务管理规定（征求意见稿）》，第一次对直播服务流量造假、虚假宣传等作出直接规定。

胡艺磊明白，在行业飞速发展之后，必然会迎来强监管，只有合规经营才能长远发展。因此，从天使互娱到百汇互娱，不管规模做到多大，规范经营一直是胡艺磊的坚持,他也因此受中国移动通信联合会邀请,参与制定网络直播行业标准。

2021年,胡艺磊将在网络直播的规范化方面投入更多精力。与此同时,他也将花更多精力在甬仙小六食品有限公司的"甬鲜小六"品牌上面。他希望给家乡宁波美味的海产品,插上新零售的翅膀,借助直播电商的风口,将其推向更广的市场空间。

愿人间少些遗憾

叶　桦　2000届校友。医学博士,浙江省医学会消化内镜学分会特种内镜学组组员,宁波市女科技工作者协会会员,宁波市医疗中心李惠利医院消化内科副主任医师、宁波大学硕士研究生导师。长期从事消化内科临床、教学和科研工作,研究方向为脂肪性肝病和肠道微生态。先后主持国家青年自然基金、浙江省青年自然基金、市级自然科学基金,浙江省公益基金、宁波市公益项目等研究,发表多篇SCI论文。2017年被评为宁波市领军和拔尖人才工程第二层次培养人员。2018年11月至2019年1月赴奥地利维也纳多瑙医院交流。

镇中印记

　　当时身处其中并没意识到,到了大学和工作以后才发现,镇海中学竟然是这么牛的学校。镇海中学让我对自己有了更高的要求,也成就了如今既当医生又做科研的自己。

游刃有余的初中与有些压力的高中

1994年,叶桦上初中,划地段就读于镇海中学初中部。家与学校的距离近到站在自家楼上,就能看到学校的建筑。初中三年,也是叶桦状态出色、游刃有余的三年。至今回忆起来,一个个画面十分清晰。

初一,班主任周莉莉老师找叶桦谈话,让她当生活委员,结果晚上回家这件事却遭到了母亲的反对。母亲大概不希望女儿分心去担任班干部工作。后来,还是老师说服了母亲,让叶桦做了三年的生活委员。如今回过头去看,做生活委员培养了叶桦耐心细致的习惯。尽管后来也做过其他班干部工作,但这个生活委员最令她感慨。有时候,父母的教育理念未必就是正确的。

还有一次,得了带状疱疹的叶桦,向班主任周老师请假,说父亲要带自己去医院看皮肤科,结果老师说:"你自己不会去啊,自己去好了。"当年的叶桦就真的自己去了医院。尽管后来父亲不放心,又重新带女儿去看了一遍医生,但老师鼓励学生自立的精神,想起来还是很值得点赞的。

叶桦的数学非常好,上了奥数班,以至于平时上数学课非常轻松。老师讲着课,她就把作业做完了。老师就对其他同学说:"你们可不要向叶桦学习。她可以课堂上做作业,你们不行的。"至今回想起来,叶桦笑着说,分不清这话是表扬多,还是批评多。后来,叶桦甚至整理了数学解题思路,撰写后寄到杂志社,只可惜杳无音讯。

因为学有余力,叶桦很喜欢做劳技课上的手工作业,这反而是她带回家做得比较多的作业。因为做的东西太好了,第二天上交以后老师都怀疑是不是妈妈帮忙做的。"我妈是肯定不会帮我做这些东西的,她属于基本不管我的状态,完全不会像现在的孩子,手工作业基本是家长协助或承包的。"后来,叶桦参加劳技比赛,拿了镇海区一等奖和宁波市二等奖。

因为学习成绩好,期末考试以后,老师有时先把叶桦的试卷批改好,然后把她叫去帮忙批改同学一些客观题。

初三,叶桦被保送进镇海中学高中部。到镇海中学上高中,第一课往往是熟悉校园。150多年前,泮池桥上,钦差大臣、两江总督裕谦因为鸦片战争镇海之役失利而投水自尽,实现其与镇海城共存亡的矢志;受党组织派遣,前往台湾执行秘密任务,结果不幸受出卖而被捕的朱枫,坚贞不屈英勇就义……在校园里,看着实实在在的文物,听着壮怀激烈的故事,这让叶桦受到了深深的震撼。

相比于初中的游刃有余,高中让叶桦感受到了一定的学习压力。不过,她保持了数学方面一贯的优势,获得了高中全国数学奥赛二等奖,由此有了保送上海财经大学的机会。但是已经立志从医的叶桦,放弃了保送机会,后来报考了浙江大学临床医学专业,一直从本科攻读到了博士。

为什么想当医生

说起从医的志愿,与叶桦的两则亲身经历有关。

小学时,叶桦家楼上住了一个小哥哥,长得很可爱,但是很小就得肝癌去世了。这令她觉得非常可惜,想着如果有好的医术能挽救小哥哥就好了。

到了初中时,有一天,平时很少过来的外婆突然来到叶桦家。原来外婆身体不舒服,想到医院做检查。那天上午,母亲陪着外婆去医院,可是后来,就母亲一个人哭红了眼睛回家。外婆竟然倒在了医院的影像科,医生都来不及给她施救,老人就这样走了。在一家人的伤痛中,少年叶桦打心底里认为,如果医生及时给予急救,说不定能把外婆拉回来呢。这使得她萌生了当一名好医生的想法。

2000年镇海中学毕业后,在北京大学临床医学本硕博九年制连读和浙江大学临床医学本硕连读之间,叶桦选择了浙江大学。当时的她还没有想到要读博士。结果,硕士读完的叶桦突然发现,自己一直在临床医学方面学习,欠缺了科研领域的深入。此时工作,自己可能也能成为一名好医生,但想要在医学研究上有所突破却会很难。已经找好工作的叶桦,于是又放弃了医院工作,继续在浙江大学攻读医学博士。浙大的医学博士与北京方面合作,叶桦于是经常性待在北京做实验,这一研究又是整整五年,研究方向为脂肪肝。

2011年11月,离叶桦博士毕业仅仅半年之际,悲剧再次发生。母亲因为突发脑中风救治无效去世了。在亲人离世的悲伤中,叶桦放弃了在北京做博士后的机会,回到家乡宁波,成了李惠利医院的一名医生。

"我当时想,我会全力以赴做个好医生,愿人间少些遗憾。"

医生中的拔尖人才

工作以后的叶桦,全身心投入到临床一线。为了能快速独当一面,她潜心学习,甚至把家搬到了医院。为了更有效地与患者沟通,她利用休息时间参加心理学培训并获得"国家二级心理咨询师"证书。在诊治病人时,她经常换位思考,给予他们足够的人文关怀,让病人得到安慰、看到希望。工作第二年,她就主持了国家自然科学基金研究,后来又陆续主持多个省、市自然基金和公益基金的研究。一边做临床医生,一边做科学研究,她比别人付出了更多的时间和精力。渐渐地,她在自己的领域里取得了不错的成绩,也获得了病人和同行的认可,直至被评为宁波市领军和拔尖人才工程培养人员。

2020年1月18日,宁波市医疗中心李惠利医院突然召开中层紧急会议,通知由于新冠肺炎疫情的突然暴发,医院需要立马召集6位医生支援发热门诊。参加会议的叶桦第一时间主动请缨,向科室主任报名,第一批进入发热门诊。

身穿防护服的发热门诊是脑力与体力双重高压的工作岗位。为了提高诊疗效率,叶桦和其他医护人员一样一个班头7—10小时,选择不吃、不喝、不上厕所。上岗前只吃干粮,就着口水往下咽。一个班次下来,每个人脸上都是深深的压痕。其中原因,一是医用防护服紧缺,吃饭或者上厕所脱下来后就不能再穿了;二是医用防护服穿脱非常麻烦,摘护目镜洗一次手,摘口罩洗一次手,每个步骤都要洗一次手,一个流程下来20分钟过去了,诊疗效率大大降低。

有人问叶桦,面对新冠肺炎有没有害怕过?她说自己虽然学过心理学,但前两天还是失眠了。不过当她穿上防护服,进入诊间给患者看病、投入诊治的时候,恐惧很快消失了。细想武汉的医护人员,还有我们的援鄂医疗队,这里的现状比他们好多了。

回过头去看这些年的种种选择,大概重来一遍,她还是会这么做。其实,从初中开始,叶桦就一直对自己有着很高的要求。她也不清楚这种高要求源自哪里,因为父母并没有给自己任何的压力。或许,这种自我要求就来自镇海中学,来自当年出色的初中时的自己,来自当年优秀的高中同学。

唯一遗憾的是,四十不惑之际的叶桦,觉得自己的生活太过单一了一些。如果自己的学生时代能够过得更加丰富一些,或许会令她更加满意。正如她现在对自己的研究生说的,希望他们既能好好科研,也能好好生活,甚至,好好谈一场恋爱。

破解"十万分之一"

周　青　2000届校友。浙江大学生命科学研究院研究员、博士生导师，美国临床分子遗传学执业医师，美国医学遗传学与基因组学学院专家委员。研究方向是医学遗传学和转化医学，主要研究自身炎症性疾病，发现了多种新的遗传病，深入研究致病机制，并运用到临床治疗，已在重要期刊上发表文章39篇。获得美国国立卫生研究院的杰出科学奖项 Orloff Science Award 和 GREAT Award，ISSAID 的 Young Investigator Award。获2019年度"求是杰出青年学者奖"等多项荣誉。

镇中印记

高中是人生中非常重要的一个阶段。镇海中学告诉我，只争朝夕，不负韶华。当下的每一分努力，都偷偷地在未来的成功之路上埋下了喜悦的成果。

自由的学习氛围下找到兴趣所在

1997年,周青从镇海区炼化厂附属初中考入镇海中学。来到镇海中学,她发现学霸真的太多了,自己的成绩在班里只能算中下游,让她印象深刻的是学校里勤勉刻苦的学习氛围。

"虽然我当初是个'学渣',但这不一定是坏事。"周青回忆,学校的老师在教育教学上思想很开放,对学生有着很大的包容性,不会强硬刻板地要求学生去做作业。

她很早就意识到,数学、物理学科不是自己愿意钻研的内容。在大量课外知识的接触中,她对生命的奥秘很感兴趣,而老师也鼓励她发展自己的兴趣。正是在这种氛围下,周青释放着自己的个性,并从中找到了未来的人生方向。

"镇海中学给了我丰富的经历,让我懂得,并不一定每个人都是最优秀的那个,关键是你对一件事要有执着和热情,坚持你的梦想并能很专注地做下去。"周青说,这是镇海中学给她最大的感悟和人生财富。

周青家住镇海,是走读生。她记得,当时每天早晨5点半就要起床,去赶6点15分的班车,基本6点40分左右能到学校,放学大概是下午五六点钟。寒来暑往,日日如此。这条上学路,在她的记忆里依然很清晰。

发现新的自身炎症性疾病及其致病基因

翻看周青的简历,你会发现,她始终笃定地沿着一条路在前行,未曾偏离过梦想的轨道:

2004年毕业于西北大学,获得学士学位;2009年毕业于中国科学院北京基因组研究所,获得博士学位;2009年到2010年,在中科院北京基因组研究所任助理研究员;2010年到2015年,在美国国立卫生研究院Dr. Kastner实验室做博士后研究;2015年成为美国国立卫生研究院研究人员和ABMGG临床分子遗传研究人员;2017年成为浙江大学生命科学研究院研究员、博士生导师。

自身炎症性疾病,是一种罕见的遗传性疾病,通常讲来就是周期性、反复性的发烧伴随皮疹、关节炎等症状,严重的会致残、致死。

得了这种病,很多人从出生起,大部分时间都在医院度过。别人的童年,都是阳光和鲜花,得病儿童的童年都是医院的消毒水,反反复复发烧,发炎,甚至瘫痪。这样的病症,光是听听就让人心疼。

经研究发现,这是一种由RIPK1基因突变引起的自身炎症性疾病。周青及其合作团队对致病机制进行了解析,并在此基础上对患者进行了卓有成效的治疗。

"无名"的炎症

2018年上海复旦大学附属儿科医院免疫科的一名两岁的小病人,在没有感染的情况下,每周一次规律性发烧,伴有淋巴结肿大。然而,一系列"阴性"的检测结果让诊断变得困难。"有可能是一种未被鉴定的自身炎症性疾病。"接诊的王晓川教授临床经验丰富,他将这个病例和家系的基因组数据交给周青实验室进一步分析。巧的是,周青实验室又收到4个来自加拿大的病例,患病的是一位35岁的母亲和她的3个孩子,症状与上海复旦患儿十分相似。

发热是机体炎症的一种表现,是人体应对病毒入侵的一种自我保护机制。但是,自身炎症性疾病则是在没有感染的情况下人体免疫系统自动激活,自发产生炎症的病症,给患者带来了巨大的痛苦。"这是一个强有力的提示,可能是患者的某个基因发生了突变,导致免疫系统的异常激活。"周青说。

在浙江大学，周青研究团队着手对患者的全外显子测序数据进行生物信息学与遗传学分析，试图"揪出"那个隐藏在海量基因组数据中的突变基因。

多年来，周青的研究从临床中来又应用于临床，经她发现鉴定的自身炎症性疾病的新致病基因有导致早发性中风和血管病变的基因 CECR1（DADA2），导致早发性白塞氏病的基因 TNFAIP3，导致 OTULIPENIA 疾病的基因 OTULIN，导致自身免疫疾病和免疫缺陷的基因 PLCG2 等多个基因。通过解析这些疾病背后的分子机制并指导临床治疗，成百上千个被自身炎症性疾病折磨的病人过上了曾经奢望的健康生活。"每次鉴定到一个新致病基因，我晚上就会激动得睡不着！"周青说。

"RIPK1 基因，突变位点 p.Asp324。"两个月后，上海患儿的致病基因找到了，加拿大病人也发生了同样的基因突变——RIPK1 蛋白的一个极其重要的功能位点发生了突变。"这次我们尤其幸运，仅通过两个家系就定位到了致病基因。"周青说，"接下来需要进一步揭示其致病机理，希望对临床治疗提供指导性方案。"

"狙击"炎症本源

生命体的基因突变时有发生，但其中大部分并没有致病作用，只有极少数基因突变会影响细胞的正常生理活动，带来严重的疾病表型。它们多半是影响了某些重要代谢通路或生理反应的重要环节。如果这样的基因突变发生在生殖细胞，将会通过父母遗传给孩子，成为遗传病。我们所熟知的红绿色盲、血友病、白化病等，都是单个基因突变造成的遗传病。自身炎症性疾病是遗传疾病中的一个大类，患者体内调控炎症反应或免疫细胞的基因发生突变，导致自身免疫系统被异常激活，引起"非感染性"炎症。

周青说，RIPK1 是受体相互作用蛋白（RIP）激酶家族的一种。它参与了决定细胞命运的多种重要信号通路，地位十分重要。哈佛大学袁钧瑛等科学家曾发现，RIPK1 调节着细胞的凋亡和程序性坏死。

"发生突变的地方恰好是RIPK1受到蛋白酶Caspase-8切割的位点,正常情况下,被切割的RIPK1将不再有被激活的能力。"周青说,"突变以后,RIPK1就变得不可切割。这样一来,它就持续处于激活的状态,在某种程度上促进了细胞的凋亡和程序性坏死。"研究者进一步发现,在患者的外周血单核细胞(PBMC)中,IL-6、TNF等炎症因子异常升高。"基因突变导致了更多PBMC细胞的凋亡和坏死,而细胞的凋亡与坏死激活了炎症因子的释放,而炎症因子又进一步促进了细胞的死亡。这是一个恶性循环,会引发周期性发烧等一系列临床症状。"周青说。

这是科学界第一次鉴定到RIPK1非切割变异导致的自身炎症性疾病。"明晰了致病机理,我们就可以找到办法精准'消炎'。"周青介绍,研究团队根据致病机制的研究结果,建议临床医生对患者使用抑制炎症因子IL-6受体的药物tocilizumab,几个月后患者的炎症表型渐渐消退,治疗效果明显。

确诊更多病例

很快,"人类孟德尔遗传"数据库(Online Mendelian Inheritance in Man,简称OMIM)——一个全球范围内持续更新的关于人类基因和遗传紊乱的数据库——收录由于RIPK1非切割突变导致的自身炎症疾病这一病种。

世界各地的医生和研究人员可以在网上查看这篇研究论文、病例数据和治疗方案。"虽然鉴定时是个别病例,但是随着病种被报道,更多未被确诊的病例有可能会得到确诊。随着病例的增加,人们对于这种疾病将会有更深入的理解。"周青曾在2014年根据8个家系9个病人的遗传信息鉴定出一种名为DADA2的自身炎症疾病。到2020年,这种疾病在全球范围内已发现超过400例。

在人群中的发病率低于十万分之一的疾病被定义为罕见病,自身炎症性疾病属于罕见病。如果足够幸运,患者可以确诊并得到及时治疗。周青2020年诊断过一位患有DADA2病的小男孩,"5岁的小男孩当时有高血压和发烧,幸亏及时确诊并治疗,不然可能会多次发生中风。"周青说,"好多自身炎症性病人因为我们的研究找到新的致病基因,破解了这个'十万分之一',从而被确诊,并得到了精准的对症治疗,甚至从 ICU 被救了回来。那对研究者来说是一种莫大的鼓舞。"

但是,大多数自身炎症性疾病的患者并没有如此幸运。他们从发病到被明确诊断的平均时间是 7 年。遗传病的遗传诊断率为 40% 左右。"也就是说,大部分遗传病我们还不知道其发病原因,也找不到治疗方案。"周青说。她曾遇到过一个来自沙特阿拉伯的病人,6 岁的小病人在全世界看过 100 多个医生,就是找不到病因。"最后,在我这里得到了明确的遗传诊断,并且当时是个新的致病基因"。"自身炎症性疾病目前已知的有近四十种。如果都加起来,患病个体数量是非常庞大的。但是大量的自身炎症性疾病病人在被漏诊错诊。"周青说。

这就是科学家们感到任务紧迫的原因。在浙江大学,周青建立了自己的疾病样本库,并与全国乃至世界各地的医疗机构建立了联系。她时刻在等待,新出现的病例能够尽早在大量相似类型的疾病样本库中找到"配对",帮助医生和病人"侦破"病因。

"希望临床医生在碰到周期性发烧的病人,但是又无法确诊的情况下与我联系。我们研究团队会尽一切可能帮助病人找到致病基因,帮助医生进行诊断和治疗。"周青说,"在接下来的几年里,我们将争取鉴定更多的新致病基因,为人类遗传病诊断和治疗做出贡献。"

反哺母校的"非典型"企业家

张文渊 2000届校友,初中、高中均在镇海中学度过。2000年考入杭州电子科技大学,此后一直在林业系统工作。先后参与创立浙江国林林业资源开发有限公司、商量岗旅游度假区和"音速"跑步工作室等多家公司。2019年、2020年,张文渊连续两年牵线北京筑梦基金和梓荫会,每年向母校镇海中学捐赠100万元反哺基金,用于贫困学子的助学、年轻教师的培养和在职优秀教师的激励。

镇中印记

镇中的6年,让我明白了无论智商如何,想要做得出色,就一定要足够努力。这些年在工作和事业上还比较顺利,是因为一直坚持下来的精进精神。

初二的转折

每次回母校,站在镇海中学古色古香的大门下,张文渊都会心生感慨,那是他初中三年、高中三年,整整学习和生活了六年的地方,那是一个人充满了青春和热情的六年。而对于从小生活在镇海老城,后来大学、工作在外很多年的人来说,镇海老城,也是一个不经意间能够勾起人乡愁的地方。

张文渊说自己曾经是一个很内向的人,甚至有点胆小。他刚上初中时缺乏斗志和进取心,在同学间表现一般,成绩排名在班上往往要排到30多名。初二那年,也迎来了转机。班主任戴满国老师的鼓励和帮助让当时的张文渊懂得:比别人差不是智商问题,而是不够努力。就像鸭子划水一样,水面上风平浪静,水下却在不断使劲,高手或许大都是表面轻松、私下用功的。因为意识改变了,人的行为也随之而变。慢慢地,张文渊开始进步,遇到不懂的地方总要弄懂为止。为此,他一次次走进老师办公室问问题,老师们总是耐心地讲解。初二下学期,班上再次排名,他就能排到20多名了。

初三时,张文渊被选为副班长,当时还有同学不服气,说他凭什么能当副班长。又是班主任戴老师的支持,让同学们安静了下来,也让少年张文渊的心中铆起了一股劲。他想让自己变得更好!凭着这股劲,他挤入第一梯队,也如愿以偿地考入了镇海中学高中。

"如果没有戴老师,我说不定就考不进镇海中学高中了。当时的情况,如果遇到一位不关注我的老师,我可能就自生自灭了。正是因为戴老师的鼓励,他一直表现出来的支持,让我上进了,从30多名考到全班第一。在镇海中学初中,这也是非常不容易的事。"

后来,张文渊有能力以后,联系基金会,设立筑梦基金反哺老师,它与张文渊初中时的这段经历有很大关系。他想让一直以来关心、关爱着自己和其他学生的老师们,能够过得更好一些。

"阿苗"的故事

高中与初中大不一样,优秀学生汇集。幸运的是,张文渊遇到了特别认真负责的班主任姚仁汉老师。和戴老师一样,姚老师也是一名物理老师。当他2017年去世时,他被评价为"全宁波最好的物理老师"。

对于姚老师,张文渊印象最深的还是他那带着方言的普通话以及认真负责的言行。到现在,这些都是张文渊美好的回忆。

因为姚老师很瘦,同学们私下都称呼他"阿苗"。"阿苗"平时不苟言笑,但笑起来嘴角带着波浪。他一般只在一种情况下笑,就是上课的时候。因为"阿苗"标志性的带方言味的普通话,同学们听着听着总是忍俊不禁,有时候姚老师自己也会笑起来,于是,物理课上着上着就会突然出现欢声笑语。

夜自习,大多数时候大家都在认真学习,但也有同学偶尔会拿出小说看看,或者走个神。这个时候,"阿苗"总会突然出现,因为他走路声音很轻,往往到了跟前同学们才惊觉。

如今回忆起那一幕幕,张文渊想起了陈奕迅的那首《好久不见》。歌里唱道:"只是没了你的画面,我们回不到那天,你会不会忽然的出现……"

姚老师的英年早逝,也催生了张文渊"报恩要趁早"的想法。对那些倾心指点、帮助自己的人,在有能力之时,想通过一定方式表达自己的感恩。

感谢篮球运动

高中时,学业竞争激烈。除了努力学习之外,当年的张文渊最大的幸福就是打篮球了。"我现在还感谢篮球这项运动。它不仅让我身高基因得以改变,同时也一直激发我,让自己跳得更高。在高中时期,男孩子难免带点叛逆,我不像很多同学做得那么出色,是运动让我保持良好的心态。"

除了打篮球,张文渊也喜欢踢足球。学校里场地有限,当时一群男生会在排球场上踢足球,旁边不远处就是朱枫烈士故居。当年故居的门是玻璃的。足球踢着踢着一个用力就踢到了纪念馆的玻璃门上。张文渊记得,当年他光玻璃就赔了不下十块。后来,学校就把门全部换成木头的了。

镇海中学的校园里,文化味很浓。海防遗迹、林则徐纪念堂、朱枫烈士故居、抗倭名将俞大猷生祠碑……这些印记多多少少留在了每一个从这里走出去的学生心中。

"当时觉得学习就是这样的。后来去过大学以后,我回过头来看,发现像镇海中学这样的学习氛围是很少见的。周六上午半天课,周日晚上晚自习,家长都要签字。晚上八点多,教室里依然灯火通明,老师办公室也都亮着灯,整个氛围散发出一种积极向上的奋进感觉。"

每天晚上,学生们安安静静地自习,老师们留在办公室,等着学生有问题随时上门提问。这是镇海中学这么多年以来一直坚持的陪伴精神,学生在,老师就在。

从办事员、区域负责人到办企业

大学毕业的第一份工作,有多少人是满意的?这个比例无法考证。张文渊的第一份工作在北京的中国林业集团。他到了一个给林业系统领导做培训的部门,每天要做的事情是填表、贴照片、跑外交部。每天睡觉前,不管是工作还是为人处世,张文渊都会总结当天做得不对的地方以及收获的经验。也许就是这样的总想比别人"多做一点",每天多点反思多点效率,使得他在工作两年后,在工作方式和效率上有了很大提升,于是被调到其他部门做了部门经理。

至2011年,一次特殊的机会,集团要在宁波成立三级子公司。张文渊被推荐担任一把手,这是他这么多年的努力和坚持获得的认可。当时的他,无疑是兴奋的，不仅因为自己的成长得到了肯定，也感觉成长后的自己能真正为家乡贡献一份力量。

刚回家乡的时候，业务从无到有，基础工作就是在前线港口接货、出货，整天风吹日晒。这样一天又一天体力、脑力并用的高强度工作，使得有时候他从港口回来时，家人还一下认不出他来。

工作中遇到困难，除了家人的全力支持、宽慰，张文渊也经常用世界著名实业家、哲学家稻盛和夫的一套处世定律激励自己：人生、工作的结果 = 思维方式 × 热情 × 能力。能力有时可能会比他人低，但热情可以由自己的意志决定。张文渊坚信，只要付出不亚于任何人的努力，热情的分数就可以很高，工作、事业会越来越好。为此，在他的带领下，整个团队五加二、白加黑，经过三年努力，终于把公司打造成为三级公司在集团内的典范。有志者，事竟成。三级公司业务不断壮大，又在家乡拓展了其他板块。

随后，张文渊又瞄准了同样和林业相关、也是自己兴趣所在的商量岗滑雪场项目。刚涉足林业旅游时，他还是个小白。从踏入山头的第一步，每个角落他都用脚步丈量，每次项目的改造、兴建他都一同参与。因为他坚信一万小时定律，任何专业能持之以恒地坚持一万小时，就能成为行业专家。从新手到经营专家，他和他管理的企业不断获得社会的认可。目前的滑雪场和木屋酒店在全省乃至全国名列前茅，所创立的中林南苑云上清溪于 2021 年 1 月荣获"中国最佳别墅度假酒店"奖，他所运营的安吉凯承温德姆至尊豪廷大酒店圆满完成 3 批次援鄂白衣战士接待任务，超五星的服务受到了各方好评。

这两年，张文渊创立的浙江国林林业资源开发有限公司先后获评宁波高新区"2019 年度领航骨干企业""2019 年度优势成长企业"和"2020 年度进口针叶材领军企业"。2019 年对外贸易进口量增幅显著，全年累计进口总额为 1.70 亿美元，在宁波国家高新区进口类企业中排名第三（宁波市百强）。

回过头来看这些年的工作和事业，看自己遇到的形形色色的人，张文渊觉得，即便是每天在做的事情，不同的人去做，结果也完全不同。精进的人会不断思考总结,寻求进步,而有的人只是重复再重复。如此,一天两天并无差距,但一年两年则天差地别。

跑步管理学

人到中年,工作忙碌,运动少了,对身体的关注也开始疏忽。某一天,张文渊突然发现自己变胖了,一称体重,89公斤,别人还告诉他呼吸声重了,要注意身体。后来体检,很多指标超标。怎么办?最好的方式就是运动。运动方式很多,张文渊选择了跑步。

第一次跑步,是在跑步机上。跑了1公里下来,他直接跪地上了。坚持下来以后,他的体能才慢慢变好。

如今的张文渊,哪怕工作再忙,每天都会抽出时间来健身。除了让自己看上去更好一些,他也着实提高了工作效率。"奔跑的时候,我既可以释放让自己快乐的多巴胺,又可以思考问题。我已经参加过两次全马马拉松了。"说这话时,张文渊看上去特别放松。

夏天的晚上,从鄞州的家里出发,沿着三江口跑一圈,共18公里。用脚步丈量一个城市的感觉特别美好。

在跑步中,他也认识了一些有共同爱好的朋友。2019年,张文渊和另两位合伙人在甬江边上开办了"音速"跑步工作室。其中一位合伙人是镇海中学的校友,另一位合伙人是宁波全马的冠军选手。音速,既是一个对外营业的健身房,也是他们自己健身锻炼和放松的地方。在"音速"跑步工作室,有马拉松圈里非常有名的"音速战队"。宁波全马的第一名、第二名都在这个战队里。

张文渊比较喜欢组织中层管理团队聚会式头脑风暴。特别是当公司取得一定成绩时,他会和公司的部分管理者聚在一起喝喝茶或者运动运动。这些沙龙式小聚既是对团队成员的鼓励,也是对其他成员的激励。

"梓荫·筑梦"反哺基金

2020年9月10日,是我国第36个教师节。在这个尊师重教的重要节日里,镇海中学第二年获赠100万元"梓荫·筑梦"反哺基金,用于年轻教师的培养、在职优秀教师的激励和贫困学子的助学。100多位教师从中受益。

这是镇海中学校友对母校的反哺。这个基金的牵线人正是张文渊,但他每次都很低调,不愿意多说这件事情。

在张文渊心中,一年又一年,镇海中学在教书育人上取得了令人瞩目和骄傲的成果,这背后离不开老师们的辛勤付出和良好教育精神的持续传承,正如他初中时候的班主任戴满国老师、高中时候的班主任姚仁汉老师。当他有能力的时候,他想为这些老师做点事情。于是,2019年,他牵线北京筑梦慈善基金会与梓荫会,设立了"梓荫·筑梦"反哺基金。

在2020年的基金颁奖仪式上,镇海中学党委书记张咏梅说,作为老师,她非常欣慰地看到镇中学子的反哺和感恩。"梓荫·筑梦"反哺基金的设立,不光是镇中校友对母校的一份敬意,同时也代表着社会对镇海中学教师所做工作的认可和褒奖。

要走远路,就不急于一时的速度

李　枫　2001届校友,中车戚墅堰机车车辆工艺研究所技术研发中心传动技术研发部副部长,曾带领团队成功开发出我国完全自主品牌的高铁列车齿轮传动系统,获国家科学技术进步二等奖、第四届中国工业大奖、中国好设计金奖、江苏省"333高层次人才培养工程"、中国齿轮行业科技领军人物、江苏省首届青年科技杰出贡献奖、江苏青年五四奖章等荣誉。

镇中印记

　　回镇海的时候,我常带女儿在学校附近转一转,给她讲一些自己学生时代的故事。我很难给孩子概括,母校到底给了我什么样的启发或影响,但真的很希望,将来她也能进这样好的学校。

球　赛

中考时,李枫是擦着公费录取线的边考进镇海中学的,开始的时候觉得幸运,但很快就感受到了压力。

李枫是个聪明孩子,从小学到初中,成绩一直很拔尖。考上镇海中学不容易,他进校时就做好了班上高手如云的心理准备,只是没有想到高手那么多,总有人可以轻轻松松完成自己怎么刻苦也做不到的事。

好在,学校的环境很轻松,并不是只有成绩好才会被"看见"。有一技之长的学生都会得到欣赏和关注。李枫足球踢得好,初中时就得过奖,进高中后延续绿茵场上的风光。那时,学校就有"梓荫杯"足球赛。这个中等生青葱岁月里的高光时刻,都停留在球场上带着队友奋勇拼搏的一场又一场比赛里。

输赢早已淡忘,但年轻皮肤上青春蓬勃的汗水,为集体争光时奋不顾身的拼劲,以及看台上单纯而热烈的加油喝彩,如今看来都是千金难换的美好。

那也是宁波足球的黄金时期。就在李枫考进高中前不久,这座城市因为"火车头"的到来第一次拥有了自己的主场球队。1998年,亚俱杯东亚四强赛在富邦体育场举行,这也是宁波历史上举办过的最高水平的国际比赛。3万人的球场全场爆满,一票难求。

那年李枫刚读高一,他也不知道是不是因为这个原因,反正在镇海中学,球踢得好,是一件非常值得骄傲和羡慕的事。至少,每一场球赛,班主任顾松挺老师都会到场观战,为他加油。等他满头大汗地下场时,顾老师远远地跑来递水,夸他"好样的"。

李枫很感激顾老师和学校的支持。平淡的生活里,足球激发出了他们深藏的激情和永不服输的精神,还有那种叫作梦想的人生必需品。

星　空

到了高二,李枫球踢得少了,他有了新的爱好。

20年后回忆,他高中时代印象最深的画面是在一个冬天的晚上。他们正在上晚自习,顾老师突然说,今天天气好,带大家去看星星。

谁也没有想到,星星是这么个看法。

大家排着队,爬上了电教图书楼的顶楼。在那里,李枫第一次看到了大口径的天文望远镜。通过这个望远镜,他第一次真真切切地看到了木星、土星的全貌。

就和教科书上说的那样,土星真的有一个土星环。老师说,那不是一个光环,只是因为引力环绕在土星周围的宇宙碎片,是在浩瀚太空飘荡了万亿年的滚滚尘埃。但李枫在镜头里看到的土星环和书上照片里的那么不一样。它就像一个隐隐约约的戒指,在一望无际的洪荒静寂里温柔地环着那个孤独星球。那一刻,大家只觉震撼。

那时镇海中学刚刚筹建了天文台,第一次组织学生观看太空。正处世纪之交,人人都在讨论新的千禧之年。但站在天文望远镜前,李枫才感觉到,一千年在宇宙的浩渺时空里是多么微不足道。人类不过是地球无心插柳的尾货单品。但反过来,又有多少机缘巧合的千变万化,才能构成如此精细的人体。也可以说,每个人都是缩小版的地球、微结构的宇宙。

李枫对宇宙产生了浓厚的兴趣。虽然没有成为天文学家,但他很早就给女儿买了天文望远镜。他觉得,经常看星空的孩子,人生会更开阔。

提　高

最让李枫感到挫败的是英语。高中前两年,他用几乎所有的课余时间来刷题"补短板",也只能勉勉强强考及格。高三便心灰意冷,决定破罐破摔,英语课上常睡大觉。

那时,他分到了理科班。换了英语老师后,徐慧兰老师开始教他们。徐老师五十来岁,教书很有一套,课上叫醒李枫,啥也不说。课后,徐老师把他叫到办公室:"年纪轻轻莫要赌气,自己和自己赌气,还是自己吃亏。也不是光为了高考,以后工作,英语也派用场的。相信我,现在还来得及!"

徐老师说,语言是一套体系,头痛医头脚痛医脚的训练是不行的。她推荐了一套 21 世纪英语的合集。李枫买回来一看,好家伙,快有 2 厘米厚,很多都看不懂。徐老师让他每一篇都读透,"生词不会联系上下文猜,猜不出查字典,主要帮你培养语感,形成英语的系统思维。一年工夫,肯定有提高"。李枫严格照做。这一招果然管用,一年后高考,李枫的英语提高了 30 多分。更重要的是,大学毕业后有很多机会去国外技术交流,语言再也不是限制他的拦路虎了。

李枫一直感激徐老师。这一年里,他不但提高了英语成绩,而且通过这件事,他解决问题的方式也开始有所改变。这一点让他受益终生。

"复兴号"的研发

李枫考上大连交通大学有几分偶然。当时,那所高校还叫大连铁道学院,知名度并不高。但老师说,填学校不能光看名气,选对专业更重要。老师觉得李枫适合学机械设计。这所学校是铁道部直属五所高校之一,就是为铁路装备行业培养人才的。李枫一想,天文学毕竟有些遥远,大连至少球队不错,甲 A 联赛屡屡夺冠,便高高兴兴地填了这所学校。

去报到时他还想着,以后大概就是电影里那种拿个小锤在铁道走来走去、敲敲打打凭声音判断故障的检修员,也有可能是个车站的调度,那时完全没想到,自己会那么幸运地赶上时代的风口。

2005 年,李枫毕业进入中车戚墅堰所技术研发中心时,"和谐号"动车组刚引进。2009 年,李枫被派到日本培训,回来后和团队一起在国外的基础上自主研发 CRH380A 动车组的齿轮传动系统。

齿轮传动系统相当于汽车的变速箱,可以使高铁平稳加速。之前,网上流传的一些视频:在疾驰列车的窗台上,乘客有立硬币的,有立矿泉水瓶的,还有立钢笔的,这些小实验都在验证高速列车行驶的稳定性。而列车的平稳运行和齿轮传动系统直接相关。在很长一段时间内,这是一个"卡脖子"工程。李枫很庆幸,时代带来了机遇。他的团队突破了国外垄断,走出了自主研发的第一步。CRH380A 是中国高速动车组的一项里程碑,以此为基础,可以向上拓展更高时速列车,向下拓展城际列车等。

李枫也曾以为,随着中国列车的提速,一切都会高歌猛进,但 2011 年的 7·23 甬温线事故让整个行业放慢了脚步。在短暂的震惊和迷茫后,他和同事们渐渐意识到,这是一个难得的可以静下来思考的时间。

随着一些项目进度的放缓,技术团队有了更多的精力和时间来进行细节的改进和优化。这些打磨费时费力,在短时间内也看不出什么成绩,但站在今天往回看,李枫很庆幸有这样一个厚积薄发的过程。之后的每一步,都非常的踏实。

"要走远路,就不急于一时的速度。"

这个科班出身又勤奋踏实的年轻人逐渐成为团队的中流砥柱。2015 年,他挑起重担带着大家走上了时速 350 公里"复兴号"中国标准动车组齿轮传动系统研发及产业化道路。如果这个系统拥有完全的自主知识产权,那么将填补国内空白。但李枫觉得,比起"全国第一",他们更在意的是"万无一失"。

祖国大地广袤,从南到北,如何让齿轮传动系统适应如此大的温差环境?李枫团队开创性地提出了"温控技术"的想法。"高温或者低温,轴承温度偏高或偏低,都会影响到列车的运行。从图纸到产品再到最终的试验,经历漫长的过程最终得以改进。"

"夏天去最热的地方,冬天去最冷的地方。"这就是他们工作常态。从七月的山西到腊月的齐齐哈尔,天南地北地追踪产品数据,频繁的往复加上千百次的实验,最终为时速 350 公里"复兴号"齿轮传动系统的研发奠定了扎实的数据技术支撑。

多年的潜心钻研后,李枫带领团队攻克了制约行业发展的技术难题,掌握了高铁列车齿轮传动系统设计、材料工艺、试验验证等核心技术,建立了我国唯一的、具有完全自主知识产权的高铁列车齿轮传动系统研发设计平台和试验验证体系,成功开发出我国完全自主品牌的高铁列车齿轮传动系统,实现时速160公里—350公里全速度等级国内全部车型和全部高铁线路的覆盖,打破国外技术壁垒,国内市场占有率达90%。

在多项荣誉面前,李枫总是谦虚地说,自己不算最优秀的人才,取得这些成果,更多依赖于团队的协作和时代的红利。但回忆往事时,他又有几分感慨:从高中起,他就知道山外有山,很少争强好胜,专注自己热爱的事,心无旁骛、踏踏实实向前,一回头,才发现已经走得很远了。

更难得的是,他们一直保持着年少时期的友谊和爱好。因为班主任叫顾松挺,大家便将班级微信群取名为"松哥的高三七班",常在里面热络地聊天。虽然不在一块儿,但李枫常利用出差和回乡的机会排除万难约一场球。

在他心里,这个时时惦记着的"下半场",不仅仅是因为年少时的热爱,也是为不老的青春和不输的人生。

被总书记点赞的"岛叔"

张远晴 2001 届校友。中国人民大学硕士研究生毕业后进入人民日报社工作。2014 年 2 月,与同事创办新媒体"侠客岛"和"学习小组",使之成长为海内外舆论场具有广泛影响力的党媒新媒体。2019 年 1 月 25 日,十九届中央政治局集体学习在人民日报社举行。在集体学习前的参观中,习近平总书记主动问及"侠客岛是你们办的吧",表示"我经常看"。2018 年,"侠客岛"荣获中国新闻奖一等奖。2020 年武汉疫情期间,张远晴随《人民日报》前线报道组奔赴湖北一线,采访拍摄了大量抗疫故事,被评为"全国宣传文化系统抗击新冠肺炎疫情先进个人""人民日报社抗击新冠肺炎疫情先进个人"等。

现为《人民日报海外版》融合协调处处长,新媒体"侠客岛""学习小组"负责人。业余时间爱好书法,为中国书法家协会会员。

镇中印记

两位严师的两顿批评,让当年心性不定的少年奋起直追,有了更好的后来。四位老师的艺术启蒙,则让我的人生多了更多情趣。

挨了老师两顿训

张远晴的老家在北仑,与镇海一江之隔。霞浦中学毕业后,他以全区第三的好成绩考入镇海中学,从此开始三年的住校生活。因为父母远在山东济南工作,张远晴每周五傍晚都会去甬江边的渡轮码头买张2元钱的渡轮票,从镇海这头跨江去北仑的外婆家,陪外婆过周末。周日下午,他又返回学校。

他还记得第一次乘坐渡轮去镇海中学报到的情景。"黄浊的江水翻涌,空气中混杂着柴油和海腥味,远远可以望见招宝山。当时我一个人拎着大包小包,跨江去对岸镇海中学报到,那时感觉真叫'远游'。"张远晴说。

其实,初二时,班主任就带着班里成绩不错的十多个学生参观了一趟镇海中学。学校浓厚的学习氛围、丰富的历史人文底蕴给张远晴留下了深刻的印象。"那时无论是北仑还是镇海的学生,镇海中学绝对是心目中的NO.1。"就是那一次开始,他就下定决心,一定要考上镇海中学。

不过,高中的学习生活并不顺利。第一次考试就给张远晴当头浇了一盆冷水——数学考了59分。这是张远晴人生中第一个不及格。当时数学老师毛志挺把几个不及格的同学叫到教室外,狠狠地批评了一顿。毛老师个子不高,脾气很急,句句戳在心坎上。

"因为中考成绩不错,刚踏进镇海中学,心态有点飘,学习上有些松懈。"张远晴说。一路走来都是尖子生、很少挨老师批评的他觉得脸发烫,想找个地缝钻进去。他没想到镇海中学的教学要求这么高,课业抓得那么紧。"当时刚读高一,压根没想高考这回事。但学校教学从一进校门开始,就让大家紧张起来,不能等高考临近再临时抱佛脚。"

这是张远晴进入镇海中学后挨的第一顿批评。还有一次是高三开学不久,他被英语老师蔡建芳狠狠批评了一顿。

高二的时候,班上换了英语老师,和学生脾气不和,学生们开始"软抵抗",尤其是男生。大家心气相通,顺便"放了羊"。张远晴的英语成绩也在这时一落千丈。进入高三后,英语老师换成了蔡建芳。"蔡老师个子小小的,走路快,当时刚结婚,喜欢穿双红色高跟鞋,一上楼,整个楼道噔噔响。"张远晴说,"但我们都怕她。"

蔡老师很认真,接手班级后就开始摸底调查,找成绩差的学生挨个谈话。当时张远晴就挨了一顿训。蔡老师把他从高一到高三的成绩单都翻了出来,质问怎么英语成绩下降这么厉害,知不知道马上就要考大学,这样下去很危险。

"蔡老师语速很快,跟机关枪一样。"张远晴说。他还记得当时站在蔡老师面前半个多小时,羞愧难当,最后脸色发白,差点晕了过去。

不过,也正是那顿批评,让张远晴开了窍。他开始恶补英语,在日常作业之外,自我加压,买了厚厚一摞英语练习册,反复练习。"当时我立了个目标,一定要比班上英语最好的同学多做一倍。"张远晴说,"他们做一份卷子,我得做两份;他们完成课内作业就好,我得再加点'黄冈密卷'。"

就这样,他的英语成绩终于在一个学期内提了上来。最后,高考英语还考了140多分。

张远晴说,高中还是十几岁的孩子,心性不定,正是两位严师的两顿批评让他清醒,走上了正路。

四位老师的艺术启蒙

很多人看到张远晴的学习简历,会感到奇怪。法学本科,读的是中国人民大学国际关系学院外交学系;艺术学研究生,读的是中国人民大学艺术学院书法专业。其实,在镇海中学的紧张学习中,张远晴一直没有放弃对艺术的追求。

"我们家并没有艺术基因,父母都是普通的工人农民,对艺术的爱好还真的主要是从镇海中学学习期间培养的。"张远晴说。

镇海中学有非常丰厚的历史文化底蕴,校园内文物古迹众多。校内有座小山丘,名唤梓荫山,沙孟海题字,雄浑沉着;山的一侧有四个擘窠大字摩崖:"惩忿窒欲",相传是宋代朱熹的手笔,字前是校址内出土的三尊宋代石将军;山旁一泓清池,池边刻着两个苏体大字"鲲池";池上是林则徐纪念堂,相传林则徐来镇海视察海防,曾借宿于此,"林则徐纪念堂"六字为当代书法名家赵朴初手迹。此外,校内还有泮池、大成殿等清代书院遗迹,这都让喜爱艺术的张远晴流连忘返。

在这里,他遇上了两位"王老师":写书法的王祖祥老师、绘画的王正均老师。"我初中毕业后,曾去北仑区青少年宫学了两个月的书法,这是我的书法启蒙。"张远晴说,"但能坚持下来,成为一辈子的爱好,还得感谢王祖祥老师和王正均老师。"

王正均老师是中国美术学院版画系出身,绘画功底非常扎实。当时,他在镇海中学教美术,有一间绘画工作室。张远晴一有空就去王老师那看他作画写字。他还记得当时有女同学特别喜欢画日式漫画中那种大眼睛、尖下巴的美女,王老师很不屑,随手抄起粉笔在黑板上勾画了一个中国古典仕女头像,线条流畅、眉目传情,让同学们惊叹不已。

教语文的王祖祥老师是个书法高手,专写《爨宝子碑》和隶书,校园里很多文物古迹的碑刻说明都是出自他的手笔。张远晴说,很庆幸能遇到王老师,让他写书法没有走弯路。王祖祥老师还会篆刻。也是在他的影响下,张远晴在高中时期迷上了篆刻。买了一堆石头,每天晚上放学回到宿舍,都手痒,非要刻一方印才能休息。"王老师指的路很正,让我从汉印临摹起。后来我才知道,这是非常经典的学习路线。"

除了书法、绘画,张远晴有空的时候还去丁超老师和周锐老师的音乐教室练声。他还记得音乐教室朝南,正午的阳光洒进来,整个教室闪闪发亮,他就在两位老师的钢琴伴奏下唱歌。"那种感觉,满满都是幸福。"

"你知道吗,镇海中学当年还有个著名的'四人小合唱组'。"张远晴说,"合唱组以丁超老师领衔,保留曲目是《伏尔加船夫曲》。学校一有啥活动就让我们登台献唱。嘿嘿呦呵,嘿嘿呦呵……"一说到这,张远晴还止不住地乐。

被总书记点赞的"岛叔"

如今的张远晴是一名党报记者,也是名闻遐迩的侠客岛"岛叔"独孤九段。说起7年前创办"侠客岛"的经历,他颇为感慨。

"我不想让自己的工作按部就班,每天跑跑新闻、写写稿、拼拼版,应该尝试点新东西。"当时,微信公号刚开放注册不久,他就鼓动几个同事一起注册了两个账号:一个侠客岛,一个学习小组。前者侧重于时政话题的解读,后者侧重对习近平总书记报道的创新。这在当时的央媒中,都算是尝鲜的。他没想到就这么做起来了,为人民日报社新创了两个新媒体品牌,还引来了习近平总书记的点赞。

"总书记当时就站在我的面前,跟我们交谈。"回忆起2019年1月25日的那次经历,张远晴满是自豪。"总书记一点都没有架子,他跟我们聊前一天晚上的亚洲杯足球赛,非常轻松。他对我们很熟悉,亲口跟我说:侠客岛'我经常看'。"

来自最高领导人的肯定,让张远晴和同事们觉得再多的付出都是值得的。

2020年武汉疫情期间,张远晴主动报名上前线参与疫情报道,用文字和镜头记录了大量感人的抗疫故事。广大网民熟知的是20多期"岛叔在武汉Vlog",张远晴深入医院、社区拍摄采访,让外界得以近距离观察武汉。

当时,得知张远晴去武汉后,不少亲友表示担心。作出这个决定前,他只跟妻子做了交流,得到了支持,但没敢告诉父母。直到进入武汉开展工作,父母才知道儿子去了武汉。"当晚,我爸妈就没睡着觉。"

当时,很多人问他怕不怕,他说,不害怕是不可能的,尤其是刚到武汉那会儿,病例每天都还在成百上千地增长,谁都不知道身边谁是感染者。但随着采访的深入,张远晴忘记了害怕。他还记得跟随一名社区民警深入城中村检查。当地已经发现感染病例,这位民警戴个口罩、穿着便服就去了现场。

"我问他为什么不穿防护服去居民家中调查。他告诉我,如果捂得严严实实去,老百姓会害怕。从此以后,我下定决心,采访对象怎么穿,我也怎么穿。不能让老百姓感觉党报记者太特殊。"张远晴说。

72天,这是张远晴在武汉采访的总时长。他说,这是记者生涯中最难忘的一段经历。"就像我在镇海中学读书时学到的两点:认准的事,就对自己狠一点;感兴趣的事,就让自己多试试。"

我称不上"学霸"

胡憾石 2002届校友。先后于2006、2011年在清华大学获得化学学士、博士学位,随后在清华大学、美国西北太平洋国家实验室、英国曼彻斯特大学从事科研工作。2017年回到清华大学化学系工作,任副教授。其主要研究领域为重元素化合物、簇合物和固体材料电子结构的相对论量子化学理论计算研究,从头算波函数理论方法发展等。

镇中印记

"知止而后有定,定而后能静,静而后能安,安而后能虑,虑而后能得。""既往不恋,未来不迎,当下不杂。"镇中教给我的,转赠给学弟学妹们。

心无旁骛的学习时光

人们都说,能进入镇海中学创新班的学生是整个宁波大市的学霸,但胡憾石说自己只是个在海边小镇的学习爱好者,称不上学霸,也未曾想那么远。胡憾石是象山人。那是个距离宁波大约 50 公里的小县城背倚群山、三面环海、秀美如画。都说一方水土养一方人,年少的她个性鲜明,处处洋溢着海一般的自由自在。

1999 年,镇海中学开设第一届创新班,向全宁波大市召集"最强学霸"。出于各种缘分,胡憾石成为其中之一。自此之后,她所有关于坚定、执着、梦想、拼搏的青春回忆,都与这所美丽的学校紧紧相连。

"1999 年中考很突然地获得全县第一名(之前能稳定在班级前五,但很少拿第一),加之初中阶段获得过宁波市数学竞赛满分奖(确实喜欢数学),所以才有了报考镇海中学理科创新班的机会。创新班选拔考试难度很大,依稀记得考完后不少题目依然是空着的。英语发挥得比较好,大概是因为受母亲鼓励,在初二暑假向一位从北师大英语毕业的肖老先生学习了外语吧,所以才最终得以踏入镇海中学的第一届创新班的大门。"

来到镇海中学创新班,胡憾石就像一位懵懂小白闯入高手如云的"武林大会"。入学初始,各个理科科目进行了一次高难度的摸底考试。"我同桌毛刊蜜是个学神,数学和化学轻轻松松就考了接近满分的分数,而我的成绩均只是接近及格线。这份差距让我觉得不可思议又大开眼界,原来学习上有这么厉害的同龄人存在啊!"更为幸运的是,同桌和周边同学都特别乐于分享和助人,镇中的老师们也都是孜孜不倦、深入浅出地给予诸多课内外辅导、答疑和温暖关注,让胡憾石一下子感觉到自己如同一块海绵丢进了大海,开启了快速汲取知识、提升思维的有趣旅程。

也是在镇海中学,她开始学会了真正的沉潜,闷头扎进知识的海洋并日益成长。回想起那时的情形,她感触良多:"在镇海中学,我们有安静纯粹且底蕴丰厚的学习环境。我非常享受心无旁骛、全心投入学习眼前客观知识的过程。这大概就是心流的体验吧。它让我意识到,学习是这样让人安心快乐,也让我明白,幸福快乐的感觉往往是一种自身的体验。沉浸做好当下手边事情而带来的笃定感,也成为我日后在各种情况下依然能自信勇敢面对挑战的一个内心力量来源。"

在梓荫山下打开科学大门

"学理科,总归是男孩子强。"生活中抱着这类想法的人不少见。历数镇海中学创新班,男多女少的比例也多少能验证人们的看法。第一届创新班大概35名同学,女生有8名,其中5名住校生,刚好一个宿舍,镇海本地的有3名。"其实从理科学习的潜力和能力上看,性别差异是不明显的,主要还是看各自的兴趣。我们班里的女生理科都学得很棒,比如我同桌学神就是一名女生。咱们彼此间感情也都非常好,一起学习一起游玩,也常常彼此开玩笑,带来了很多学习之外的放松和欢乐。"她们的存在,似乎是在倔强地反驳着那样的偏见。

"班里的同学都很有自己的想法。比如有一名理科学得特别好的同学,也特别喜爱文科,课桌前摆满了字典,午休时也趴在这些字典上小憩,后来如愿成为一名副总编。有同学喜欢生物,自己会悄悄养一盒子蚕给我们一个大惊喜,现如今成为一名医生。有同学喜欢周杰伦的歌,会唱很复杂的《双截棍》给我们听,现如今也成为一名医生(笑)。还有好几名同学是班里的开心果,学习上的起伏几乎不影响自己的心情,总是自得其乐,目前也都是医生(笑)。我从小比较内向,可以一个人脑海里想着数字、公式等玩一个下午,不擅长与人沟通。美好纯粹的同窗之谊给了我很多欢乐。镇中三年,宿舍管理很严格,学校不希望我们熬夜。熄灯后,我就爬到上铺休息,脑海里常常是想着数学入睡。同时也许是从小生长在大自然里的缘故,对山川河流、星辰大海很是亲切。渐渐地,从事自然科学研究成了一个水到渠成的选择。"年少时和朋友们聊天,胡憾石也曾说想尽可能经历一遍所有可以体验的职业,其中自然也包括成为一名科学家。在她看来,这份理想大概正是源自天性、后天奋进和同窗师长们的关照、支持和培养。

能够进入创新班的学生们除去三年学业和高考之外,大多数至少参加一门学科竞赛兴趣班。进入省集训队甚至国家集训队拿到国际金牌也是目标之一。高中前两年,创新班的学生大都积极备赛,不少课外时间都是在安静的校园里学习。假期里,镇中还会安排大家去浙江大学学习更多数学知识来开拓见识、提升专业能力。

"高中的时候,我参加了数学和化学这两门兴趣班。在备赛过程中,我们的培训内容未见得超过高中知识点很多,但是理解维度更开阔,更深刻了。比如一道题目,既有传统的多步解法,也可能有因形象思维带来的一步解法,很是奇妙。专注于备赛的过程让我获益匪浅之处主要是思维方式上的提升,提高了解决问题的能力和信心。"现在看起来,能把数学和化学这两门课吃透,可以说是胡憾石科研生涯的起点了。

高中三年,胡憾石取得的名次相当不错,全国高中化学奥林匹克竞赛省级三等奖、全国高中物理联赛省级三等奖、宁波市化学竞赛满分一等奖、全国数学竞赛浙江省一等奖(省排第9名)。只是比较遗憾的是,只有前6名才可进省数学集训队,我与它失之交臂。"塞翁失马,焉知非福。如果当初进了省队,也许后来就去学习纯数学了。现在回望,也许还是如今从事的理论计算化学专业更适合我。"

高三上学期的诸多竞赛告一段落,接着很自然地就进入了以高考为主题的时光了。"很幸运,高中各个科目的老师对我们很耐心,常常鼓励提点我们,给予专业到位的学习指导,学业成绩也就很快提升了!"2002年的夏天,胡憾石凭着675分的高分,奔向心心念念的象牙殿堂——清华大学化学系。

"也很巧,清华大学和镇海中学的建校年刚好都是1911年。今年恰逢110周年庆。"

结合数学、物理和计算机的力量来探索化学世界

因为在镇海中学打下的数理化基础和兴趣,胡憾石在清华大学本科求学时期就自主选修量子力学、数学物理方程等高难度专业数理课程,自然而然地继续攻读了理论计算化学博士学位。"在清华读书时期,我很喜欢待在学校的图书馆和化学系系馆。这些地方工作学习氛围浓厚,大家常常都是在认真做手边的事情,这一氛围给了我很多积极正面的影响和鼓舞。"从一个求学青年,成长为一名科研教育工作者,胡憾石这一路走得很顺畅。当然,这离不开一路遇到的良师益友的指导和提点。

随后,她分别在清华大学、美国西北太平洋国家实验室和英国曼彻斯特大学从事博士后研究工作。2017年,胡憾石获得第十三批国家"千人计划"青年项目的支持,回到了母校清华大学化学系工作。她说,如今国家对科学研究越来越重视,无论在硬件还是软件上都加大了投入。回国后,她在工作上很是得心应手。

胡憾石的主要研究领域为基于量子力学、相对论和超级计算机来对镧系、锕系等f–区元素化合物、簇合物和固体材料电子结构进行相对论量子化学理论计算研究。工作至今,胡憾石已发表论文近60余篇,被引用超过2800次。因其在重元素领域的研究工作,她还在2019年入选"中国化学会青年化学家元素周期表代言人",为第106号元素(Seaborgium 简称 Sg)代言。"做研究其实并不孤独,一路上有很多志同道合的师长同仁和学生相伴。大家怀着同一个目标一起探索各类客观的科学问题,是很有乐趣的。每一次问题的解决往往伴随着知识边界的开拓,亦很有成就感。同时,面对客观世界本身就足以让自己谦虚平静,这是科研自带的魅力。"

成为上市公司 CEO

徐理虹 2002届校友。全国青联委员,浙江省青联委员,浙江工业经济联合会、浙江省企业联合会、浙江省企业家协会副会长,银江集团首席执行官。

镇中印记

其实在镇海中学,我受到更多的是挫折教育。感谢学校的环境,也感谢从来不放弃我们的老师,培养了我一个好心态。困难不抱怨,失误不气馁,积极阳光地面对一切,这对一个创业者来说,真的很重要。

一个认识自己的地方

对徐理虹来说,镇海中学是第一个让他开始清楚地认识自己的地方。

他从小当惯了"学霸",在庄市中兴中学读初中的时候,总能轻轻松松拿到年级前十。上了高中以后,那种轻松不见了。知道身边都是高手,他比之前用功了很多,但成绩总是忽上忽下,心情也总是随着分数的变化起起落落。

好在学校环境还是宽松的,每天的最后一节课都是活动课,他就三天两头去踢球。那时他的偶像是 AC 米兰三剑客巴斯滕、古力特和里杰卡尔德,而最爱的球星是罗马里奥。他觉得罗马里奥是将踢足球真正变成艺术的人。压在心头的烦恼,会在酣畅淋漓的奔跑和进攻中被抛到脑后,满头大汗下场的时候,心里也轻松了许多。

除了足球,吃也是他的大爱好,常约上几个好朋友,在小吃店"撮一顿"。炒年糕、炒面都是美味。小店里有电视,老板喜欢看乒乓球,大家便一边吃一边看刘国梁打球,一顿饭不知不觉就吃了很久。老板总是笑眯眯地,说孩子们平时读书辛苦啊,难得有时间就放松放松。

学校食堂饭菜也不差,三楼师傅做的南乳红烧肉让徐理虹惦记了很多年。

"那时真好啊,吃什么都是香的,也没有什么是好好吃一顿解决不了的。"

记忆中的老师们也是个个专业、敬业,令人爱戴。老师们一般早上七点前就到学校了,等大家上完晚自习才走。教数学的许克用老师当时已经一把年纪了,德高望重,很有学者风范,是大家心里的定海神针。化学老师王玉龙则是另一种风格。五十多岁的人,总穿背带裤,身上带着浓浓的烟味,上课有种"爱听不听"的傲娇。事实上,他的课不但知识点把握到位,而且从头到尾贯穿着冷幽默,没人不爱听。语文老师颜明磊是班主任,个子小小的但自带气场。颜老师严厉,徐理虹是最怕她的。但她的课上得扎实,对孩子们也是实心实意地好,在大家心里是"虎妈"一样的存在……

"在这三年里,每一次大考完,老师们总是强调以'正确的心态'对待。这是一个很抽象的词,学生们起初也理解得不太深刻,但在经历了一次又一次成绩的起落并在老师的帮助下不断调整之后,才明白这有多重要。"

高中时代最后最重要的一次考试——高考,他其实考得挺好,但志愿没填好。

年少时代的徐理虹受刘青云主演的《大时代》影响,对财经很感兴趣,常在学校门口的旭日书店买财经杂志看,心心念念想考上海财经大学。但戏剧性的是,当年上海财经大学在浙江只招3个名额,而他刚好考了第4名,之前又固执地填了"不服从调剂",所以只能去第二志愿浙江工商大学。

与向往的大学失之交臂虽然有些无奈,但徐理虹心态不错。他选择了经济管理学这个自己感兴趣的专业,开开心心地去杭州报到了。

多年后他才发现,这不是无奈,是命运自有安排。

上市公司首席执行官

2006年,徐理虹从浙江工商大学毕业,原本打算继续读研究生,这时老师向他推荐了杭州的一家公司,也就是后来的银江集团。

那会儿,这家只有100多人的小公司并没有什么名气,但老师说,这家公司正准备上市,很有发展前景。徐理虹研究了一下,银江做的是城市管理功能的信息化,当时全力打造的智慧交通,正是他感兴趣的领域,于是当即就做了决定:去!

他后来称之为"冥冥之中的运气"。当年公司技术性人才多,有金融背景的科班生少,他一进去就被安排到了总裁办,随后公司成立了资本运作中心,这给他的职业道路提供了充分发挥的余地。

之后的三年里,他在公司核心领导层身边,亲历了公司上市之前准备的每一步。如今想来,这是一个浩大而艰难的工程,但徐理虹印象最深刻的反而是一些很琐碎的事,比如准备过会用的材料。财政部对面的荣大文印店也是一个传奇,小小的门面看上去毫不起眼,但这家店服务过许多上市公司,对打印证监会需要的所有材料的格式要求、文本要求都非常熟悉,有什么新的变化都会掌握第一手信息。故来自全国各地进京交材料的拟上市公司纷纷在店里租用一个小房间用作临时办公。小房间里除了几张破旧的小桌椅啥都没有,但仍是一房难求,盛况空前。徐理虹和同事们多方打点,排了很长时间的队终于挤了进去。他们将材料装了三个箱子搬过去,就在那个简陋的小房间里安营扎寨、通宵工作。

过会之前,要和券商、会计师、律师、投资人以及证监会等监管部门沟通、协调,整理修改意见。徐理虹记得,当时已经快到最后期限了,个别问题还没有通过。如果不改,正式发审的时候有可能会遇到麻烦,但如果要改,牵涉面又很广,工作量难以统计,推倒重来也很难保证不出错。那是最煎熬的时候,每个人熬红了眼睛,胡子拉碴,精神压力非常大,但最后还是决定重新改过。房间只有一张躺椅,大家轮流眯一会儿,忙了4个通宵,终于把材料重新准备好。

在这个过程中,除了专业的精进,收获更大的是他学会了全面看问题,也提高了沟通协调的能力。徐理虹很庆幸,这三年里自己学到的,也许比别人十年更多。

2009年,银江股份成功登陆中国创业板市场,成为全国第一批、浙江省第一家创业板上市公司。上市后,由于集团和股份监管要求需要清晰的区分,徐理虹的工作重点从融资转移到了法人治理结构的梳理。此时,集团的业务发展都已迈上了正轨,而如何进一步推动股份事业的发展是摆在徐理虹以及公司所有高管面前亟待解决的问题。这是一个庞大的课题,也是一个艰巨的任务,关乎着企业未来的发展大计。

在经过长期调研和充分论证后,徐理虹和公司领导创新性地提出了以信息产业为核心,集股权投资、产业孵化、科技园运营为一体的产业布局,为公司的持续发展打下了坚实的基础。在随后的两年里,他凭借优秀的表现和出色的工作能力,先后被调入集团担任总裁助理、副总裁,直到现在的首席执行官,掌控着银江科技集团所有产业的执行大权。

徐理虹担任首席执行官后,银江集团在国内产业界率先提出了智慧城市概念及全面的建设运营解决方案,创新性地提出了智慧城市总包商业模式,即以城市为单位,提供从智慧城市的规划设计、建设实施到运营维护、创新服务等完整方案与服务;还独创了产业 + 基地 + 资本的银江孵化器模式,专注于培育支持智慧城市产业的各类创新型中小企业。通过产业孵化、股权投资、技术与营销协作平台的开放等手段,将智慧城市上下游中小企业的先进技术、软硬件产品整合进整体解决方案,使得银江的智慧城市总体解决方案更具深度和广度,能更好地满足客户个性化需求。

回首自己的职业生涯,这位年轻的 CEO 很谦虚地说,他由衷地觉得,选择比努力更重要。自己赶上了行业发展的黄金时代,又进了一家成长型的公司,这才有了大家眼中的"逆袭"。这一路总体顺风顺水,也得益于自己的好心态。不是没有遇到过挫折困难,而是问题出现的时候能积极面对,逢山开路,遇水搭桥,一点点解决,这才一步步稳扎稳打走到现在。

当危机感变成一种常态

张波杰　2002届校友。宁波斯贝科技缸套有限公司董事长兼总经理。公司主要生产摩托车汽缸体、通用机箱体、箱盖、缸头、电动工具及汽车零部件等精密铝压铸件。2006年,张波杰自浙江财经大学工商管理专业毕业后,进入家族企业斯贝科技,第二年开始接父亲的班。十多年来,带领公司拓展海外市场、布局通用机领域、筹备IPO上市,市场规模保持稳步增长。面对金融、房地产业快速发展的诱惑,始终坚守沉下心来做实业,以做出媲美国际水平的产品而自豪。

镇中印记

很多人都会觉得,在这样一所学校,竞争会很激烈。但其实我在高中时代更多感受到的是友谊,是合作。我有很多推心置腹的哥们,其中两个现在还是公司高层。真正要超越的,是自己。

友谊、收获与危机感

1999年,北仑大榭中学有四名学生考入镇海中学读高中,张波杰是其中之一。那一年,镇海中学来了几位新教师,沈虎跃和刘军林就是其中两位,他们分别是张波杰所在班级的数学老师和班主任兼英语老师。因为老师比学生们大不了几岁,师生之间很容易打成一片。沈虎跃老师名字中带一个"虎"字,人又长得比较敦实,同学们就称呼他"小老虎"。尽管好几位老师都很年轻,但在张波杰的记忆中,"小老虎"数学教得真是好。若干年后,张波杰重回母校,当年的"老虎老师"已经变成了"老虎校长",成了镇海中学分管教学的副校长。

和镇海城关的学生走读不同,从北仑考入镇海中学的学生全部住宿。脱离了家长视线的男生们在一起,总是更会玩一些。他们在校园里打球,也偶尔出校园玩个游戏。男生们的革命友谊,就这样建立了起来。十多年后,当斯贝科技稳步发展、业务蒸蒸向上,张波杰感觉自己忙不过来时,他想到了曾经的老同学。如今,在斯贝的高层领导中,就有他当年的两名同班同学,其中一名任常务副总经理的李科,他高中时的室友。

时间或许会令人遗忘很多东西,但也会将某些东西沉淀在内心深处。考入镇海中学的,多是地方上的牛娃,但这些牛娃在一起后,总有人位居中游甚至下游。从初中到高中的张波杰,就经历了全校前列到中游水平的心理落差。当身边牛人云集的时候,人自然会产生一种危机感。如果调节得当,这种危机感就能化为动力,让人不断去努力。"现在回过头去看,这样的经历很珍贵。"领导一家企业以后,他也习惯了时刻保持危机感。"我们要在行情好的时候,去布局未来;在行情不好的时候,能应对当下。"张波杰说。

一入行就承担重任

2006年,张波杰大学毕业,进入父亲创办的公司。彼时的斯贝科技,主营摩托车汽缸体,合作公司主要为国内的摩托车企业,年营业额达一亿元,在业内小有名气。

大概是为了锻炼儿子,张波杰一毕业后就被委以重任 —— 去广东筹建新工厂。作为经济大省的广东,聚集了国内摩托车的几大厂家,如大长江集团、五羊本田等。在宁波的斯贝,想要做好广东厂家的合作伙伴,最理想的办法是在当地建工厂,实现本地化生产。这个重任落到了张波杰身上。从厂房租借、车间布局、管理团队组建的内部事务管理,到政府关系和企业关系的外部关系拓展,对一个刚毕业的社会新鲜人来说,每一个环节都是考验。没有捷径可以走,只有一点点摸索着去完成,在实战中积累经验。"那一段时间特别辛苦,但也特别锻炼人。"

正是在这样的锻炼中,张波杰负责的广东工厂,不但成了生产豪爵、铃木等知名摩托车的大长江集团的合作伙伴,之后还顺利进入了五羊本田的服务体系。到了2019年,斯贝已经成了五羊本田在汽缸体方面的独家供应商。随着业务的壮大,斯贝在广东购买土地、新建工厂;2020年11月,新工厂建设完成;2021年初,完成整体搬迁。

走向国际

和很多二代接班时间充裕不同,仅仅在工作的第二年,张波杰就从父亲手中接过了总经理的位置,开始领导公司发展。

在此之前,斯贝科技的业务以内贸为主。2007年,伴随着二代接班,斯贝科技也有了全新的发展方向 —— 向海外市场进军。八年后的2015年,出口业务占据了公司总营业额的一半以上,如今,这个数字还在扩大中。

2010年,经过几年铺垫以后,张波杰带着一名翻译来到了印度。这一趟,他拿下了与印度第三大摩托车整机厂商 TVS 的合作。此后,斯贝科技在印度的业务量迅猛增长。

2014 年,为了成为本田美国工厂的合作伙伴,张波杰拍板抵押家里的房产投入设备,专门生产符合本田需求的产品。为此,他甚至与父亲产生过争执。"我们这个行业是一个重资产行业,每年利润中的绝大部分都要用于设备的投入,但是这种投入并不一定能产生效益,这是对企业负责人很大的一个考验。"所幸,本田生产线的投入这一步走对了。作为全球最大的摩托车生产企业,本田已经成了斯贝科技非常重要的一位合作伙伴。

从 1998 年公司创立到 2020 年,摩托车汽缸体一直是斯贝的基础产业。通过二十多年的发展,斯贝已经成为国内摩托车汽缸体行业的龙头企业,年产汽缸体 600 多万件,占国内主机厂 30% 以上市场份额,荣获浙江省著名商标,甚至有了一定的定价权,主要客户有本田、铃木、印度英雄、大长江、春风动力等知名企业。2020 年,摩托车板块销售收入 1.9 亿元,占总销售额的 36%。

海外建厂 启动 IPO

然而,2 亿元左右的年销售额已经到了做摩托车配件的瓶颈。公司想要更好地发展,必须拓展新的业务领域。

2014 年,在上线本田生产线的同时,张波杰带队赴美国,再次开拓了一个全新的领域 —— 斯贝成了美国几大厂家通用机械相关零部件的合作伙伴,包括割草机、发电机以及电动工具行业等。该板块成了公司 2014 年以来发展最快的一个板块,也是目前公司最为核心的业务,以出口为主。主要客户有日本的川崎重工、久保田,美国的 GENERAC、科勒等世界级客户。该板块 2020 年实现销售额 3.1 亿元,占总销售额的 60%。

中美贸易摩擦和疫情影响下的 2020 年,斯贝在美国市场的业务增量达到了 40%,2021 年预计增长幅度能达到 60%。这与斯贝的合作伙伴都是行业内的头部企业密切相关,比如 GENERAC 是美国最大的民用发电机制造商，科勒以卫浴产品被人熟知，但它同时也是美国百年发动机企业。

2021年，是张波杰进入公司的第15年。这一年，斯贝预计有多个重大事项得以突破。

伴随着美国市场的快速发展，海外工厂的筹建已经提上日程，这是贸易摩擦加剧大环境下必然要走的一步。2021年，斯贝科技将在泰国投资3亿新建工厂。2021年年初，公司已经聘请了3名日本专家和1名美国专家加入斯贝，共同助力未来的发展。

在竞争激烈的汽车零部件板块，斯贝进入得相对较晚，2020年销售收入也还很少，但是目前有多个已开发未量产项目，预计2021年开始会逐步释放产能。

还有一件重要的事情是，已经启动的斯贝IPO项目预计在2021年上会。IPO的过程，也将是斯贝从家族企业迈向公众企业的过程。

"15年，在一个重资产的行业中沉下心来坚守实业，这是对自己性格的一种锤炼。"张波杰说。这一期间，有很多机会可以往金融、房地产等投资领域发展，但斯贝没有走多元化经营的道路，始终以做大做强主业为目标。因为合作伙伴中较多日系公司，张波杰也感受到了日资企业在制造业上的工匠精神和长远目光。

与国际上的头部企业合作，做出国际一流的产品，甚至在某些细分领域领导行业标准，这是企业家张波杰的成就感来源。

从高中同学到创业伙伴

沈 乐 2003届校友。互联网行业的持续创业者,宁波市移动互联网软件行业的领军人。2013年起先后创办宁波百搭网络科技有限公司、宁波虫家网络科技有限公司。曾获得浙江省"万人计划"青年拔尖人才、2019年镇海区优秀民营企业家、镇海十佳青年创客、宁波文化产业"弄潮儿"等荣誉。

左三为沈乐

镇中印记

我在镇中度过了非常开心的三年,最大的收获,就是结交了这么多知根知底、肝胆相照的好朋友,这才成就了后来的"小6"。成绩、财富都是身外之物,只有友谊才是最宝贵的东西。

沈乐,从高中时起大家就叫他"乐乐",不管他是 CEO,还是"送菜的"。

一个 36 岁的男人被叫"乐乐",有点肉麻,但也算了,因为那是他最好的五个兄弟、当年的高中同学、如今的创业伙伴对他的爱称。

有人说,好兄弟创业无非两个结局:"钱赚到了,兄弟没了""钱没赚到,兄弟也没了"。但沈乐自信可以成为例外。从学霸们放下各自事业和他一起并肩作战,一晃 5 年了。

"不管赚没赚到钱,6 个兄弟一直都在。"所以,他们给新项目取名为"小 6 买菜"。

筹备镇海中学校友总会成立大会时,沈乐整理出了兄弟们从 2000 年上高中起的合影。一年又一年,成长的每一步都清晰可见。

叛逆少年的"江湖地位"

多数人心里,镇海中学学生都自带光环,他们过目不忘、出口成章、成绩优异、屡屡获奖……

这些漂亮的词是形容沈乐那几个好兄弟的,比如叶小川、董宇、董力盛等,唯独他自己"拖后腿"。三楼的楼梯间是他经常挨训的地方。"聪明嗦用场啦!"班主任周海军的声音又长又尖,极具穿透力,十多年后依然余音袅袅、绕梁不绝。

周老师痛心疾首,是因为沈乐真的聪明。他以前奥数拿过全国奖项,偏偏上高中后迷上了网游,并因此奠定班上"江湖地位"。

"他总是能够找到最前沿的游戏,每天琢磨,上课时都在研究游戏算法,然后告诉大家什么好玩,怎么通关,简直一呼百应啊!那感觉——"多年后说起,叶小川眼睛微微向斜上方望去,出了一小会儿神,"再用功听话的孩子,也会不顾一切跟他走啊。"

叶小川就属于用功、听话的孩子。在沈乐的带领下,这个"好学生"第一次为了"网络三国"不上晚自习,第一次进入后大街的"1+1"网吧,第一次被尾随而至的周老师逮个正着,第一次被叫家长,第一次掉出班级前十……

他从不后悔。

沈乐全心投入的姿态和闪闪发光的眼神极具号召力。成为合伙人之后,叶小川总结:他善于发现新鲜事物,做事投入,为人大气,爱钻研,乐于分享,所以大家都愿意跟着他。

凭着这些优点,没读好书也没考上重点大学的沈乐从高中起就靠打游戏卖装备、卖号赚钱。毕业数年后转行到游戏领域,他先后创办了浙江首游网络科技有限公司和宁波百搭网络科技有限公司。

这段历史要不要公开,沈乐很纠结,他怕给学弟学妹们做了不好的榜样。"我只是一个例外,碰巧赶上了产业的风口,现在进入恐怕晚了。"

但学校觉得写出来没关系,"每个学生都有不同的成长轨迹,尊重事实就好!"

那个叫梦想的东西

高考后各奔东西,男孩们长大了,还常在线上聊天,有机会就凑一起喝顿酒。

叶小川上了人民大学,研究生毕业后进入金融系统工作。他读研时就办过快递公司,失败了,不敢再轻易冒险,又不甘随波逐流。

董力盛大学毕业就考上公务员,没几年就成为单位最年轻的正科,步步高升却常常困惑:要为了一个一眼看到头的人生耗尽所有时光吗?

沈乐进了杭州一所普通大学,毕业后放弃出国,帮父母管理企业,而他还想打游戏。

董宇在北京读书,后来进入爱立信中国总部,很快成家落户。他参加不了好兄弟的聚会,特别想他们,也想家,想热闹亲切的家乡。

陈欣从新西兰回国,也打理着家族企业,很快就成了公司的顶梁柱。

日子四平八稳,宏图壮志在现实的齿轮里慢慢磨,渐渐面目模糊。生活像悉心打理后一成不变的精致盆景,可他们心里还有远方森林。

多少个沉醉不知归路的晚上,还会说到梦想。这个平时不好意思提的词一直都在,东奔西突,热气腾腾。

他们彼此理解,相互鼓励。后来,董力盛辞职,离开体制去上海工作,打算学习一段时间再创业。接着,沈乐借着网游的风口,创办了浙江首游网络科技有限公司。叶小川去了云南,办了一家小贷公司。

未来有那么多未知,他们在普陀山结拜兄弟,约定不管荣辱,都要互帮互助。

2013年,沈乐打算创办浙江首游网络科技有限公司时,五个已小有成就的兄弟都准备投资入股。沈乐说,游戏行业风险太大,你们出了钱,我压力更大,等我做出成绩来了,大家再入伙。董宇当时还在北京就业,听说公司还缺一个技术总监,于是辞了职,拖家带口地从北京过来帮忙。

通过几年的积累,首游网络的多款产品登录中国区苹果商店付费榜第一,累计流水过亿,沈乐有了底气。

2016年,六个兄弟一起去西藏自驾行。在那个特别神圣的地方,他们做了重要的决定,新成立百搭网络,兄弟们都入股进来一起把公司做大做强。就这样,陈欣、叶小川、董力盛辞职进入百搭,各管一块,另一名兄弟翁之旦以投资的方式参与。

兄弟齐心,其利断金。2017年,一家上市公司宣布以13.668亿元现金收购宁波百搭51%股权,当时成立不到两年的百搭网络一跃成了估值超26.8亿的明星企业。

感动,不光因为创业成功,更因为兄弟联盟的胜利,因为和游戏有关的不被理解的青春,此刻真正得到了正名。

"小6"的故事

在游戏做得最如鱼得水的时候,沈乐和他的小伙伴们又开始了新的布局。

"我们讨论来讨论去,都觉得游戏产业最好的时候已经过去了,"沈乐戏谑一笑,"也可能,是因为我们自己都人到中年了!"

"上有老下有小,不能玩得太过了,要开始好好吃饭了!"叶小川一本正经地补充。

2019年,百搭网络开始孵化新零售生鲜电商项目。"小6买菜"小程序内部测试时,各路生鲜电商、社区团购的厮杀已经暗潮汹涌。他们一直在寻找合适时机杀出一条血路,直到疫情暴发。

2020年2月5日,筹备了近一年的"小6买菜"正式上线,通过与社区物业合作,突破各色生鲜电商层层围堵进入居民家。

这支诞生于非常时期的队伍,伴随着城市复苏而快速扩张。疫情逐渐得到控制后,大家想得最多的是如何激流勇进、健康持久地活下去。

做惯了游戏的"技术宅男"们擅长数据分析,靠技术诱导数字背后的消费潜力,用大数据精准分析采购数量。此外,每天的群聊中,多了一个关键词"接地气"。

"这个年纪虚头巴脑都看不上了。买菜就是新鲜、便宜、方便、快捷。"沈乐说。为了更接地气地推出"小6买菜"这个品牌,前期投入他们不计成本。

"次日达"变成了"0元起送,0元配送费,最快29分钟到家",商品种类铺开到2000余种,并以3公里为服务半径,在宁波各地先后设立了近20个配送服务站,自己组建供应链团队,派送范围已覆盖宁波市5区(奉化区除外)及慈溪市城区。

为了脱颖而出,他们更注重细节。比如宁波人最爱东海的小海鲜,每个服务站都安装了大型活鲜养殖池,配备了水产师傅。"扑腾得起劲的鱼虾,装入专门设计的包装袋,一路打着氧气送到家。老婆和老妈都会满意,下次还会选'小6'。"负责各服务站的叶小川说。

他发现,每次提到用户需求的时候,自己总会不断强调"家"的概念。

或许,"小 6"这个转折让他们意识到了自己心态的微妙变化,比如开始重视健康,开始喜欢在家里吃饭,开始苦口婆心地教育小孩吃饭不要看手机,好好学习,少打游戏……

训孩子时,常常也会想到周老师。他们和已经成为数学教研组组长的周老师是无话不说的朋友,不时约饭,请教孩子不听话怎么办,成绩不好怎么办。

"天道有轮回。"周老师大笑,"我教了这么多学生,有几个是听话的?教育成功的标准不是好成绩,而是每个人都找到合适的位置,做自己喜欢的事。"

推杯换盏间,当年的叛逆少年,终于在热腾腾的饭桌上和岁月握手言和。

三次创业各有各的精彩

鲍啸峰 2004届校友。毕业于对外经济贸易大学国贸专业,创业十多年,曾参与创办全国青少年成长励志营、君和天下、红演圈科技,并多年服务腾讯、百度、华谊兄弟、乐视、优酷、青青树等知名公司。现任中国民营文化产业商会常务理事、文化和旅游部中国演出行业协会副会长、团中央中国校园市场联盟主席、北京市朝阳区政协委员、北京市爱帮光彩企业联盟轮值主席等社会职务。

镇中印记

  镇海中学赋予我少年时期成长的知识,塑造了我的人格。校训"励志、进取、勤奋、健美",学校精神"敬业奉献、博雅沉静、创新卓越、和谐自主、开放合作",对我人生成长具有指南针意义。

一位陌生老师带来的触动

人的一生中,总会遇到几个人,在不同阶段,对自身成长产生不同的影响。说起高中三年,令鲍啸峰印象最深的,竟然是一位他并不太认识的老师,他甚至没有上过这位老师的课。就是这样一位老师,却在不经意间,拨动了那个少年的心弦。

一直以来,鲍啸峰在学校里都是既活跃、成绩又好的学生,很容易就成为受人关注的焦点。可有一次,考试考砸了。心情不好的他,一个人走到学校围墙下面,面对着围墙暗暗发誓要更加努力学习。刚好,那位老师正在巡校,看到了在围墙下跟自己较劲的鲍啸峰,就问他在做什么。或许,那个时候的少年正需要一个人来倾诉,就告诉了老师自己如何意想不到地考砸了,因此心情不好,正想着接下来怎么办等等。老师耐心地听完,说:"你是鲍啸峰吧。"被一位自己都不认识的老师直接叫出名字,那一刻,鲍啸峰惊讶地问"老师,你怎么知道我的?"老师笑着对他说:"我为什么不知道呢?这是我的工作。"老师说了什么安慰鼓励的话,鲍啸峰已经记不清楚了,但是他清楚地记得,那一刻自己所受到的触动。"当时我想,这就是一名老师的责任心吧,哪怕不是他教的学生,他也尽可能记下了这所学校里学生的名字。也是在那一刻,我认识到了做什么事情都要做个有心人。"

后来,鲍啸峰依然活跃于学校里的各项活动,但他会更加合理地安排自己的时间和精力,高中三年,沿着自己想要的轨道,慢慢地走过。

如今,已经在北京学习、生活了十六七年的鲍啸峰,偶尔也会想起高中母校那如江南园林般的校园,以及走在那样优美校园里的身影。镇海中学的校园在全国中学中都是非常少见的,走着走着,不经意间就能碰到一处历史遗迹,甚至是全国重点文物保护单位。想想那些从这里走出去的、在历史上发挥了重要作用的人们,偶尔遇到的挫折似乎也算不了什么了。

这是学校的硬件,而软件,就是其中的人了。"镇海中学中,不仅学生会学,老师会教,更重要的是学生的综合素质非常高,创新意识非常强。我记得学习的时候,同学们都是争分夺秒、争先恐后,在学习上为了一个问题会和老师争论很久,不搞清楚不罢休。学生和老师是一个学校最大的财富。我想,这就是镇海中学打造高水平教育的结果吧。"鲍啸峰说。

还没毕业就成了大学生创业典型

2004年,鲍啸峰初到北京,就读于对外经济贸易大学国际经济贸易专业。因为成绩优秀,一入学就被指派为学院的"年级团支书",职责是落实全年级学生工作的组织和策划。"没想到一干就是四年,从此和共青团结下了不解之缘。"

2007年,对外经济贸易大学与美国迪斯尼集团签署了交换生项目。因为一直以来表现优异,鲍啸峰成为首批交换生之一。

"坦率地说,那六个月在美国的生活,对我后来的人生影响很大。"鲍啸峰这样总结美国之行的收获:一是让出身于小县城的他开始有了国际视野。二是对比之后,他发现,自己还是比较喜欢中国,未来要在自己的国家继续自己的生活和事业。

从美国交换回来,进入大四,学业压力已经不重,身边的同学们开始讨论就业、考研还是出国的话题。再三斟酌后,鲍啸峰决定和三个同学一起创业。

2007年下半年,对大学毕业生来说,创业仍是非常稀罕、又极为冒险的选择。相比之下,进入体制内、谋个铁饭碗或是找个大公司才是上好的归宿。但是鲍啸峰说自己从未觉得当时的选择有多么"非主流"。多年的学生干部经历,已让他养成习惯:只要是认为值得做的事情,不需要别人督促就会努力去做。他觉得创业和就业是一码事儿,都是进入社会大学,都是选择去做事。

第一个创业项目,是全国青少年成长励志营。"一方面,组织策划学生活动是我们擅长的;另一方面,北京有着丰富的大学、博物馆、专家等教育资源和故宫、长城等旅游资源,所以我们把二者结合,跟各地的中小学合作,组织中小学生来北京参加游学励志夏、冬令营。在品牌上,我们选择了和团中央合作。"

2008年夏天,大学毕业时,鲍啸峰PK掉清华大学、北京大学和中国人民大学的竞争者,荣获教育部当年的北京市大学生创业典型。这可以说是他人生的一个潮头。

而在外经贸大学学生的毕业典礼上,鲍啸峰又被选为全校毕业生代表,上台发言。

在创业中追求幸福感

2009年,全国青少年成长励志营与业内另一家领头羊公司业务合并,鲍啸峰在新公司担任了半年副总裁后离职。笑称"习惯了在创业中追求幸福感"的他,决定再次创业。知识产权服务公司君和天下就此成立。

几年以后,当他参加著名创业节目《创客中国》时,有嘉宾评价他,"非常善于抓住机遇"——当年,鲍啸峰正是看出了知识产权领域即将爆发的极好机遇,才跨界第二次创业。

君和天下提出了"法律服务产品化"的理念,把传统律所被动受理诉讼委托的模式,改成了主动销售法律产品,还提出免费维权的概念。免费在全国范围开展网络监控和线下打击相结合的知识产权维权,最后用打回来的维权款和权利方分成。这种设计既降低了权利方的维权成本,又能达到清理市场、打击盗版的目的,同时也创造了收入。

2012年优酷与土豆正式合并,2013年腾讯与360展开"3Q大战"……在众多堪称互联网知识产权发展"里程碑"的事件中,君和天下都是重要的参与者。其服务对象也渐渐覆盖到华谊、光线这样的影视企业,还有腾讯、百度、乐视等互联网公司。

和这些公司的接触,使鲍啸峰开始涉足文化产业,并从其中再度发现商机:文化演艺行业对接过程繁复,人员鱼龙混杂,信息流通不畅,常常出现用人单位招不到合适的演员,有梦想的年轻人却又入行无门的现象。

尽管知识产权服务的事业做得顺风顺水,鲍啸峰还是打算开始新的创业。"为红演圈做了足足半年多的调研准备工作,调研文化演艺行业相关公司的朋友,还有行业一些资深的专家。他们对我准备做红演圈模式的认可给了我信心,让我觉得干这个行业是可以的。很巧,全国文艺工作座谈会2014年召开,这个标志性事件更是坚定了我的决心。"

2014年,鲍啸峰创建了红演圈(北京)网络科技有限公司,尝试为演艺行业中的机构和人员搭建信息更为通畅、制度更加规范的线上线下一体化对接平台。

在这里,艺人可以获取综合演艺信息并应聘,娱乐机构可以进行演艺人才招募,社会大众则可以购买多样化的演出产品。经过后台审核才能发布招募信息的方式,也避免了传统模式中不够透明、容易造假的弊端。红演圈为缺乏资历和见识的年轻人,构建了更为平等的机会平台。

2020年,是红演圈科技的爆发之年。哪怕是在疫情影响下,公司业绩依然大幅增长,再创历史新高。一是发力PGC直播宣传。全年执行PGC直播节目120场,观看量8000万+,其中包含阿里医生主办的25场疫情防控科普直播等。二是发力UGC直播营销。受疫情影响,网红电商成为刚需,市场需求日趋旺盛。公司依托优质"网红品牌"服务,通过"互联网+直播"实现清库存、增销量的目的。2020年共执行UGC网红直播180场,销售总额超1.2亿。三是发力直播基地建设。成立红演圈(北京)文化传媒有限公司,在湖南长沙建设中国V谷(视谷)马栏山明和-红演圈1号演播厅。在北京的占地10000平方米,拥有200+直播间、1000+短视频拍摄场景的红演圈直播中心正在建设之中。而位于南宁、十堰、蓬莱、杭州、成都、北京、上海、广州的直播基地选址完成,正在进入下一步投建。

近两年,公司文旅板块发展也很快,与家乡镇海合作的全域旅游项目正在规划中。

回过头来看自己的三次创业,鲍啸峰如此评价:第一次创业是懵懂期的创业,靠勇气制胜,敢闯敢试就可以赢;第二次创业是成功期的创业,靠风口制胜,会做会说就可以赢;第三次创业是成熟期的创业,靠创新制胜,用心用新才可以赢。今后,将继续深耕网络直播电商运营,立志做国内文创和文旅产业的综合运营商。

那是我永藏心底的美好

侯　净　2005届校友。博士,贵州省人民医院乳腺外科副主任医师,贵州省康复医学会乳腺疾病专业委员会委员,贵州省抗癌协会乳腺癌专业委员会委员。主持两项国家自然科学基金,发表SCI论文10余篇。参与《恶性肿瘤精准治疗优化策略的探索性研究》,并获贵州省医学科学二等奖。

镇中印记

　　镇海中学的教育帮扶让我走出大山汲取知识,让我考上大学,看到了更大的世界。更重要的是,镇中使我变得积极、阳光、善于接受新事物,也乐于感受身边的善意并施予善意。我会一直记得那些细碎的温暖,如何改变了我的人生。

从贵州普安到宁波镇海

从侯净出生的贵州省普安县罗汉乡，到 2000 多公里开外的宁波镇海，需要坐 2 个小时的中巴、8 个小时的大巴和 38 个小时的绿皮火车。2002 年，这位家境贫寒的少年凭着优异的中考成绩，被县里选中参与到镇海中学与贵州的教育帮扶项目中。

老师和他说，那是一所很好的学校。其实侯净对"好"没有什么概念，对他来说，比"好"更重要的是"学费全免"。这四个字为他心里卸去了一块大石头。

他的家在偏僻的大山褶皱里，山高水枯，半天才见一块苞米地。父母都是普通的农民，身体一直不太好，日子过得捉襟见肘。读书是改变命运最便捷的路，但侯净从小就知道这条路窄。三个姐姐都没读过几天书，早早地外出打工，然后嫁了人。村里的同龄人顶多完成九年义务教育，再往上，家里便拿不出更多的钱了。有的孩子不甘心，想着自己打工赚出学费，但出了校门，读书的心渐渐也就不了了之。侯净很感激，镇海中学让自己的求学之路一下子顺畅了许多。

第一次离乡，什么都是新鲜的。他看着窗外原野广袤河流蜿蜒，听着一站一站的地名，只觉得世界之大。近 40 个小时，似乎很快就过去了。下车站在人来人往的月台上，看着"宁波"二字，他意识到，这里就是人生的新起点了。

一切都是新的，他没有想到，这座东海之滨的城市如此繁华大气，而这所向自己伸出橄榄枝的学校似乎更像一个景区。随处可见亭台楼阁、小桥流水，桂香弥漫了一个秋天，那是他从未想象过的美好。

当然更让侯净意外的是，这里的同学都这么聪明，高一第一次摸底考试，中考全县第二名的他,在这里只是垫底。他拿到试卷的时候有点懵,班主任王静老师倒没有因为他来自贵州贫困地区而给予特别的同情和安慰,只是把他叫到办公室,告诉他这样的落差很正常。"我教了这么多年的书,很多尖子生进来都要经历这'当头一棒',能不能适应要看自己的努力。跟不上,会越来越辛苦;但只要跟上我们的节奏,最后结果都不会太差。"

王老师其实很严厉,举手投足间带着资深教师的特有气场。侯净有一些偏科,王老师常把他和几个语文不太好的同学叫到办公室里单独补课。她总是强调方法和思路,帮助他们在训练中总结规律。"光刷题是不会很快提高的,一定要找到思路,对症下药!"那种自信和不容置疑的权威反而让侯净那颗乱糟糟的心安定下来。他开始发奋,几乎把所有的时间都用在学习上,不懂的就追着老师和同学问,有时候,甚至熄灯了还打着手电筒在被窝里看书。

"我知道自己和别的同学是不一样的。他们可以有大把的时间参加活动,践行素质教育,我不行,我只有上大学一条路。"这是侯净当时的想法。他曾告诉自己要目标明确、专心致志,不要在意别人异样的目光,但很快发现,其实从来没有什么异样的目光。

多年后再回忆这段往事,侯净最感慨的不是自己后来的"逆袭",而是镇中这所学校的神奇——自己那时家境不好、成绩不好,甚至连普通话也讲不好,可在这个离家如此遥远又完全陌生的地方,他那么快就融入了这个集体。即使在分数最不好看的时候,他也从来没自卑过。

他不舍得买衣服,每天都穿班服,但因为班服好看,大家都爱穿,不会有人觉得有什么特殊。

他的话带着明显的口音,有时会闹出一些误会,大家都哈哈一笑,觉得他可爱,都爱和他聊天。有次化学课上老师叫他回答问题,答完老师迟疑了一下:"哪个同学来翻译一下?"于是,他的同桌便站起来笑嘻嘻地替他复述了一遍,老师也忍俊不禁,说他幽默。这个小插曲让整个课堂气氛活跃起来,他还有点小得意。

他起早贪黑地努力,同学们都尊重那份努力,并真心为他的每一点进步而高兴。舍友们也心疼他的节俭,每天中午只吃一个菜,便约定每人轮流请他吃一顿午饭。他有点不好意思地想推辞,他们大手一挥,打断他的话:"你不吃饱怎么好好学习?我们还指望着你把我们宿舍平均分拉上去呢!"

大家朝夕相处、打打闹闹,侯净从心底里觉得温暖。

有时连生病也在一块儿。他曾经和一个同学一起得了鼻窦炎,一个接一个打喷嚏,一边难受,一边还不忘相互打趣着。他从来没觉得鼻炎是什么了不起的毛病,忍忍就过去了。没想到同学的妈妈非常上心,特意去找了医生,接了他俩一起去宁波市中医院挂专家门诊。几天后,同学妈妈捎来一袋袋熬好的中药,叮嘱他们准时吃。医药费都是同学妈妈付的。他吃了药很快好了,而同学却一直没什么明显改善,一边哀号一边笑他"狗屎运"。

对侯净好的家长不止一个,坐在他后面的一名走读的女同学,平时与他挺聊得来,有一阵子早上常给带牛奶、香蕉。后来一问,女孩说,是妈妈让带的。妈妈知道他的家境,说他们家也是从艰苦中一路走过来的,怕侯净早上吃不好,让女儿带一些来给他补充营养。

那一年圣诞节,女孩的父母还把他接出来,带他上街买了羽绒服和运动鞋。这么多年过去,他一直记得品牌与价格。"因为那是我人生中的第一套羽绒服,第一双有牌子的运动鞋。"

高三那年寒假,侯净打算一心备考,没回贵州。女孩父母便邀请他一起回家过年。班主任听说后,找他谈话,说不管怎么样都要以学习为重。他也知道老师在担心什么,便笑着打消她的顾虑:"老师,我们真的只是好朋友,就是特别聊得来的那种。"

老师也笑了:"我当然相信了,你们都是好孩子。"

那是侯净最难忘的一个春节。女孩一家对他的加入表示了极大的欢迎。他们一起热热闹闹地在宾馆吃了年夜饭,还一起逛了天一广场,印象最深的还是女孩妈妈做的海鲜。他分不清那是什么鱼,就觉得特别好吃。

那段友谊单纯而快乐,他们都把彼此当成最好的朋友。多年以后回忆起那段经历,他的心里总是洋溢着感动与温馨。

一转眼,毕业都16年了。同学们散落在世界的各个角落,大家都在各自的道路上努力前行,在不同的生活里悄然改变,只是友谊一线未断。侯净觉得这一生都不会断,也不曾淡忘。它就在心灵深处,不时地随着血液流动,温暖自己。就像这么多年,他还一直珍藏着当时的班服,因为他是那么珍惜天天穿班服的时光。"那是我永藏心底的美好!"

下定决心做一个好医生

高考填志愿时,侯净对未来并没有什么明确的规划,但他知道同济医院挺有名,于是便填了同济大学医学院,想成为一名医学生。

真正下决心做一个好医生是大五那一年,他获得了保送复旦大学医学院研究生的资格,全家都欢天喜地。那年春节后,他返回上海。母亲送他上车后,车开了没多久,他便接到电话:母亲在回去的路上出了车祸。

送到当地医院,人已经没了意识。侯净跑上跑下找医生,那时才明白,原来"一线希望"才是世界上最强烈的希望,原来世事那么无常。医生无力回天,暂别便成永别。

那天晚上,妈妈走了,对医学依然懵懂的他泪如雨下,给母亲做了最后一张心电图。这是他花了很多年才接受的事实。

侯净一直觉得,妈妈应该是有救的,只是偏远地区医疗水平有限。所以博士毕业后,他没有留在上海,义无反顾地回到了家乡贵州,进了省人民医院,成为一名乳腺外科医生。母亲的离去或许也是一种鞭策,让他更懂得健康和亲情的珍贵,他决定为帮助他人减少病痛折磨、重拾温馨家庭而竭尽全力。

2017年,刚刚成为副主任医师的侯净获得了贵州省科技厅基金项目立项,特别是在前一年获得国家自然科学基金地区基金资助以后,又取得了国家自然科学基金青年基金的立项,连续两年获得资助给了他极大的信心。

2018年,国家留学基金委(CSC)"2018年西部地区人才培养特别项目"录取名单公布,乳腺外科侯净博士被正式录取。2019年,他来到全美排名第一的梅奥诊所从事博士后研究。

2020年6月,贵州省2020年度省自然科学奖受理项目目录公布,侯净参与的《恶性肿瘤精准治疗优化策略的探索性研究》榜上有名。

2021年,侯净准备回国了。他说不管走多远,见过多大的世面,最终都要回到这片生他养他的土地,服务家乡人民。虽然他不知道自己能发挥多少能量,但他会一直在路上,一直会努力。这是当年他离家去镇海中学求学时,就已经想好的事。

34 岁的全国劳模

　　王　斌　2005 届校友。宁波市金洋化工物流有限公司信息科技事业部副总经理。曾获 2020 年全国劳动模范、浙江省劳动模范、宁波市劳动模范、宁波市五一劳动奖章等荣誉。他在镇海深耕物流运作第一线,探索互联网与危化物流的最佳结合点,被誉为"危化物流界最懂 IT 的人,IT 界最懂危化物流的人"。

镇中印记

　　镇海中学于我而言是一个情感符号。在自己没有取得什么荣誉的时候,是她给我带来自豪感。等到获得全国劳模以后,我就多了一份责任,往后得更加努力,不给母校抹黑。

对镇海中学的感情是一种"遗传"

"当我捧着沉甸甸的奖章和荣誉证书时,我感到压力与动力并存。我知道这份荣誉意味着更大的责任和担当。"2020年11月24日,34岁的王斌站在人民大会堂接受国家荣誉——"全国劳动模范"奖章。他是那次浙江省最年轻的全国劳模。

作为宁波金洋化工物流有限公司信息科技事业部副总经理,王斌硕士毕业后一直在该公司负责信息化工作。他深耕物流运作第一线,探索互联网与危化物流的最佳结合点,带领团队打造接地气的危化物流信息化解决方案。他以勤勉尽责的态度支撑危化物流安全高效运作,为自己赢得了这一荣誉。

王斌说压力与动力共存,更大的责任和担当,既有获得荣誉以后对社会的责任感,也有对母校镇海中学的一份特别情感。"在没有取得什么荣誉的时候,说起我从镇海中学毕业,那是一种由学校带来的自豪感。等到获得全国劳模、被媒体报道以后,再说我毕业自镇海中学,就觉得多了一种责任,往后得更加努力,不给母校抹黑。"

作为土生土长的镇海人,王斌从很小的时候就听长辈念叨镇海中学:高中要是能进镇海中学,以后重点大学就没跑了。后来,家中有一位表姐考入了镇海中学,见面聊起来,就是镇海中学很厉害的感觉。老师很厉害,学生也很厉害。似乎是很自然地,镇海中学成了王斌努力的方向。"从得知自己考上的那一刻,一直到现在说起来,依旧是满满的自豪感。"

高中三年,是你追我赶奋进的三年。学理科的王斌,却对当年的英语学习和英语老师印象深刻。高一的英语老师毕业没多久,非常年轻,同学们都叫她"小郭老师"。她和大家很聊得来,教学上面很愿意创新。王斌的英语成绩一直不错,很得小郭老师认可。

分班以后,班主任李强成了英语老师。王斌的语文和政治相对偏弱,英语则比较强,所以在课后作业时间的分配上,他总是花三五分钟凭着感觉就把一张英语试卷完成了,然后把更多时间留给语文和政治。"我敢这么干,也是因为李强老师第二天总是会对前一天的试卷做逐题分析,我就抓住这个老师讲题分析的时间,全神贯注认真过一遍,也就能掌握了。"高考时,王斌的英语考了140分。现在回想起来,真要感谢李强老师的讲题习惯。

王斌还记得自己的同桌褚涵文。他是班长,个子不高,有点微胖,总是一副笑吟吟的模样。相处一段时间以后,王斌才发现,这个个子小小的同桌蕴含着特别厉害的组织天分。任何活动到了他手上,都能变得井井有条。"组织天分真是令人难以望其项背"。这名同桌如今在杭州从医,业务水平各方面一如既往的厉害。

而当王斌获评全国劳模,褚涵文如此评价自己高中时的同桌:"他的理科解题思路特别清晰,会抓重点。"班主任李强则评价王斌:"他是一名学习认真、彬彬有礼、乐于助人的学生。"

专注学习的日子很是简单,没有跌宕起伏的故事,说起来,更多的似乎就是一种感情。

"从镇海中学出来的学生,对这所学校都有一种强烈的感情。你要说这种感情是怎么形成的,具体还真说不上来。我把它归结为'遗传'吧。在还没进入这所学校的时候,你已经通过社会评价、身边人的讲述,对它产生了崇拜心理。当你进入以后,老师们的敬业精神和牛娃云集的氛围,自然就产生了一种你追我赶的气氛,还有学校里海防遗址、历史人物、文物古迹构成的独特的人文环境,都会对你产生某种影响。在我之前,有我的表姐,在我之后,还有家中的堂弟堂妹、表弟表妹陆续考进这所学校。工作以后,黏合度最好的合作伙伴,一说起来,竟然也是校友……"

打造危化品物流"智慧大脑"

高中毕业后,王斌顺利进入上海交通大学电子信息与电气工程学院。学院的"大电类"平台教育,使他对电气、电子、通信、自动化、软件等领域均有涉猎,拓宽了知识面,和小组成员一起焊板子、绕线圈、调程序等一系列做科创的时光,也是难忘的记忆。

读研期间,王斌致力于芯片设计,还有意读博深入研究这一领域。不过,一次偶然的机会,改变了他的方向。他遇到了宁波金洋化工物流有限公司总经理顾明岳,被顾明岳口中的"三张网"深深吸引。"这'三张网'分别是危化物流行业的政府监管网、企业网、车联感知网,无一不倚赖现代 IT 技术助力,而这正好是我的专业范围。我感到危化物流信息化发展大有可为。"于是,王斌放弃读博,研究生毕业就进入了这家公司。

作为上海交通大学的高才生,王斌其实有较多的就业选择。他的好多同学就在一些知名企业工作,而宁波金洋化工物流有限公司是一家民营企业,危化物流行业又不被大众熟知,因此,在一开始,王斌的父母和亲朋并不理解他。不过,王斌在这个外人看来冷门的行业投入百分百热情,发挥自己的专长。"而且,我是镇海人,我想学以致用,为自己的家乡贡献一分力量。"

镇海是我国重要的化工产业基地。作为全国 60 个危化品重点县(市、区)之一,镇海每天在路上的危化品达 160 多种、3 万多吨,进出危运车辆超 6000 辆次。宁波金洋化工物流有限公司专业从事危险货物道路运输,拥有各类专业车辆 130 余辆,要承运的货品有易燃气体、易燃液体、毒性物质及剧毒品,其中液氯等剧毒品运输量占宁波市场份额的 90%。因此,对公司而言,安全管理是第一要务。王斌探索的就是给这些危化品运输车辆装上"智慧大脑"。

"危化品运输本身就是一项小众行业,只有对危化物流足够了解才能创造出更贴近危化物流需求的技术产品。"王斌的同事说。初入危化品物流行业,王斌遇到了很多困难。不过学霸如他,通过不断学习、思考和请教,很快入了门。而且,他还有一位带头人引路,这位带头人不是别人,就是顾明岳。

顾明岳是全国物流行业劳动模范,非常注重创新。在王斌入行不久,他就建立了一支以物流为主体,以信息化和安全管理为支撑的创新团队。在模范的带头下,王斌学得快,成长得也很快。

2015年,王斌带领团队打造出接地气的危化物流信息化解决方案——爱路捷专业物流管理系统。该系统以电子运单为核心串联业务线和安全线。业务线,即形成"接单—排单—运输—销单"闭环数据流,使得同一数据在整条业务链中共享,减少数据的输入量。这样做既能减少人为错误,又可提高运作效率。安全线,即能够及时发现并记录每条业务线、每个业务环节中存在的问题,如不符合要求则无法继续开展业务,例如车辆证照过期则无法安排出车计划,并遵循PDCA法则,及时修正问题,防微杜渐,提高运输安全系数。

打开爱路捷专业物流管理系统,投影上可以清楚地看到公司的车辆使用率、车辆总公里数、总运单数以及实时的车辆分布等信息。每一台车行驶轨迹中出现的风险点都会显示在上面。比如车距过近了,系统会根据当时两车的相对距离进行预判和报警。

为区域服务,让危险货物道路运输不危险

2015年11月,宁波金洋化工物流有限公司与其他公司合资成立浙江大仓信息科技股份有限公司。浙江大仓信息科技股份有限公司以爱路捷专业物流管理系统为雏形,协助镇海区政府开发危化品道路运输智能监控平台。

该平台2016年上线后,实现了对镇海区区域内危化品运输的全天候、全过程、全覆盖管理,建立起一条危化品运输监管"智慧链"。据镇海区住房和建设交通局的信息,自该平台上线以来,危运车辆月均交通违法违章行为数较之前下降85%,月均超速量较之前下降94%,月均超载量较之前下降100%,未发生一起重大危化品运输安全事故。

据了解,爱路捷专业物流管理系统已在省内外10余家危化品物流企业

进行商业化应用，而危化品道路运输智能监控平台已经在绍兴上虞区、宁波到舟山的金塘大桥上线，并将进一步扩展到其他地区。交通运输部原副部长刘小明曾到镇海视察该信息系统，并给予高度好评。

2018年，中石化要求所有物流供应商必须配备相应信息化系统进行平台化对接，宁波金洋化工物流有限公司在全国性平台招标中胜出，成为其13家合作伙伴中的一员。2019年2月，由中德携手的危险货物运输合作项目"提升中国危险货物运输安全项目"启动。作为项目组成员之一，宁波金洋化工物流有限公司在之后的研讨会上分享了公司安全管理经验。

顾明岳曾对媒体这样评价王斌："王斌是危化物流界最懂IT的人，IT界中最懂危化物流的人。"

我是村支书的儿子

吴欣航 2005届校友。本科毕业于浙江树人大学，硕士就读新加坡南洋理工大学。2009年，跟随父亲的脚步进入制造行业，通过十多年努力，带领公司不断进行科技创新。所在公司参与港珠澳大桥、宁波舟山港北向大通道、厦门第二东通道等重大项目建设。获得中国公路学会科学技术特等奖、华夏建设科学技术一等奖、交通部创新成果入库等荣誉。2014年，吴欣航加入九三学社，任九三学社慈溪市三支社主委，九三学社中央科技委员会委员。2020年4月，入选科技部"科技创新创业人才"（国家万人计划）。

镇中印记

镇海中学对于我来说是一个很特别的存在。它是一种精神力量，时刻提醒胸中藏有大志的人需要懂得自律规划。年轻的道路没有捷径，每个人都是修行者。当你以一个积极的态度去面对人生，努力朝着一个更高的平台努力，那么就一定有回报。

政治课代表

看似枯燥乏味的政治课,吴欣航却从小喜欢。一捧起政治课本,他的心情就会莫名的愉悦。"可能是受到我父亲的影响。在我还没出生的时候,他就是慈溪市周巷镇下吴家路村党支部副书记。因为工作关系,他经常读书看报、关注时事。耳濡目染下,我也会有意识地多翻看这方面的书籍及报纸。"比如《国富论》《资本论》,比如《参考消息》《南方周末》。虽然里面的内容不一定都能理解,但吴欣航愿意去阅读、思考,同父亲一起针对某一件事或者某个观点进行探讨。自主学习的状态,也让他在学习政治课时得心应手。记得中考时,政治考试满分80分,他考了79分。

2000年后,吴欣航进入镇海中学开始全新的高中生活。政治课依旧是他的最爱。每学期新书一到,他第一时间把书皮包好后便如饥似渴地阅读起来。高二时,吴欣航被政治老师陈黎娜推荐成为政治课代表。吴欣航至今还记得,陈黎娜老师除了在教学上的细心,对学生们也是非常关心。临近高考时,陈老师还主动邀请吴欣航和其他几个同学到家里做客,听听音乐聊聊天,放松精神,缓解了同学们的学习压力。像这样的老师在镇海中学还有很多。"我很庆幸能在高中阶段遇到好老师,为我们的人生路照亮一盏灯。"吴欣航说。

组团打排球

和很多男生一样,读书时的吴欣航喜欢运动,从打篮球、踢足球到打乒乓球、羽毛球,再到打排球,样样都挺喜欢,特别是打排球。从高二开始,吴欣航没事的时候就喜欢拉着三五个朋友到校体育馆一起玩。

因为有一网相隔,排球没有太强的对抗性,对身体伤害没那么强。又因为是集体运动,能锻炼自我应变能力和肢体的灵活性,还能培养团队意识。

"我们有个排球小分队,七八个人,每天趁着午自修前的半个小时,来个争锋对决。按照制定的规矩,输的那一队就要到校内小超市给赢的那一队买饮料。"说起打排球,吴欣航回忆起一件趣事。那是高三最后一个学期,因为临近高考,学习氛围很是紧张。一天午饭后,排球小分队约好比一场,时间控制在半小时内。但没想到那场比赛异常激烈,双方分数咬得很紧,平时半小时内可以结束的比赛,结果在加赛中延时了。等到决出胜负后,大家一看时间,发现坏了,午休课已经开始七八分钟了。"赶紧回教室吧!"赢的一队快步跑回教室。输的一队尽管也很着急回去,但还是遵守规则在往教学楼走的路上,顺路在小卖部买了饮料。

"你们在这里干吗呢?学习一点紧迫感都没有?!"就在这时,迎面碰上班主任老师。被"逮"住的人中有班长、副班长,都是品学兼优的学生。被老师批评后,脸上挂不住,一个个低下头,红着脸。吴欣航说,本来趁着老师没注意,大家慌张地背过手,把饮料丢进草丛企图藏一藏,但后来这几瓶饮料就消失不见,再也找不到了。

学生委员会当干部

高二那年,继成功当选政治课代表后,吴欣航还竞选进了年级段的学生委员会,成了卫生部的"小干部"。平时,他的工作就是负责督促检查整个年级段的值日生工作,对破坏卫生的行为进行批评指正,同时,负责抓好每个班级卫生包干区打扫和保持工作等。

工作很细碎,需要胆大心细,吴欣航一开始也觉得这是女孩子更适合的工作,但没想到这一干就是两年,而且在高三时还被提拔了一级。

舒适整洁的学习环境是一座校园生机盎然的重要基石。作为学生会卫生部的骨干成员,吴欣航事无巨细。为了能将细节做到极致,卫生部成员想到了一个"狠招"——戴着白手套检查。无论哪里,"手"到之处,"脏乱尘"无所遁形。虽然开始执行时常常遭遇同学们紧锁的眉头,但是吴欣航和卫生部其他成员做到"严格检查"与"微笑服务"相结合,耐心沟通,有时还主动帮助一起整改。慢慢地,环境卫生成果提高了,同学们也养成了较好的卫生习惯,从"被动应付检查"到"主动落实到位","创新"工作方法收到了很好的成效,也得到了大家的肯定。

学生会的日常,让吴欣航深深体会到创新突破、细节优化和耐心沟通的重要性。无论是学习、工作还是生活,能力的锻炼和对人对事的思考都是相通的。中学时代学生会的工作给吴欣航带来了启发,学会不断地思考和总结,也为他以后的成长打开了更广阔的天地。

崇拜父亲,追随脚步

在吴欣航心中,父亲吴金岳坚韧不拔、谦虚敬业、低调做人,是个超级英雄。1983年,父亲是下吴家路村党支部副书记,愣是在资金、设备、技术、厂房"全无"的情况下,创办起了精忠机泵厂。1995年,他与中科院沈阳金属所合作,创办宁波科鑫腐蚀控制工程有限公司。1997年,三鑫集团公司成立。

从小,吴欣航看着父亲起早贪黑、跑南闯北,困难时还到处借钱发工资。父亲的一言一行在吴欣航心里刻下了深深的烙印,成为人生标杆。"要像父亲那样成为一位成功的企业家。"他对自己说。

2005年,擅长文科的吴欣航高考时报考工商管理专业学习管理,希望能为父亲助上一臂之力。他在大学里如饥似渴地学习经济学、金融学、管理学、创造工程及新产品开发等课程,酷爱《市场营销》《企业战略管理》,还不断地将课堂上老师传授的理论知识与父亲的企业管理实践联系起来作对比研究。

那个时候,宁波科鑫已经中标杭州湾跨海大桥环氧钢筋及钢管桩防腐工程。施工开始后,每次一回到慈溪,他就要跟着父亲出门,寒暑假更是天天不落,晒得黝黑的脸上洋溢着对父亲满满的崇拜。

2007年6月26日,杭州湾跨海大桥全线贯通,其《钢管桩设计、制造、防腐和沉桩成套技术》荣获中国公路学会科技进步一等奖。吴欣航对父亲愈发敬重。

到生产第一线当工人

2009年春节,吴欣航向父亲郑重提出,大学最后一学期就去公司上班,要系统实习。父亲很是欣慰,给了他一个总经理助理的头衔,决定"带3年、帮3年、看3年",先让吴欣航到生产第一线当工人,同时嘱咐车间负责人必须严格要求。

抛丸除锈、加热、静电喷涂、检测,一道工序接着一道工序,一个车间接着一个车间,吴欣航甘当学徒工,认真学习、细心操作、慢慢体会。

"尽管已经做好吃苦的准备,但刚进车间的时候,我的内心还是有点小小的波动。"以前吴欣航跟着父亲学习的时候,进入车间都是很短暂的停留,没有具体工作的经历。特别是夏天的时候,没有空调,车间内比较闷。他作为一个车间文职,相比之下体力消耗没那么多,但待久了依旧有吃不消的时候,老想跑到电风扇边凉快一下。但后来,当看到车间内的工人即便在这样的环境下,依旧汗流浃背专注地工作,他也开始调整心态,跟着大家一起干。

"艰苦创业,团结拼搏,科技领先,勇攀高峰"是科鑫公司的企业精神,不断推动着企业发展,也鞭策着吴欣航。白天,他在车间里熟悉生产工艺,不懂就问;晚上,他留在办公室查找资料、消化理解、摘录笔记,研究着高性能熔结环氧涂层、阴极保护新型防腐体系、高性能复合涂层,深入思考着如何优化流程、确保产品质量、提升员工素养……

拜见曹楚南院士

宁波科鑫是吴欣航父亲一手创办的村办企业,后逐步发展为国家级高新技术企业。这一路走来,赋予科鑫科技活力的合作伙伴有不少,这其中就有一个父亲多次告诉吴欣航需要感谢的人——中科院曹楚南院士。

"吴欣航,我和你爸认识十多年了,我一直都很尊敬他。"这位令人尊敬的院士在见到吴欣航这个初出茅庐的小伙子后说出了这一句话。

原来,1996年初,时任中科院副院长路甬祥考察科鑫时推荐给了父亲一位腐蚀科学与电化学专家——曹楚南院士。高山仰止,站在曹院士面前,吴欣航内心无比景仰。见贤思齐,唯有奋发努力。

公司创建30周年时,公司先后与中铁大桥局、中交二公局、中交一航局、广东长大等单位,成功签订港珠澳大桥钢管桩内外防腐施工和高性能环氧涂层钢筋防腐施工合同。吴欣航与曹院士团队也有了更多的接触机会。

港珠澳大桥采用高标准抗腐蚀建设,设计标准是120年,而公司原先的防腐涂装技术无法实现。怎么办?还是得依靠科技创新!

中科院金属所与公司院企合作,联合破解技术难题。提出以"高性能环氧粉末复合涂层为主,辅以牺牲可更换阳极的综合腐蚀防护"以及"高性能环氧涂层钢筋"方案,并提出了提高涂层失效的主控因素关键指标涂层抗水渗透性和湿附着力指标,确保防腐涂层达到120年耐久性的设计要求。

港珠澳大桥地处外海,所在的伶仃洋气象水文条件复杂,首批试用产品交付建设单位后出现了不适应现象。吴欣航和父亲带领的团队又马上赶赴港珠澳大桥建设现场,查看产品情况,听取建设方意见,同时,曹院士团队的科研人员和公司技术骨干日夜赶工,调整工艺。经过两个多月的反复试验、论证、调整,终于克服了水文条件复杂影响耐腐的难题。

成为科技部"科技创新创业人才"

2016年5月,父亲将位于舟山准备建设的浙江科鑫重工有限公司,交给吴欣航正式启动。吴欣航卷起铺盖驻扎舟山,与员工们同吃、同住、同奋斗。很快,科鑫重工成为目前国内外超大超长超强耐腐蚀螺旋复合钢管桩的最大生产基地,并先后中标宁波舟山港北向大通道、厦门第二东通道、浙石化干散货码头等25个重点工程项目,服务于浙江交工、中交建、中国建筑、中铁大桥局等11个大型总承包单位。2018年,公司荣获"国家重点高新技术企业"称号。

天天穿梭于工地和企业、工人和科研人员之间,不断解决一个又一个冒出来的难题,扎实地推进着项目进度。吴欣航认识到,"科技创新永远没有尽头。"他带领全体员工专注科技创新。公司每年投入不少于销售额5%的研发资金,不断健全科研机制,还与宁波材料所、浙大、北科大等知名院校,以及美国杜邦、3M等世界500强企业合作,通过共同开发、人员委培、设立助学金、高端人才洽谈等模式培养引进各类高素质人才。先后获得国家发明专利和实用新型专利40余项,获得中国公路学会科学技术特等奖、华夏建设科学技术一等奖、中国交通建设2018年度科学技术进步特等奖等。

2019年10月16日,科鑫重工中科院宁波材料所薛群基院士专家工作站授牌、国检-科鑫创新实验室揭牌、科鑫创新研究院成立。2020年4月,吴欣航入选科技部"科技创新创业人才"(国家"万人计划")。

人生皆有可能

陈　琨　2008届校友。镇海中学理科创新班毕业生。2008年以浙江省高考理科第一名成绩考入北京大学,本硕均就读于北京大学。毕业后留京,先后在中国工商银行总行、建信信托有限责任公司任职。

镇中印记

　　进入镇海中学,在听闻各种"一山更有一山高"的故事后,开了眼界,也终于明白"没有不可能"。正是这种"没有不可能"的气质,不知不觉就"沾染"上了"谜一样的自信"。踏实、奋进,那些曾经遥远的不可能,最后竟然都成了现实。

传说中的名校

考入镇海中学后,陈琨有些惊讶,与某些传说中的名校以军事化、封闭式管理著称不同,这所学校恰恰是开放的,生活是随性的。

中午、傍晚下课的时候,大家可以结伴去校园外的步行街逛逛,吃个"花样"的青椒牛柳盖饭,搭配一个麦当劳甜筒;到周末了,大家可以从寝室的后门出校,去邻近的小区早点摊品尝垂涎已久的粢饭团;晚上,学校第一报告厅播放的电影总能吸引大家的目光,只有早早过去才能占到一个好位子。

要是实在烦闷,可以在"柔石亭"里坐坐,"富的廊"里走走;如果无聊,也可以爬爬"梓荫山",摸摸生锈的炮管,听听港口的汽笛声,回想百余年前鸦片战争时的硝烟弥漫。

高中三年,陈琨觉得自己在这所学校遇到无数可爱的人。从门卫的大爷,到食堂打饭的阿姨,从远道而来指导军训的教官,再到侍弄花草的校工,还有与大家朝夕相处的宿舍管理员。

气温骤变的时候,宿舍管理员像家中的长辈嘱咐大家注意冷暖;周末放假的时候,他会睁一只眼、闭一只眼允许大家小小地"放肆",玩玩军棋,"引吭高歌"一曲。毕业了,寝室楼一下子空了,只留下他一人默默地挨个清理寝室。记得那时,一个同学看着他的背影感慨道:"我最大的梦想之一是毕业后赚到第一笔工资,给他买条好烟。"

小小失落感

从小到大,陈琨都算是"别人家的孩子",妥妥的"学霸"。但进入镇海中学后,面对从全省各地来求学的"学霸",陈琨第一次有了"山外有山,人外有人"的感觉。当身上的聚光灯不再,他有了小小的失落感。

刚入学的时候,陈琨先是在跨区班,需要经历一次选拔考试才能进入更好的创新班。那一次考试真的很难。"考试铃响交卷的时候,真的好想哭。"他回忆道。

学校里藏龙卧虎,身边都是"牛同学"。有的趁着初三的暑假,已经把高中三年的课程预习完了;有的不需动笔,就能流畅地说出难题的解题思路;有的学有余力,日常功课一点不落,还参加各种竞赛集训。

而陈琨,刚开始的时候不知该如何应对。"压力太大了,不如就提前放弃。"这一念头屡次在他脑海中闪现。回到家里,他把这一想法跟父亲说了,得到的回答不是同意也不是劝阻,只有一句:"瘦死的骆驼比马大,干吗要提前退场,坚持到最后试试。"重新振作后的陈琨调整状态,不再胡思乱想,沉下心好好学。

于是,周围的优秀同学不再是压力的来源,而是"一座座闪光的宝库"。他开始有意识地观察周围同学的学习方法,以他人之长补己之短,不断进步。临近高考时,陈琨经常位列前三甲。

一句肯定、一次勉励

镇海中学每一位老师都是立体的、丰满的。离开学校十多年,他们的形象依旧在陈琨的脑中非常鲜活。

"看起来也许严厉,但对学生,老师们的内心却是柔软的。对我来说,一句肯定,一次勉励,简单却深刻。"陈琨记得,那是高二一次化学考试。老师出的题目不简单,但他考了个100分。化学任课老师张老师在考卷上写下了一句"好小子"。

这是一位上课时不苟言笑,戴着一副宽大的眼镜,初见有一种威严感,但其实特别可爱的老师。每次嘴角上扬,镜片后的眼睛就会眯成一条缝,特别亲切和蔼。不太善于和老师打交道的陈琨，当时和张老师单独的对话并不多，老师会有这个暖心举动是陈琨完全没想到的事。

只是简单的三个字，却让他的内心油然而生一种成就感。一直以来的坚持和努力得到了认可，相信自己还可以做得更好。陈琨全身心投入化学兴趣小组的学习，并参加了省里的化学竞赛。虽然，最终与获奖加分差之毫厘，但陈琨仍然收获满满。现在想起来，那段时间正是他高中三年最充实的时光。

后来，升入高三，站在人生的十字路口，班主任找到陈琨，直接问："理想的大学是哪所？"那时陈琨的成绩已经上来了，但对高考依旧没底，总觉着那些更高的平台离自己还很遥远，所以就很保守地说了句："浙江大学吧。"班主任摆了摆手，告诉陈琨，要踮踮脚或跳一跳才能触碰到的目标才是一个好目标，才能持续激励自己，目标本身才有意义。

这句话，陈琨咀嚼多次，记在了心里。多年以后，他听到《三傻大闹宝莱坞》结尾时主人公说了句"the pursuit of excellence, success will inadvertently catch up with you"，才回想起班主任说的那句话。一次勉励，对自己的影响是无形且有力的。

高考理科省状元

2008年高考，陈琨考了总分703分，拿下了理科浙江省第一名的好成绩。"分数出来的那一刻，我还有点发懵，总觉得有点不现实，从来没有想过自己能拿到全省第一名。"直到现在，陈琨依旧认为，"考试，除实力外还要靠运气。其实，高考前100名之间分数相差很小，比如全省理科第二名701分，就是我们班的一名同学！"

然而，成功并非真的偶然。陈琨当年的班主任老师王静对他的评价很高：这个孩子是一名全面发展的学生，不仅是省级三好学生、班级纪律委员，而且高中时期已经成为预备党员。临近高考前，10校联考和宁波市模拟考时，他都是第一名。陈琨都是靠自己的认真一步步走过来的。

当年,北京大学宁波招生组老师到达镇海中学,与陈琨面对面交流。"到底想学什么专业?"陈琨那时的想法很简单,无论选择什么样的专业,人生走什么样的路,一定要做一个自立自强的人,能养自己、孝敬父母,同时,做一个对社会对国家有贡献的人。最后,他选择了北京大学光华管理学院,开始新的人生。

人生起步

"大学,一定要有明确的奋斗目标,并且为了这一目标不懈奋斗。"多年后回过头来,陈琨笑说,如果时光能倒转,再让他选择一次,可能心态就会很不一样。

光华管理学院的金融学是当时最耀眼的专业之一。当年,在选择专业时,陈琨坦言,没有做太多的思考,总觉得人生皆有可能,不管什么专业,最关键的是尽力挖掘自己最大潜能,总能找到属于自己心中的舞台。

填报志愿时,陈琨就是把所有有意向去的专业都列了一遍,旁边写上录取分数线,最后挑了一个当年排在最前面的专业。"但其实,我对金融是一窍不通,也谈不上喜不喜欢。"

四年的本科生活,让他领悟到这是一个对知识综合性要求很高的专业,看似门槛并不高,但真正要做到顶端,智商、情商、财商缺一不可。同时这也是一门范畴很广的专业,政治、经济、社会、军事、艺术均有涉及。如果没有广泛的涉猎和人生阅历,很难做到有所成就。

进入研究生阶段,陈琨给自己定了三个清晰的目标,不枉六年的燕园生活:做一次真正的助教——研一这一年,他担任了大一基础课《经济学原理》的助教,这是一门三四百人的大课。做一次完整的实习——从研一第二学期开始,他在某家大行投行部做了近一年的实习。写一篇不让自己后悔的论文——前后半年,集中一个月,他完成了硕士论文,以新的方法和视角阐释社会资本作用于经济增长的机制,这篇论文得到了导师的认可,并发表于专业期刊。

网点经历

在研究生即将毕业的那段时光,陈琨对走学术还是投身金融圈有过挣扎。他说:"当时导师给出的建议是去国外继续读博,但考虑到三到五年后整个社会的发展趋势,再加上我也想投身到金融圈试试自己到底行不行,思考后我放弃了这条路,开始找工作。"

因为那时在北京待了六年,工作是留在北京,还是回南方,比如上海等地,找寻发展机会,一时难以抉择。陈琨相继投了几份简历。机缘巧合下,他通过了中国工商银行总行的笔试和面试,留在了北京。

基层网点是商业银行基本的组成单元,了解网点业务对从事银行工作有重要的作用。他当时应聘的是管培生的工作,和所有人一样,前两年到分行支行各网点锻炼。短短时间,个人业务、对公柜员,接触支票、仓库栈单等,陈琨接触到各种银行业务,也对这份工作有了更为清晰的认知。

"很多人会觉得,一个北大硕士生怎么也要当柜员?有点大材小用。但我觉得,经历是宝贵的。通过三尺柜台,能看到社会百态;通过日常重复操作,能深入银行的毛细血管了解业务原理。"

在这段时间,他注意到网点一些业务操作习惯口头传授,没有系统的指导手册,他就潜心记录下自己在工作中的点点滴滴,同时结合从他人身上吸收到的知识整理成几十页的册子,后来成了同事之间广为流传的"小红书"。

在京13年

转眼间,在北京学习工作已经13年了。如今的陈琨在金融圈摸爬滚打了多年。为了让自己有更好的发展机会,他换了一个工作环境,离开中国工商银行总行,进入了规模相对小些的建信信托部任职。

"很多人都会想到它是一个和钱打交道的专业,很容易有满足感,但其实面对的是巨大的精神压力和市场竞争压力。"陈琨笑说,当年母亲有个公务员梦,大学毕业后也一直建议他回浙江试一试。陈琨考了,也考上了,但觉得性格不合适,还是放弃了。

金融行业并非全是鲜花和掌声,盛名之下,有许多无奈。现在,对标北大众多师兄师姐等金融圈大佬,陈琨过的仍旧是"普通人"的生活。但陈琨的心态更加平和了,以一颗平常心对待工作和生活,便能体会到其中的幸福。

眼下,资管行业发展迎来更大力度政策支持。陈琨想抓住这个机遇让自己的职业生涯更上一层楼。

跟自己比,不和别人比。做可做之事,不动非常之心。寻找合理解释,不让内心纠结。不流连过去,多想明天做什么。这是陈琨简单的生活法则。

高中三年给了我十足的后劲

李梦迪 2008届校友。浙江电视台创投、财经节目主持人,杭州市创业导师,浙江大学求是驿站合伙人,杭州师范大学创业学院荣誉导师,子牙创新创业产业联合会杭州分会秘书长。

开创高端谈话类节目,《中国TOP 100投资人访谈》对话了凯文·凯利、阎焱、徐小平、郎咸平、吴晓波等知名企业家和投资人。公司获得资本市场多轮投资,估值数亿。2016年引进国内上市公司体系知名投资机构安赐资本。2019年孵化成立"看好玩网络科技有限公司",首创"数字化视觉运营系统",涵盖内容小程序裂变、AR现实增强技术,为文旅行业赋能。

镇中印记

如果说人生是一场长跑,我很庆幸没有在高中三年跑得精疲力竭。相反,这三年给了我十足的后劲,让我形成了独立思考的习惯、适应变化的能力、不断学习的动力,并一直保持着对新事物的好奇。所以在这个变化越来越快的时代,我跑得很快乐。

快乐的高中生活

李梦迪考上大学以后才知道,自己的高中生涯要比多数同龄人轻松快乐得多。

当年身处其中时还浑然不觉,镇海中学活动多。作为"十佳主持人"和校广播站骨干,她总有大把的时间活跃在舞台上。考上杭州师范大学后,和身边的同学一聊,才知道很多人的高中生活中只有学习,任何兴趣都要为学习让步。他们在学校的每一分钟都被精确规划,一切都为了高考,作业量大得惊人。

李梦迪很难想象,被学习填满的这三年到底是怎样的。她细细地回忆,在镇海中学,"用功"的标准就是课上听懂,课后完成老师布置的作业。这两点做到,高考起码可以上一本线,与外人印象中"头悬梁锥刺股"的状态完全不一样。

学生用的不是拙劲,是有方法的巧劲,这得益于老师的水平;学生没有夜以继日,是因为老师功夫花在前头。李梦迪知道,他们花一个小时做的题,老师要花十个小时琢磨。课堂上讲的,都是他们探讨、钻研、延伸之后总结出来的共性和方法。

青春记忆中,个性鲜明、风格迥异的老师们,对李梦迪毕业后很多思维方式和认知有很深的影响。记忆中,语文老师王静是个雷厉风行的"职场精英"。很多人觉得,语文凭的是天分和之前的积累,到了高三,成绩就很难大幅提高了。其实在王老师的指点下,逆袭也不是不可能。比如"改错别字"这类题型,很多老师要求刷题强记,而王老师却会帮学生找规律,会从汉字的起源讲起,结合文言文中的典故,让大家真正理解当时的文化,同时也把文言文的字意解释给复习巩固了;针对阅读理解,王老师会培养大家迅速从繁杂的材料中找到重点、提炼观点的能力。在她看来,不管阅读还是写作,最重要的是透过现象看本质。这种思维方式和理解能力的培养,让梦迪在后面的工作中,对于快速掌握文章大意或者理解采访嘉宾的意图,起到了很重要的作用。李梦迪最喜欢的是作文课。王老师常拿着她的作文在班级里朗读。她的"短板"是默写,有很多错别字,王老师像对自己孩子一样用笔假装敲她脑袋,又好气又好笑地让她记住。

英语蔺老师,总是强调"要学得开心,要主动学习",会用很多英文歌来巩固英文语法。现在回忆起来,他真是个"浪漫"的人,有自己的节奏,却又有一套完整的体系。那种"享受过程"的豁达心态一直影响着李梦迪,在后来的工作中让很多困难迎刃而解。

三年的校园生活,就是三年青春和人格的塑造。工作很多年后,李梦迪觉得,有的老师是"商人",总在计算着投入产出比;有的老师是"工人",只是在完成一个工作。但镇海中学的老师很像科学家和艺术家,他们会心无旁骛地钻研教育,也会享受他们所教的专业,更把自己的情感都注入在一届届的学生中,对一件事情的"纯粹"与"热爱"也帮助她形成了丰富、独立的价值观和思维方式。

从青春期走到现在,李梦迪的挚友都是高中的同学。他们互相陪伴,见证了彼此结婚、生子重要的人生节点,留下最纯粹、最宝贵的友情。像所有人一样,姐妹们有小群,群里都是家常和八卦。但不管谁遇到事儿,朋友们永远都在。在工作中,他们遇到镇中校友,会一下子拉近感情,把老师一聊、青春一回忆,几分钟就已如同故交。

"如果用一个词来形容我的高中生活,应该是快乐。"这个真的是很多"外人"觉得不可思议的。付出就有回报的学习快乐,考完试饿了后在食堂边吃饭边可以看会儿 NBA 的快乐,宿舍寝室夜话、到天台等流星雨的快乐,给老师偷取绰号的快乐,连班服都是漫画风格的白衬衫和百褶裙,青春的每一个情绪她都没有落下。在外人看来压力最大的高中,最"应试"的镇中,事实上每天都充实而满足。

走向社会后，李梦迪才明白，"镇中人"这三个字所换来的羡慕、钦佩的目光，由多少代镇中人的心血浇灌。学校赋予了她光芒，也照亮了她的前路，她觉得身上那份希望回馈母校的使命和责任，也闪闪发光。

打碎"铁饭碗"去创业

考进杭州师范大学播音主持专业后，李梦迪在专业成绩上年年领先。在校内，从新生干部、团支部书记到学生会主席；在校外，最佳辩手、主持人大赛一等奖，四年一直是校园里的风云人物，毕业后经过激烈的竞争考进浙江电视台。出镜记者、财经类节目主持人，都是她擅长的领域。

做主持人是李梦迪一直以来的梦想。这个外形靓丽的姑娘从小就担任家乡电台的主持人，一路成长。进了电视台后，台前幕后、主持、编导、记者，把各个岗位都轮了个遍。但她一直在想，从现在看未来，从现象看本质，10年后自己的职业生涯什么样？一个念着台词上妆卸妆的"一姐"，显然不是她的追求，梦迪想做一个有行业积累的主持人，而她的兴趣点在财经上。

双创之年，科技、创投这些最前沿、最新潮、最未来的领域，激发了宁波人内心"勇立潮头"的挑战和求知精神。2013年，李梦迪开始主持杭州大大小小的创投沙龙，采访国内顶尖的投资人。她经常会碰到完全陌生的行业，做足功课、提炼重点、了解本质、举一反三。这些高中就开始培养的思维习惯，让她迅速掌握和积累行业知识；而擅于沟通表达的媒体人素养，让她逐渐积累人脉并意识到创投行业存在的创业机会。帮助创业者和投资人搭建一个沟通的平台，提供创投服务和咨询，这个想法顺理成章地就产生了。

"我经常思考一个问题：如果人可以说走就走，像旅行一样，那你走的时候，在这个空间里你留下了什么？或者这个旅行中你经历了什么有意思的事？"李梦迪说。别人可能不理解为什么这么好的"铁饭碗"说不要就不要了，但在她的眼里，"铁饭碗"的本质不过是给自己工作惰性、工作可能性的一种借口，而创业会加速成长，并带来更多的机会和可能。失败、成功、探索、自立……这些不可替代的经历,都是"旅行"的精彩。

2014年,李梦迪创立"赢加",为创业者和资本搭建了一个平台,获得了国内顶尖资本的青睐。这几年,公司不断创新迭代,也参与孵化了很多项目。她觉得科技提升往往比商业模式创新更有价值,人和团队的成长也比事情本身的成败更有意义。

疫情发生的这两年,梦迪反其道而行之,关注到了文旅行业的相关业态。C端线下流量越来越难获取、传播运营途径传统低效、行业产品服务单一化,这些问题也酝酿着机会。当5G、AR等技术随着基建的完善体现出越来越多的价值时,一直专注技术创新和传播的李梦迪意识到文旅行业的数字化、技术赋能、内容赋能的巨大空间。"数字化视觉运营系统"线上引流裂变,解决获客的问题;线下AR导航导览的使用,可以扫描景观标志物,出现各种音视频介绍,让游客更好地了解景点文化历史,也让景点小程序高频使用。西湖、阳澄湖、陕旅集团、联通这些合作伙伴的信任,也让整个运营模式和技术在实践中更加清晰和可持续。

梦迪说,现在不只是文旅行业,各级县域经济、美丽乡村都在跟他们合作,用数字化找到新的经济增长点。虽然行业资源并不是她熟悉的领域,但是每个行业传播的本质、流量获取的本质,以及产品背后的人性都是相通的。通过现象看本质,高中三年训练的思维习惯又一次帮她找准了机会。

采访结束的时候,李梦迪感慨:"一代代镇中人中出过太多优秀的企业家、科技医疗领域的领军人才、各行各业值得钦佩和尊敬的人,跟他们比起来,我只是一个企业刚成长起来的创业者。上这个校友录好像有点不好意思。不过作为青春在镇中度过的一个最普通的中二少年,我觉得通过这个机会回忆了青春最快乐的三年时光,真的感到欣喜和满足。"

把语文教育做成上市公司主营业务

赵伯奇 2008届校友。上市公司豆神教育董事、副总裁,豆神大语文CEO。2012年北京大学中文系毕业,身负"北大优秀毕业生"光环的赵伯奇,却令人意外地投身了当时看起来门槛有点低的教育培训行业,进入了北京的一家教培机构,后与人联合创立"中文未来",主打大语文教育。2018年,"中文未来"被上市公司"立思辰"收购,改名"立思辰大语文",所属板块逐渐成为上市公司主营业务。2020年,公司整体改名"豆神教育",赵伯奇成为豆神教育集团的副总裁兼豆神大语文板块CEO。

镇中印记

镇海中学培养了学生强大的分析问题的能力,持之以恒和吃苦耐劳的精神。在我们后来的学习和事业中,这些能力和品质都发挥着重要作用。还有一点,则是精英意识。我来自镇海中学,我就是优秀的,镇海中学毕业的不少学生,都自带这样的精英意识,这种意识让我们很认真、很努力地生活和学习。

偏理科的却读了文科

一说起镇海中学,赵伯奇的第一句话就是:镇中的老师特别负责,来得最早(早上 6 点多就到校),走得最晚(晚上 10 点以后才离校)。学生有什么题不会,晚自习值班老师都在办公室,欢迎同学去问问题。朴素、扎实、不浮夸的学风,让同学们都专注于学习这件事情,并且相互影响、相互促进,哪怕原本不那么努力的学生,在那样的氛围里自然也会不断上进。

班主任余勇老师在学习上很严厉,批评起人来有点凶,但在生活上却很和善,会跟大家开玩笑,关心同学们的住宿生活。整个班级学习氛围浓郁,高考整体成绩很好。

偏理科的赵伯奇却在文理分科时选择了文科,余老师当年的一席话起了不小的作用。余老师对赵伯奇说:"你数学好,选文科吧。"这是什么逻辑?一开始,赵伯奇没明白。余老师说:"文科班的同学理科相对弱一点,你数学和地理都好,很容易拉分。"赵伯奇仔细一想,有道理,就跟父母打了个招呼,真的选了文科班。

其实,一开始,父亲是希望儿子选理科的,但赵伯奇在这方面比较独立,父亲也就尊重了儿子的意愿。

之后的事实证明,赵伯奇确实因为数学和地理出色,高考时拉分不少。反而是语文,当时一直偏弱。

2008 年高考,赵伯奇以语文 107、数学 140、英语 134、文综 234 的成绩,加上游泳国家二级运动员 20 分加分,排名全省文科总分第 32 名。

学文的人,语文却是他的短板,大学选什么专业合适?北京大学招生老师的一句话,让赵伯奇又做出了一般人看来有点"神奇的选择"——他进入了北京大学中文系。赵伯奇还记得,当时北大招生组的老师说:"你语文弱,到北大学中文吧,正好把语文补上去。"也许是为了让自己更完美,也许是骨子里的挑战精神,赵伯奇真的把这句话听了进去。后来,他在北京大学中文系打下了扎实的文学、语言学功底,又热心参与系里工作,毕业时被评为"北京大学优秀毕业生"。此后,他的工作、创业都与语文息息相关。

大学期间、创业以后,赵伯奇多次回镇海中学看望老师,和学弟学妹们分享大语文观。后来,余勇老师成了学校分管德育的副校长。2016年,宁波大学与江北区政府签署合作协议,共建宁波大学附属学校(青藤书院),余勇成了首任校长。这所带着镇中和宁大双重基因的名校,创办几年来一直热度很高。

北大优秀毕业生成了培训班老师

2012年北大毕业,赵伯奇没有如一般人想象的那样继续读硕士生,或者选择一份高大上的职业,他一头扎进了在当时社会评价并不太高的教育培训行业。他加入了北京高思教育集团,从事创业策划及文学教学的工作。

这回,不能理解儿子选择的母亲在家里哭了好几天,但依然没有改变儿子的决定。

"当年大学毕业做我这样选择的人确实很少,现在不一样了,现在的大学毕业生选择教培行业的已经很多了。"

为什么进入教培行业?

赵伯奇的回答很干脆:有价值、能养活自己、有未来。

结合自己从小到大的语文学习经历,赵伯奇充分认识到了国内语文教育存在的问题:偏语少文、偏工具性、模式化,学生在学习语文时缺少信息整合、分析的能力,缺乏对事对人的同情心、同理心以及对美的欣赏和感受能力,而这些,都是文的范畴。

很多人会觉得,都是中国人,语文有什么难的?但事实上,赵伯奇发现,学校里的同学,多数学好了数理化,却没有学好语文。很多学生甚至因为害怕背诵、概括中心思想等,而不喜欢语文。"中国人学个语文还不喜欢,这不是很搞笑吗?"这是毕业前赵伯奇在思考的一个很严重的问题。

回过头来看自己的高中时代,当年的语文老师曲瑾其实课上得很好。曲老师会在讲课的时候加入很多自己的阅读体会、旅游见闻和人生感悟,这其实和后来赵伯奇在大语文方面的核心观念"知人论世"有相通之处。"只是当年我的阅读量不够多,学习的方法也没有掌握好,才导致了语文一直偏弱。这一点,我也是后来才明白的。"

"如果能够通过我们的课程、我们的努力,让孩子们喜欢上语文,那我们做的事情就很有意义,也一定有未来。"

赵伯奇的大语文观

在高思工作几年后,赵伯奇已是高思教育思泉语文副总监、教材成书项目经理以及思泉语文中高年级明星教师。后来,他从高思出来,与人合伙创办了"中文未来",正式确立了大语文观。因为发展形势好,没两年就被上市公司"立思辰"收购,并逐渐成为整个公司的主营业务。2020年,"立思辰"正式更名"豆神教育",大语文板块命名为"豆神大语文"。

大语文的核心是什么?

这两年,赵伯奇在一些论坛、峰会,以及与家长的交流中,多次做与此相关的报告或分享。

"颂其诗,读其书,不知其人,可乎?是以论其世也,是尚友也。"这是《孟子·万章下》中一句经典语录。赵伯奇曾在一次演讲中引用这句话给大家进行了一场现场语文教学,并通过"知人论世""三度纠缠""文海锚桩"这三个词,解释了大语文的核心概念。

现在的中考、高考,越来越重视阅读理解和综合实践能力,这必然是一种趋势。孩子们只有从小喜欢语文、热爱阅读,才能渐渐培养起"文"的能力。

比如理解陆游的诗歌，不是背诵几首陆游的诗，把老师讲的中心思想记下来就可以了。最好的办法是从陆游生活的时代背景、陆游本人的经历入手，以同理心去理解陆游的思想感情及其演变过程，从而真正理解他的诗歌。"知人论世"的背后，包含了文学、文化、文史等语文学习中"文"的内涵，也就是学生对信息整合、分析的能力，对事对人的同情心、同理心以及对美的欣赏和感受能力。

与此同时，再融入古与今、中与外、素养与提分的三度纠缠，建立属于自己的教育体系，这就形成了大语文背后的"大智慧"。最终呈现出来的课堂，则是有趣的、有故事的、好玩的课堂，是让学生喜欢语文的课堂。

从"中文未来"到"立思辰大语文""豆神大语文"，赵伯奇和伙伴们关于大语文的理解与架构越来越清晰，也在语文教育改革的时代进程中受到了市场的肯定。如今，豆神教育已经在全国 36 个区域完成布点，国外则在加拿大温哥华和美国硅谷设立了两个分部。他们希望，有华人的地方，就有好的语文教育。

我在斯坦福大学做科研

史寒朵 2008届校友。保送至北京大学物理学院，四年后赴美国斯坦福大学深造，攻读生物工程博士学位，如今留校从事博士后研究。近年来，她专注于显微镜技术研究。针对细菌的单细胞显微工程，她提出并发展了一项高通量的显微技术，使得在一天内筛选上千种菌株样品并进行分析成为可能。此项技术的论文已经在《自然-步骤准则》杂志上发表（史寒朵为第一作者），该技术成为实验室目前的关键技术手段之一。

镇中印记

如果说人生就像调色盘，那么镇中的读书时光就给我涂上了极为清新靓丽的色彩。上高中前的我性格内向，不太愿意跟人打交道，认为埋头读书就行了。镇海中学给我打开了一个全新的世界，逐渐意识到，除了学习，原来还有那么多的事情可以做，就这样渐渐变成一个乐观开朗，有很多爱好，生活充实的一个人。

公园一般的校园

镇海中学的名气很大,史寒朵还在象山上初中时就对这所学校有着向往。她知道,作为浙江省一级重点中学,这里常年占领高考状元榜,被誉为"学霸之地""状元摇篮"。校园历史也非常悠久,文化底蕴深厚。

然而,这一切都是听说的。当有一天,自己真的踏入校门,成了镇海中学的一名学生的那一刻,史寒朵最先惊叹的不是周围都是学霸级的老师和同学,而是校园内看似不起眼的一景一物,"感觉不像校园,更像个公园,太美了"!

校园内绿草成茵,池鱼戏水,石桥卧波。"记得在校期间,尤其是盛夏,我最喜欢做的一件事,就是趁着晚自修前的半个小时,拿着课本独自在校园绿荫下走一走,学习的疲劳顿时纾解。如果天色还不算很暗,就会坐在池边看一会儿书,或者思考一下白天解不出的题目。"史寒朵享受着被大自然包裹的感觉。

到了秋季,孔庙大成殿旁的大花坛,金灿灿的桂花细细密密地缀满枝头,虽然不起眼,却香气扑鼻。她每每经过这里,都会忍不住多停留一会儿,享受自然的美好,一天的心情就会好极了。

多年后回忆起高中时光,史寒朵想到最多的还是可亲的同学和可敬的老师。高一时,有一场年级段的五四文艺会演,班级同学一起商量了下,打算推一个街舞团体表演。因为搭配的是一首动感的摇滚歌曲,手部脚部的动作都很多,没有舞蹈基础的同学早早打了退堂鼓。最后,班上只有一半的同学参加,史寒朵就是其中一个。

"虽然也没有学过舞蹈,但很想挑战一下,看看自己行不行。"史寒朵想着不过就是几分钟的音乐,跟着大家一起做就好了,肯定难不到哪里去。然而，现实很真实，在团队训练的一个月时间，她经历了满怀信心、逐渐怀疑、重新调整等一连串的内心起伏。

文艺委员蔡凌杰刚开始教大家舞蹈动作时，为了让每一拍的动作精准，用的是慢动作。一旦音乐响起，步伐就要调整过来，跟上实际的拍子。史寒朵起初没有悟到其中道理，经常是别人已经跳下一拍了，自己还在上一拍，显得格格不入。"同学们都很友善，相互加油鼓励，文艺委员还利用休息时间再给我们几个动作不太协调的同学作指导，有爱的氛围至今印象深刻。"史寒朵说。直到现在，许多高中同学还保持着联系，成了分外珍惜的朋友。

物理竞赛队中唯一的女生

镇海中学非常鼓励学生在自己擅长的学科领域深入钻研，也有参加各个学科竞赛的传统。史寒朵一上高中就参加了物理竞赛的培训。尽管这门学科，一度被认为是传统男性优势学科，无论是平时学习还是参加物理竞赛，女生能脱颖而出的就极少。

"有的女生会有压力，而我一直没有这样的想法。"谈及女生学物理的优势和劣势，史寒朵感觉更多的是一种心理上的预设障碍，就像不少人认为"女生就应该学文科""女生天然就学不好数学"，并且自我加强这种意识。

这方面，史寒朵很感激学校为自己创造的成长环境和良好氛围，从来不用这种偏见来限制她的选择。因为对物理感兴趣，特别是物理理论往往有实验验证，有肉眼可见的规律可循，就会觉得很酷、很有意思。"如果女生们能想清楚自己想做什么，能意识到自己心中最重要的事情是什么，可能会少一些阻力，多一点动力吧！"史寒朵说。

史寒朵当年加入镇海中学物理竞赛培训队，总共 20 多名选手，女生只有 2 个。一年后，因为种种原因，另一个女生退出了，她成了队里唯一的女生。课余时间，学校安排兴趣小组，有教师给予学科竞赛的指导。与此同时，同学之间相互讨论，史寒朵在这样的氛围中成长很快，激发了学习的兴趣，提高了学习的质量。

"我很感谢当时的指导老师。当时他还很年轻,上课看起来严谨、一丝不苟,但下了课和我们相处得就像朋友,非常平易近人。"史寒朵记得,当时老师手上有一本"红书"——物理学难题集萃,16开,1000多页,市面上已经很难看到了。抱着好奇,她提出想借阅一下,没想到这位老师二话没说就给了她。后来长达半年的时间,老师都没有催问。

后来,史寒朵和另外一名男同学代表镇海中学参加2008年全国物理竞赛。老师陪同去北京比赛,路上一直在为他们加油鼓劲。"相信你们可以的!""你们的实力没问题!"第一次走出校门参加比赛的史寒朵,上场前一度紧张又忐忑,就像参加高考,但回头看到指导老师的淡定的脸,又平静了许多。

那一年,竞赛题量相比往年大了很多,能答完题的选手全场不超过10个。史寒朵虽然答到了最后,但有半道题因为不会做是直接跳过的。能不能拿到好的名次,她心里没底。直到后来,名次公布,她和同学都拿到一等奖,排名还很靠前,这一刻师生三人开心极了。因为这次比赛,史寒朵拿到了保送北大的资格。

IPhO最佳女生奖

2009年,准备参加在墨西哥举办的第40届国际物理奥林匹克竞赛(IPhO)之前,史寒朵和队友们在北大有半年的集训时间,其间得到了诸多训练,包括理论上的提高和实验上的辅导。

IPhO赛场上,也是男生多、女生少。在此之前,中国仅有3名女选手入选国家队参加IPhO并获得金牌。自20世纪末南开中学的刘媛获得第29届IPhO金牌后,中国十年来的IPhO金牌一直被男选手垄断。但史寒朵没有怯场,反而更加坚定从容。想要制胜,除了要有沉着、冷静的心态,关键还在于扎实的基础知识。只要准备好了,就没什么好担心的。

那一届,面对80多个国家和地区317名选手,作为中国队5名选手之一的史寒朵很自信。她感到考试本身并不难,只是时间特别长。实验和理论分在2天考,每场5个小时,做下来感觉筋疲力尽。

实力证明了一切。史寒朵以总分和实验第一名摘取本次比赛的金牌,并获得最佳女生奖,成为IPhO历史上第一位勇夺三项个人单项奖的女生。诺贝尔物理学奖获得者、美国普林斯顿大学Taylor教授特地为史寒朵颁发单项奖。在场全体队员为她三次起立鼓掌。竞赛会刊最后一期的整个封面刊登了这个姑娘的大幅照片。

在镇中的三年,史寒朵兴趣广泛,爱阅读、爱运动、爱钻研。从《诗经》到《飞鸟集》,从庄周到尼采,从大江东去到晓风残月,她都很有兴致地阅读。她也爱运动,课外活动时常会到球场上打篮球或到乒乓桌前打上几个回合。她还爱研究,作为研究骨干参与的《关于镇中学生对科幻的态度以及所受影响的调查与研究》《镇海中学校内景观水水质调查》和《高二(1)班开题报告可行性操作方案设计》等三个课题均被评为校级研究性学习优秀课题。高三时,她高票当选为"镇中十佳"。

从北京大学到斯坦福大学

2009年,根据国家中长期教育改革和发展的相关部署,北京大学作为第一批启动试点院校开始实施"基础学科拔尖学生培养试验计划",以数学、物理、化学、生命科学、计算机和环境科学等6个具有传统优势的理工科为试点,大力开展基础学科优秀人才创新培养的探索与实践。砥砺10年,"拔尖计划"成果斐然。北大培养了一大批站在科学研究最前沿的青年学者,史寒朵是该计划培养的成功典型代表之一。

本科阶段提早接触科研,跟着导师欧阳颀,参与合成生物学里标准元件的构造等项目研究。对于史寒朵来说,这是很珍贵的经验。她在回顾自己的学术之路时表示:"非常感谢本科时学院的支持,让我能够尽早进入真实的科研环境,同时,学院给予的选课自由度很大,我拿到了生命科学辅修学位。

在本科时期奠定的基础使我在博士期间受益匪浅。"

在北大读本科的四年里，史寒朵还辅修了生物。"科研很大程度上是相通的，用学科的限制来定义或许本来就不是特别恰当。"考虑到更长远的发展可能性，史寒朵在选择读博的学校和专业时，没有太多犹豫，将美国斯坦福大学的生物工程作为自己的奋斗新目标。

独自一人到异国求学，刚开始最大的障碍不是科研上的，更多是语言的不通，闹了不少的笑话。比如点餐，只能跟店员说"this""that"，或者用手比画、用手机翻译软件沟通。

等到适应新生活后，史寒朵发现这里的科研氛围全然不同。斯坦福有更广阔的平台，供大家交流讨论，同时也很鼓励这种交流的氛围。比如，在斯坦福，她平均每一两周就会发现一个和自己研究方向相关的讲座。如果有兴趣，讲座之后还可以和演讲者一起吃饭交流。在校园中，她经常能遇到很多来自知名高校的教授开讲座，和他们交流讨论往往能收获颇多。"我们系里跨实验室的合作很多，而这样的合作往往都是由学生之间相互交流开始起头的。"

近年来，史寒朵专注的显微镜技术研究，针对细菌的单细胞显微工程，提出并发展了一项高通量的显微技术，使得在一天内筛选上千种菌株样品并进行分析成为可能。此项技术的论文发表在《自然 - 步骤准则》杂志上（史寒朵为第一作者），成为实验室目前的关键技术手段之一。2019年6月，史寒朵荣获斯坦福博士学位后，决定留校从事博士后研究。

"未来还有无限的可能性，我希望继续往生物方面的科研努力。比如现在越来越受到关注的健康领域，针对肠道菌群的研究。人体的肠道有近100万亿个细菌，这些细菌与人体相互作用，对人体的健康有巨大的影响。我希望通过做定量模型，来探索如何控制菌群，让它们更加平衡。"史寒朵透露。因为生物方面的科研往往应用前景比较广泛，目前有很多大公司的科研实力不亚于科研院所，所以她也在考虑这方面的工作。

第七篇章

21 世纪 10 年代

以德为本

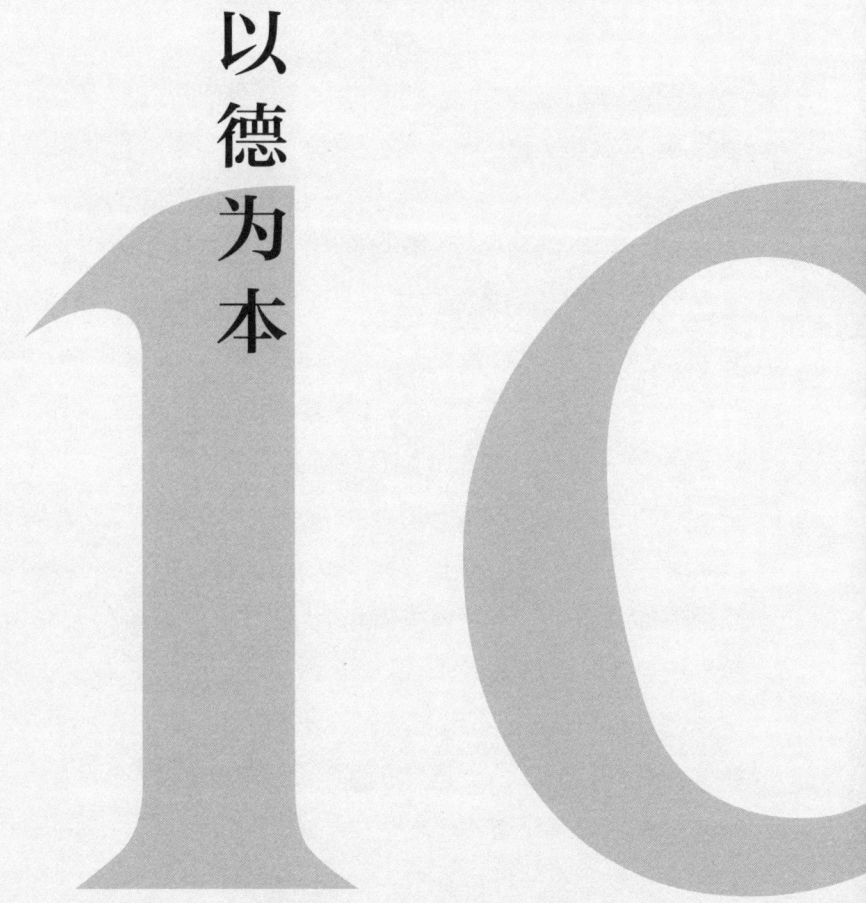

21 世纪 10 年代

21世纪10年代的校友,其实走上社会没几年,有的大学还没有毕业。但他们的人生经历却如此丰富。从被推荐的代表中可以看出学校的价值选择:他们未必是同龄人中成绩最好的、社会地位最高的,但是,他们孝敬父母、热心公益,且心怀天下、乐于奉献。

吴国平校长说:"所有的教育最终都要回答好一个问题,那就是:我们将'成全'怎样的人?"这一代人,赶上了一个得天独厚的时代,一出生就能享有改革开放的经济成果。他们长大的时候,地球已经变成了一个村,互联网的触角已蔓延到生活的角角落落,一个更丰富的信息社会正扑面而来。正因为他们拥有更多的机会,更多的选择以及更多的诱惑,才更应该懂得内心的坚守,才更显德育的重要。

"我们培养的学生,一定不能成为'精致的利己主义者'。"这是吴校长的坚持,"社会越发达,越不能忽视道德建设。拒绝道德冷漠,要从培养乐于奉献、勇于担当的学生开始。"

从首届毕业生、党章守护者张人亚开始,镇海中学就带着"以德育人"的理念在百年发展中砥砺前行、薪火相承。"走多远都不能忘了初心,学习最大的动力是家国情怀,这是一种价值追求,也是一种责任担当。"

最亮的灯塔

计　羽　2010届校友。2010年以浙江省理科第三名成绩考入北京大学光华管理学院金融系。现为手工西服品牌言拾羽创始人、CEO。

镇中印记

在镇中的3年、北大的4年求学生活，对现在的我影响还是非常大的。虽然当初学过的数理化、背过的古诗词，现在大多已经不记得了，但是学生时代养成的很多习惯，自学的能力，面对难题、困境时永不言弃的心态，都深深地留在血液里，给了我坚持梦想的勇气。

想成为闪闪发光的人

2007年前,计羽一直在老家象山念书,初中进了象山港书院,当地最好的中学。以他当时的成绩,三年后考入象山中学,也是顺理成章的事。

"史寒朵,你知道吗?她是我们学校的传奇,初三时考上了镇海中学,就在那个时候,我知道了镇海中学。"年少时,谁不梦想着成为闪闪发光的人?计羽也不例外。

整整一个初三,他拼命复习,参加多次科学竞赛,终于如愿以偿,拿到了镇中创新班的"入场券"。"那年共有两个创新班,1500多名学生报考,我是第26名。"

当自信的少年扬着脸奔向理想的未来,说不得意,那是假的,但很快,计羽发现,所谓未来,仍路途遥远。

"一入镇中,心态全崩。"尽管如今玩笑以对,但计羽在镇中的头几个月,并不好受。"考试经常不及格,比如数学题,总共才10题,我做了足足三节课,还是不会!"

"镇中是海,你们是船,水涨船高,对自己的要求应该再提高点。"班主任的一番话点醒了失落的计羽,也召唤出了他心底里那股不服输的信念。

倒数第三的逆袭之路

镇中的教学独树一帜,课堂时间45分钟——40分钟讲题,5分钟讲课。如何在5分钟内吸收整节课的要点,哪怕是班里最牛的"学霸",也需要适应期。

"在这样的状态下,我们必须找到更高效的学习方法。"用计羽的话说,就是要练就火眼金睛,主动降伏每一个难关。没有一颗"强心脏",很难笑到最后。

高中前两年,计羽和班里的几名同学都在准备竞赛。"当时全校 300 个理科生,前 100 名参加自主招生,在剩下的 200 名中我考到第 80 名。我们班有 15 个同学准备高考,我的成绩在当时是倒数第三。"计羽说。那时候,他的心理压力非常之大。

高三下半场,计羽不断调整状态,老师也全程"陪跑"。"记得有一道解析几何题,我怎么也做不出来,都怀疑自己的运算能力了。金国林老师足足整理了 100 多道同类题给我,我也埋头做,花了一个星期的时间,终于吃透了。"

星星点点的努力,终于迎来了人生中的"高光时刻"。那年高考,出了名的难,浙江省理综的最高分只有 266 分,计羽考了 254 分,总分 729 分,全省理科"探花"。"知道排名那天,我抱着我爸妈乐疯了。"

"其实拿到试卷时,我也是两眼一抹黑,物理有一道题直接空题了,考到手心全是汗。"回想那时那刻,计羽的语气也不自觉地急促起来,"我记得很牢,黄国荣校长曾说过这么一句话,'物理这杯水满了,就别倒了,该去补补其他短板了',所以我很快让自己镇定下来,不会做的就不做了,争取用后面的化学、生物补回来。"

"镇中就像一座灯塔,指引着我踏浪前行的航向。"就在那一年,这个无畏无惧的少年就像惊涛骇浪中的水手,凭借一身胆色闯过高考,驶向心目中的象牙殿堂。

创业路上永不停歇的冒险

2014 年夏天,计羽从北京大学光华管理学院毕业。与奔赴金融行业的同窗们不同,他选择了"毕业即创业"的 hard 模式。

"去私募基金实习过,在金融市场翻滚过,发现自己还是喜欢做些实实在在有价值的事。"于是,他和同学陈柞同合伙成立了"创知路教育",一家以自主招生培训为起点的教育培训公司。"2013年,竞赛加分政策取消,我们认为,势必会催生一个比较火的自主招生市场。"

为了实现创业梦,计羽和陈柞同进行了长达一年的准备。"我们都有在教育机构实践的经历,与老师、家长们也有深刻的交流。在进行了全国面上的考察后,更加坚定了创业的决心。随后,我们扩展团队、编写教材、设计课程,过程还是蛮顺利的。"

计羽回忆,公司的第一站宣讲就在镇中,"很受师弟师妹们的欢迎,心里非常有成就感。"

凭借着才智与努力,短短一年,计羽的团队就取得了不错的进展。他们在11个地区开设了课程,也有了一定的盈利,团队扩展到40人左右。

创业是一场永不停步的冒险,计羽就是这样一个不知疲倦的"冒险王"。

"我们的团队里有80多个兼职学生。每到暑假,就看到他们为实习的西服发愁。"计羽说,很多大学生为了参加实习或工作,都会准备一套西服,但又苦于找不到合适的西服。出于为学弟学妹服务的目的,他与北京的一家定制店达成合作,由后者提供量体与西装定制服务。

效果出乎计羽的意料。他在朋友圈发了4篇微信宣传稿,竟带来了月均10万元的订单。不仅如此,有家EMBA公司也找到他,委托计羽为其员工定制西服。计羽认为这是一门不错的生意。于是,他在2014年11月成立公司,项目定义为一家轻奢男士西装定制品牌。

"发朋友圈每个月赚10万元",也引起了投资人的兴趣。公司于12月获得150万元的天使轮融资。

资金到账后,他做的第一件事,便是把前期的合作工厂拉入团队,成为股东。

接下来,为引导用户在手机端下单,计羽将西服的各个款式拆分为20余个SKU,以帮助消费者在线选款。

系统研发完毕后,他邀请十余位创业的北大校友,为其定制西装并发布文案。

6个月后,账上只剩50万元。这时他才发现,自己光顾着花钱,却没有产生实际的订单,而团队已扩展到 30 余人。

情急之下,他考虑到能否为用户提前量体,从而使消费者养成线上选款的习惯。8 月,计羽凭借一些现场活动吸引了一些订单,但挽回不了团队离散的人心。

自 2014 年 12 月到 2015 年 9 月,150 万元的天使轮融资迅速耗尽。他傻了眼:"没拿到钱的时候都没想过这件事居然能赔钱。" 30 多人的团队剩下他一人。

无论如何,先完成手头上的订单,不能失信于客户啊。没有时间沮丧,计羽很快振作起来。然而彼时,市场正值订单旺季,工厂看着计羽无力回天,便搁置了计羽的订单。

无奈之下,计羽考虑着找家西装供应商,交付这批订单。庆幸的是,事情迎来了转机,宁波的供应商对计羽的创业颇感兴趣。

经过工厂 CEO 的点拨,计羽一番反思后,发现自己仅在意通过互联网方式抓取用户,却忽略了服装定制行业的核心是获取客户满意度,做好每一件衣服。

恰好这家工厂的专业能力过硬。衣服交付后,计羽获得了客户的称赞。同时,之前的宣传也收到了回应:一名北大校友希望定制 10 件羊绒大衣赠送给好友。既然客户认可,且工厂愿意支持,他重新燃起了信心,决定继续做下去。

创业没那么容易,一行有一行的门道。经历风浪后的计羽更加清醒地认识到"唯有匠心恒久远"。

这时,他对行业规律已有所理解。在他看来,因为自己缺乏资金经营品牌,也无法聘请专业人员为客户服务,所以客户口碑维持不下去,进而无法获得持续的订单。

于是,计羽决定再赌一把,向客户发起众筹。没承想,客户明知合同漏洞百出,却仍支持了 60 万元的启动资金。在他看来,这是一种莫大的支持与鼓舞。为了给客户更好的体验,他还曾亲自在门店里做了半年的客户接待,迅速累积的口碑也让计羽的西服品牌进入了更多消费者的视线,甚至还登上了春晚的舞台。"去年央视鼠年春晚上,主持人任鲁豫的'千里江山'青年装和钢琴家郎朗的'松柏'青年装都是出自我们设计师之手。"

也许创业路上,崎岖有时,坎坷有时,但如今的计羽,越走越踏实了。

高考不过是一个必然会降临的节日

李 乐 2010届校友。2010年浙江高考理科状元，Studio MOR 杭州墨儿工作室合伙人、BUG office 北京不格工作室合伙人、2019 LABIRD 建筑工作坊五十岚淳组助教，曾就职于沼野井谕建筑设计事务所、上海现代设计集团，曾任赵扬建筑工作室项目负责人。

镇中印记

建筑最重要的是什么？不是融入了多少前沿理念，体现了多少别出心裁的创意，而是设计中体现出来的人文关怀。我现在明白，为什么镇海中学的理科班总是要配一个文科老师做班主任，因为不管学生将来从事什么行业，做什么事，都要了解人的需求和心态，都离不开对人的关心和理解。

从象山到镇海

李乐出生在象山,父母在海边的小镇上开了一家洗衣店。他们从来没有想过会培养出一个省高考状元。就像给儿子取的名字一样,他们对李乐的期许,只是"快快乐乐"。

如果非要总结什么"教育经验",那就是宽松的家庭环境。李乐从小是放养的,父母辅导不了他的学习,但给了他充分的信任和自由。这个聪明且省心的孩子从小成绩就拔尖,考进蛟川书院后也不例外,理科尤其出色,科学竞赛拿了省里的一等奖。

中考有个小插曲,当时他以为有这个省一等奖可以直接保送镇海中学,最后一个学期几乎没有好好学习,到最后才知道政策有变,只能硬着头皮去考试,最后以高出分数线0.5分的微弱优势进入镇海中学创新班。

创新班高手如云,李乐的成绩只能算中等偏上,但他保持着一如既往的佛系心态,哪怕语文和英语常拉后腿,也不怎么放在心上。

偏偏,当时班主任周爱红是语文老师,盯得很紧。本来每天最后一节课是活动课,李乐很喜欢踢球,但只要还有没有完成的作业,没有背完的单词,没解决的问题,周老师一定盯着他,全部做好才能出门。

镇海中学有一条不成文的规定,理科班的班主任让文科老师来当。为什么要这么做?李乐很久以后才体会过来。

高三那年,李乐获得了浙江省物理竞赛的一等奖。凭着这些奖,他信心满满地参加了清华大学的自主招生考试,却没想到在首轮联考笔试中就被刷了下来。

这可能算李乐人生中第一次比较大的"失败"。从小顺风顺水的他突然意识到,原来一切并没有那么容易,原来很多目标并不是只要努力就可以实现。接下来的期末考试,他又遭遇一次惨败。他考了倒数几名,差点垫底,整个人都灰头土脸。

所幸,最没有信心的时候,周老师时常安慰、鼓励他:不过从头再来,没什么大不了的。扔掉包袱,踏踏实实打基础。高考,又是一个全新的开始。

李乐天性乐观随和。在老师的开导下,他豁然开朗:成长,就是从一次次的挫折失败中获取经验。高考,也不过是一个必然降临的节日。既然早晚会来,又何必紧张焦虑?镇中已经提供了很高的底线。考试那天,他心里特别踏实:"我觉得上个前1000是没问题的。"

十年后,他还清楚地记得成绩出来的那个晚上,先是清华大学招生办的老师打电话来报喜,说他考了740分,是浙江理科第一名!半小时后,北京大学招生办打来电话报喜。晚上10点,清华大学的4位老师赶到家里了解他个人的情况,说是要结合他的强项和兴趣推荐专业;11点,北京大学的老师也赶来了;其间,记者要求采访的电话一拨接着一拨;送完客人,他发现香港大学的老师也在QQ上留言;而第二天一早,北大和清华的老师又陆续到了他家……

李乐坦言,他从来没有享受过如此众星捧月的感觉,那天的心情是有一些"飘"的,回到学校后也有些恍恍惚惚。倒是吴校长见他被各学校招生办老师团团围住飘飘然无所适从,眉头一皱泼了盆冷水:"别太把自己当回事,静下来好好想想以后到底想做什么!"

他很感激,吴校长这一句及时的提点,让自己不再被胜利冲昏头脑,冷静下来去认清形势、客观思考,而不是沉浸在喜悦中无法自拔。

他认认真真地想了一天,第三天中午12点决定,报考清华大学强大的建筑系。

"高考是一个必然会降临的节日,但是,过去了也就过去了。"他对自己说。

建筑设计师之路

在清华大学就读时,李乐延续学霸体质,成绩优异,获奖很多,并荣获 IVA 国际威卢克斯建筑学生设计大赛第一名。

本科毕业时,班上 34 名同学,19 个读研,10 个出国,只有 5 个人直接工作,李乐就是其中之一。他希望自己的理念尽快落实到一座座具体的建筑,承载真实的人、真实的生活。当时学长赵扬在大理开了一个工作室,他们又志同道合,李乐便爽快地去上班了。

第一单就是给女明星设计 1500 平方米的别墅。李乐的印象中,这位女明星气质空灵,那栋朝着洱海的别墅,也应该出尘脱俗。但出人意料的是,女明星要求的是舒适、放松,"方便厨房做饭,书房发呆,玩玩手机,啥也不干"。她说这是自己不为人知的一个家,不需要出挑,也不需要凹造型,她只想轻轻松松舒舒服服做回自己。

这一次设计也让李乐重新认识了建筑与生活的关系。在做了一系列高档酒店的设计和改造后,2016 年,李乐接到一个特别的单子。甲方是宁波象山老家的父母,这一次他要设计的,是自己从小长大的家。

这是一个最接地气的设计,也是花心思最多的设计。经过李乐的改造后,老李家的新房很朴素,看不出什么匠心独具的亮点,墙面雪白,室内敞亮,室外街坊市井的烟火气也仍在,大家也说不出具体哪里好,只觉得舒服。

他太了解自己的父母了,每一个细节,都在迎合他们的生活习惯——

他们每天都要忙生意,所以一楼还是干洗店,店面必须设计得更气派、宽阔,另外加一个独立的干洗操作间。

厨房、餐厅要在一楼,这样吃饭的时候也能随时照顾到店面的生意;一楼铺着耐脏的地砖,方便街坊邻居随时来串门。他本来觉得地板好,但地板一铺,别人都不敢跨进来了。想来想去,又在厨房区域加了一个小型会客空间,邻居可以随意地坐在沙发上闲聊。

妈妈习惯用井水洗海鲜,于是一楼开了一个面对水井的侧门,洗菜池就做在水井旁边,可以直接洗鱼虾,进出也方便。

爸妈爱热闹,二楼便做了一个招待客人的茶室。天晴的时候,阳光会照进来,在这里谈天喝茶拉家常最好不过。

父母的主卧放在东南面,外面是阳台。爸爸喜欢养花,阳台就是他养花弄草的花园。一抬头就可以看到远处的群山,那是爸爸常去挖笋的地方。偶尔捎来几棵小树苗,竟然也长得不错。

他们喜欢晒笋干、鱼干,于是三楼做了两个露台。

农村人讲究实在、敞亮、方便。房子最不需要的就是浮夸炫技的设计,越生活化越好。

李乐特别了解父母的需求和审美,从不打算改变他们的观念,觉得只要他们舒服开心就好。他在高级简约的现代风格中揉进各种温暖细节,打造了一个充满亲和力的空间、一个真正的家。

李乐很少回这个家,但每次回来就喜欢在客厅沙发的贵妃榻上睡觉,抬眼就能看到正对茶室外的花园,看到母亲晒个东西,父亲弄弄花草,那种踏实的感觉真好。

李乐参与设计过云南迪庆藏族自治州德钦县雾浓顶村的既下山·梅里酒店,还入选被酒店爱好者奉为圣经的 Design Hotels 联盟。他觉得,旅居也需要家的感觉。

不管将来走多远,家都是归处。让家舒服,就是最成功之处。

那满天繁星

孙　尧　2013届校友。北京师范大学2017届毕业生，后于2019年获牛津大学硕士双学位。大学时创立满天星民族文化传播公益组织，并获首都大学生创业大赛公益创业赛金奖第一名，出国留学时将中国民族文化带上世界舞台。2021年初，"边原满天星"民族文化研学服务平台获2020北京文化消费品牌榜"十大文化消费创意IP"。在全国多个城市，"满天星"开始落地。孙尧正带着自己的公益组织，在传播少数民族文化之路上寻寻觅觅、执着向前。

镇中印记

　　镇海中学不仅有严谨的教学氛围、负责的各科老师，还有斑斓多彩的社团活动。从高中时参加慈善社，到大学时创办"满天星"、毕业后全职公益，我相信每一份经历都有其意义。

会玩的理科女生

2019年,孙尧收获了牛津大学教育学和工商管理双硕士学位后,毕业回国。令人没想到的是,回国后她竟然一头扎进了民族文化传播的公益事业中,全职担任了自己在大学时创办的满天星民族文化传播公益组织负责人。短短一年多时间,她在民族文化传播方面做得风生水起,对未来也有了更多的规划。

说起公益,孙尧很自然回忆起了自己在镇海中学参加的第一个社团组织——IDEAL慈善社。那是她公益活动的启蒙,也是她在镇海中学多彩社团生活的开端。

每年4月,镇海中学总会上演一出"百团大战",那是全校50多个社团招新的时间。2011年的4月,孙尧读高一。第一次看到如此大规模的社团招新活动,她切身感受到了,在镇海中学不只是上课做作业,还可以有丰富的课外活动。在众多社团中,她选择加入了慈善社。因为有一次,她去学校外面吃兰州拉面时,看到一个本该读书的孩子跟着妈妈在店里打工,她觉得自己可以做些事情。之后,孙尧真的和社团成员一起,组织了一系列关爱随迁人员子女的活动。他们组织外教带孩子们做活动,给随迁人员子女送去高质量的课,还采购书籍做奖品,孩子们可以靠自己的努力来争取。

到了高二,有了社团经验的孙尧,参与创办了镇海中学一个全新的社团——模拟联合国。该社团活动源自美国,是一项历史悠久、开展广泛的学生活动。2001年开始,模拟联合国走入中国并迅速发展,成为许多大学和高中里备受欢迎的活动。当年,镇海中学国际部的同学提出创办模拟联合国,一直与国际部同学玩得比较多的孙尧,参与了创办工作,并担任副主席。这之后,模拟联合国活动锻炼了一批成员的国际眼光、交流与合作能力。

同一年,孙尧还成了刚刚创立的光阑摄影社的第一个社员。后来,她背着爸爸买的卡片机,在校园里拍了不少优美的照片。有的照片被校刊采用,让她颇有成就感。

"我属于我们班里很会玩的人,在各种活动上都很活跃。校运会上,50米、200米、800米、4×100接力、4×400接力、篮球运球……一个人参加很多项目。"

回想自己的高中三年,孙尧非常感谢班主任、语文老师高培圣,因为高老师包容着学生们的各种个性。高中前面两年,给了她足够发挥的空间。高培圣老师,外号GPS,他就像导航系统一样,把握着大的方向,却给予学生过程中的适度自由。

一直到高三,高老师对孙尧说,现在开始要认真准备高考了,希望把更多注意力从社团活动转移到学业上,每周到老师这里来汇报,这周有哪些新的进步。

度过了丰富多彩的高中前面两年,孙尧也明白,自己该收收心,好好面对接下来的人生考试了。于是,她退掉了社团,投入到学习中,并每周向高老师汇报。如果有进步了,高老师就会送她一本书。"尽管我并没有看完这些书,但得到老师的鼓励和重视的感觉很好。"

大学转系

孙尧成长于一个知识分子家庭,父母都是教育领域工作者。在耳濡目染中,她对教育产生了浓厚的兴趣。2013年,她被北京师范大学录取。她高考那年,北师大的教育系在浙江只招文科生,但孙尧在高中时是理科生,所以她最终进的是英语系。一直对教育感兴趣的她一进学校就做好了要转专业的准备。入学半年以后,当时身处英语系的孙尧成绩优异,在真正决定转专业时,英语系的老师告诉她,转专业意味着要放弃国家奖学金等荣誉。虽然纠结了一阵儿,但最终她还是跟随内心,转了专业。

"我特别喜欢高老师的还有一点是他的认识和眼界。刚转到教育系的时候,别人遇见我总说'你要做老师去了呀'。但我给高老师发信息的时候,高老师说,'这才是我认识的孙尧。你以后就要做研究,指导和引领教育工作者,要承担更大的责任,更加努力'。"

高老师曾经还说过这样一句对孙尧颇有影响的话:理想的生活,就是为了理想的生活。"我也曾去世界500强公司实习过,但一直没有找到动力。现在做着满天星的事情,我就觉得找到了自己的理想,做事很有动力。"

创办"满天星"

大二暑假,孙尧参加了北师大和美国密歇根州立大学合办的"全球视野未来教育家"培养项目,到美国的幼儿园、小学、高中、大学体验他们的教育制度。有一次,她和同学一起在美国一所高中听课,其间老师说起中国的56个民族,就点名让孙尧介绍一下。当时的孙尧脑子一片空白,她发现自己对中国少数民族文化知之甚少,根本讲不出什么。

对一般人来说,事后通过查资料、阅读,弥补一下自己的知识缺陷,这事儿也就过去了,但是孙尧却陷入了持续的思考中。她发现越来越多的少数民族文化在消失、被遗忘。渐渐地,她萌生了想要做点事情的想法。

回国以后,孙尧随着自己的青海土族同学去青海,她想了解土族的民族文化。在当地,她们遇上了土族的狂欢节——纳顿节。这个号称世界上最长的狂欢节,需要四代人一起表演。然而,孙尧发现,如今的狂欢节上,没什么年轻人,都是老年人。当她想找当地的年轻人说土族语拍一个视频时,再次发现当地的年轻人已经不大会说本民族语言了。

从青海回来,孙尧就想要做一些民族文化保护和传播的事情。2015年5月,满天星民族文化传播公益组织成立。孙尧和几名同学是核心成员,而北师大的教授们为这个公益组织提供了不少的系统支持。之后,全国各地的大学生通过公益平台报名加入进来。为什么叫满天星?孙尧说:"民族文化是我们的瑰宝,它应该也像繁星一样,让全世界的人们都可以了解它、欣赏它,播撒大地,寄托希望。"她希望,他们能把灿烂的民族文化讲给孩子们听,讲给全世界听。

最初,孙尧的想法很简单,就是想送大学生们去少数民族地区看一看,做一些调研。2016 年,她和她的团队联系到中国民族教育与多元文化研究中心,用经费送 10 支队伍去少数民族地区寻找最后的手工艺人。但是后来,孙尧发现,1 万块钱可以支持一支队伍去乡下进行 7—10 天的调研,但是 1 万块钱放在北京中小学开课的话,可以上整整一年的课。民族文化的种子应该从小就种在孩子们心里,这样的影响更为深远。

于是,"满天星"的调研团队开始走访全国各地少数民族地区,开发具有吸引力的课程。到目前为止,"满天星"已经开发了多元民族文化中小学选修课程、博物馆公共教育课程、民族地区文化研学课程、在线大师公开课、少数民族儿童自信心课程等多品类教育项目。通过这些课程,越来越多的城市孩子开始了解传统的民族文化,也有不少少数民族孩子接受了本民族的文化教育,培养了民族自信心。

走向世界舞台

渐渐地,"满天星"日渐成熟,孙尧也开始考虑继续追寻自己的梦想。留学是她上大学时就有的规划,出国也可以把她们的项目带到更大的舞台上去。经过努力,孙尧拿到了牛津大学、哈佛大学、剑桥大学、哥伦比亚大学等多个世界名校的 offer。最终,她决定前往牛津大学深造教育学和工商管理双学位硕士。

研究生阶段,孙尧把中国民族文化带到了海外。平时,他们经常在学校里举办各种活动,比如两个小时的活动,一个小时讲解中国少数民族文化,一个小时用来 DIY 少数民族相关技艺。他们做过蜡染,也做过刺绣。春节时,她和她的团队一个月内就在英国做了 11 场活动。令孙尧印象最深的是一次在牛津大学里举办的面向社会的文化交流活动。很多从世界各地来的人们带着自己的想法与他们沟通,而他们也把中国的民族文化向各地的人们进行传播。

2019年5月4日,牛津大学举行纪念五四运动100周年青年座谈会。中国驻英大使馆教育处王永利公参,牛津大学、雷丁大学等全英多所高校的中国学联主席参加,孙尧作为学生代表之一受邀参加了座谈会。座谈会上,孙尧介绍了她在传播少数民族文化过程中的所见所闻所感,她希望以多姿多彩的民族文化为切入口向外国朋友讲好中国故事,通过文化交流促进国际理解。

困难与破解之道

其间,并非一帆风顺,资金问题一度令孙尧有些困扰。一开始,因为所做的事情很有意义,他们获得了企业赞助,但受各种因素影响,赞助商总是不太稳定。有时,双方的诉求也会有所冲突。

后来,在朋友的启发下,孙尧带着项目参加了首都大学生"挑战杯"公益赛事,并突破重围获得了北京赛区金奖,拿到了部分奖金。紧接着,"满天星"又获得了北师大校友企业的捐赠。这让孙尧团队更加充满了希望。随着团队所做的教育品牌被更多人所了解,"满天星"也获得了更多的支持。

如今的"满天星",在孙尧自英国回归全职投入更多精力以后,正向着走出教育圈、走向社会大众的方向探索更多发展的可能。目前主要致力于四个领域的事情:学术研究,为民族文化传承项目奠定学术根基;教育传承,助力民族文化的"代际传承";社会美育,降低大众了解与学习民族文化的门槛;文化出海,讲好中国故事,让世界更好地了解中国。

在伦敦和杭州,"满天星"有合作的画廊。通过各种各样的城市空间设计和展览、活动、文创产品,布置成沉浸式民族文化体验场景,让大众感受民族文化。在海南这座国际教育岛上,"满天星"也在探索全新的发展,提升黎族孩子的文化自信心,也带领本地学生以实际行动参与自贸港建设。在宁波,她和团队牵手原创设计师品牌 WU HAI LIAN 打造 56 个民族的纹样库,以文化+民族元素设计赋能传统制造业。在北京,春节后将成立民族文化教育与国际传播研究中心,汇聚北京师范大学、中央民族大学、中国美术学院等教授的力量,共同研究民族文化的传播模式,"满天星"则作为实践平台落实研究成果。

"我们想用有趣有效的方式,在年轻人群体中传播民族文化。"孙尧说。

跟全世界有趣的灵魂"搞事情"

戴　恺　2015届校友。美国密涅瓦大学数据科学&经济专业毕业生，香港科技大学访问学者。现在AI公司零眸智能创业，任战略&COE负责人，业务扩展到25个国家。此前在Young Sustainable Impact兼职三年大中华区CEO，孵化27个可持续发展项目，建立2000人的青年企业家社群。休学过一年，满世界以工换宿，走过30国，通晓中、英、法、西四语。做过智库研究员，用数模做政治预判，在澳大利亚国立大学的亚太周峰会上展示方法论。曾在联合国实习，创立UNDP China校友会。

镇中印记

　　镇海中学带给我的最大财富，就是吴国平校长经常强调的：追求卓越。这也是我一直以来所秉持的理念。只要做一件事，就要对目标高要求，就一定要把它做到卓越。在镇海中学，我认清了自己要成为什么样的人。

高中时代学习从不打疲劳战

戴恺是浙江温州人，2012年夏天，他入读镇海中学，每两个月回家一次。

在他的印象中，镇海中学校园入目即古香古色的建筑、郁郁葱葱的林木，如此静谧的环境，使人内心很宁静。除了自然环境好，学校的学习氛围也很浓厚，会让人情不自禁地投入学习。那时候戴恺吃完饭，如果没有其他活动，就一头扎进书吧读书学习。

"很多人觉得，镇海中学学生的成绩这么好，一定是靠应试教育那一套。但其实我们学校的学习安排是很科学的，从来不会让学生打疲劳战，比如学校的体育活动课从来不会被占，比如晚上9点多必须上床睡觉。"戴恺说。

提起老师，戴恺回忆道："老师们太尽职尽责了。早自习他们会很早到教室，晚自习也会陪着我们。当时我们有三节晚自习，第二节晚自习学生可以到老师办公室去请教问题。"老师们对学生有很大的耐心，有时候学生学习状态不佳或者考试成绩下滑，他们就会悉心询问辅导。班主任陈雅雅老师，在面对戴恺热衷社团活动免不了压缩学习时间的情况下，依然以很包容的心态对待他，支持他发展个性。教务处的曾昊溟老师，在学生社团项目、比赛项目上给予戴恺许多指导和鼓励，两人像朋友一样交流。

除了老师，戴恺还认识了一群同窗好友，一起学习、活动。在镇海中学求学三年，他早已把宁波镇海当成了自己的第二故乡。即便在大学毕业后，他仍旧心系镇中。在从美国密涅瓦大学毕业后，他携"通过机器视觉提供零售场景'智能化解决方案'"项目参加首届镇海中学校友创业创新大赛，勇夺一等奖，并选择落地镇海。

Running Smile 社团

戴恺的学习成绩大概是中游水平,但他的社团活动能力卓越,可以说是校园里的风云人物。

在同龄人中,戴恺较有个性。他曾担任学校心理社社长,还是 Running Smile 社团项目组主席。Running Smile,意在"为你的微笑狂奔"。它的前身源于一个研究性学习小组"道歉公司",其创始人就是戴恺。一开始,这个学习小组旨在为同学排忧解难,特别是为解决同学矛盾提供新的渠道和平台,后来在发展中渐渐成为一个社区服务类项目。Running Smile 的活动丰富多彩:他们在教师节等节日推出代送祝福业务,用真诚的服务将同学们的祝福及时送到各位师生手中;他们为闹矛盾的同学送上和解的礼物;他们在父亲节免费让小朋友们为爸爸们设计富于创意、充满温情的衣服……

这个活动项目曾在 2014 年的全国中学生领导力大赛中荣获一等奖,也让戴恺成为浙江省唯一受邀前往中国台湾参加"TPMA2014 两岸中学生未来领袖培训营"的中学生,并包揽了本次交流活动的所有奖项,包括 TPMA 个人杰出奖和团队绩优奖。

高二的印度义工之旅

2014 年 12 月 21 日至 2015 年 1 月 3 日,正读高二、17 岁的戴恺只身行走在印度。

此前,2014 年 10 月底,戴恺发现了一个名叫 Projects Abroad 的志愿者组织。它在 1992 年创立于英国,目前在全球各地都有分部,旨在为志愿者提供前往世界各地从事志愿服务乃至文化交流的机会。戴恺从中找到了印度志愿者寒假项目——2014 年年底前往印度拉贾斯坦邦首府斋普尔进行为期两周的社区关爱活动,帮助那里的贫困儿童及孤儿参加各种教学活动,协助提升他们的英语水平。

做教案、学印地语、恶补当地历史文化……经过近两个月的筹备,2014年12月20日晚,戴恺独自乘上前往印度首都新德里的班机,到达那里后,他坐火车转往斋普尔,入住志愿者团队的寄宿家庭,开始在当地社区学校进行服务与交流。

戴恺的印度之行收获满满:他交到了来自十多个国家不同年龄段的朋友;在印度当地福利院留下了自己的画作;见识了斋浦尔粉城的魅力,游览了琥珀城、泰姬陵等名胜古迹;把中国的传统文化传播到了东西方朋友的心中;进一步锻炼了自己的策划力、领导力,向国外展示了现代中国少年多面发展、积极自信的风貌。回国后,他也为同学打开了探知世界的一扇窗。

17 岁的戴恺,在尚且稚嫩的年纪,向自己发起挑战,勇敢走出去,实践了自身能力,体会了世界的广度与深度,探索了更多的未知与可能。

休学一年的世界旅行

戴恺热爱旅行,喜欢历史、政治和文化。他认为旅行是很棒的教育方式。2015 年 6 月高中毕业后,他休学一年,开启了自己的世界旅行。

去一个国家之前,戴恺至少要做一百个小时的研究学习。他说,带着拥有超越刻板印象的开放心态,前往朝鲜、伊朗、以色列、巴勒斯坦等充满争议的国家,就能有更多的收获和理解。

旅行还让他收获了很多友谊。基本每去一个城市,戴恺都能交到很棒的新朋友,然后各种"抱大腿"一起旅行。如在印度,他搭上一群商科博士生的便车,一起看城堡、探险丛林,在埃塞俄比亚,他与一位荷兰水利工程师行走城市、探访非洲联盟,在坦桑尼亚,他与一群清华大学的学生在当地高中组织中坦青年文化交流活动。他觉得每个人都是一本书,能让人受益匪浅。

为了丰富旅行的经历和省钱,戴恺参加了不少以工换宿的项目——在偏僻小城教几十名学生中文,传播中国文化,在沙漠小镇帮酒店切菜,帮旅游公司做市场营销,帮农场主在农田里割菜……除了美好的一面,他也被抢过劫,遇到过毒品交易,在凌晨因为急性肠胃炎从沙漠深处被送去医院,在坦桑尼亚坐黑车遭遇绑架⋯⋯这些经历磨炼了他的意志,他将其分享在自己的公众号"游者歌 The Song of Travelers"中。

美国密涅瓦大学求学

2015 年 12 月 16 日,戴恺如愿收到理想大学 —— 美国密涅瓦大学的录取通知书。2016 年 8 月,他开启了留学生涯。

这所大学独特又前卫:学生 4 年轮转 7 国;全部小班制研讨课,每堂课不超过 20 人;严格执行无配额制度,只基于成绩和表现招生;不提供新生入门课程,却有终生职业指导;录取率仅 1.2%,学费只有普通美国大学的 1/3。2013 年,包括前哈佛校长、前沃顿校长、斯坦福教育学院终身教授、一流教育心理学家、前哈佛社会学院院长等一批美国教育界杰出人士共同创办了这所世界性大学。

在大学期间,戴恺参加了很多高端峰会,做项目,做学术研究,实习,不断开阔视野,挑战自己。四年下来,他在联合国、软银韩国资本、政府、智库及创业公司积累了丰富的工作经验。

戴恺说,在密涅瓦大学,学生们有很多实习和研究的机会。在大一一开始,他就被学校非常受欢迎的政治科学教授 Prof. Kukis 选中,成为他的研究助理,研究主要是分析判断未来可能发生的政治事件及部分政治事件的走向。戴恺把数学模型引入社会科学,建立欧盟成员国脱欧及英国硬脱欧概率的数学模型并分析。2017 年暑假,他在澳大利亚国立大学的亚太周峰会上演讲展示研究方法论。

2017 年 8 月,戴恺任 Young Sustainable Impact China 创始人兼首席 CEO。Young Sustainable Impact 是挪威倡议组织(Norwegian initiative)的一个分支机构,是一个非营利性组织,致力于培育可持续发展初创企业,围绕商业创新的核心来解决联合国提出的可持续发展问题。戴恺在这个组织里孵化了 27 个可持续发展项目，建立了 2000 多人的线上青年企业家社群，获得包括《人民日报》《环球时报》在内等 30 多家媒体的报道。

看看戴恺其他丰富的经历：2017 年 6 月至 9 月，在上海蚩土网络科技有限公司任 CEO 兼产品经理，致力于搭建游戏化旅行系统及团建平台，获得 10 万元人民币种子投资及 100 万元天使轮协议。2017 年 10 月至 12 月，在韩国首尔的软银韩国资本任研究助理，研究并分析中国人工智能市场及风投现状，调研、推荐潜在被投企业。2018 年 4 月至 7 月，在北京的联合国开发计划署任副国别主任助理，建立并管理联合国开发计划署中国校友会，草拟 SDG 金融指导方案、区块链货币捐款政策，还作为监督和评估实习生审核 2017 质量保证、2017 联合交付表、法律文档，草拟 2018—2021 战略计划，UNDP 咨询项目等。2019 年 5 月至 6 月，在上海的麦肯锡公司实习，研究并分析旅行、交通和物流行业。2019 年 12 月至 2020 年 4 月，在北京的字节跳动科技有限公司作为战略与风险分析实习生，研究并分析相关新闻、法规、竞品动态，并提供应对方案。

目前，戴恺加入 AI 公司零眸智能创业，任战略 &COE 负责人，公司将 AI、AIOT、大数据运用于零售稽查、零售陈列、线下零售全域数据化等各个方面，为品牌方和渠道方大幅降低成本并提升效率。现在客户已包括可口可乐、百威啤酒、农夫山泉等国内外行业龙头，业务覆盖英国、美国、俄罗斯、墨西哥等 25 个国家。

戴恺说，每一段经历都是在探索自己想要的人生，和有趣的灵魂"搞事情"，其乐无穷。

特别的成人礼

韩新叶 2019届校友。南京森林警察学院19级学生。18岁,当绝大多数人以一次聚会或一场旅行来庆祝自己成人的时候,刚刚结束高考的韩新叶,默默地在中国器官捐献网上登记捐献器官及角膜。她的行为被报道后,镇海中学多名学生和老师接力登记捐献器官。他们说:"带动,是用一个人的行动去摇醒另一群灵魂。"

镇中印记

耳濡目染最能影响人。镇海中学传承的不仅是优秀的教风、学风,还有代代相承的担当精神。

从台下鼓掌到台上主角

韩新叶说,在"牛人"云集的镇海中学,自己只是一名默默无闻的普通学生。但在老师们的眼中,她欣赏着同学们的优秀,在台下为他们鼓掌,直到有一天,她自己成了台上的焦点。

高中选科以后分班,班上选政史的同学多。一个班40多人,30名女同学,10多名男同学。这样的组合,使得班级的体育成绩总是不如男生更多的班级。"可是,高二时篮球比赛,我们班竟然拿了全校第一,这真的是令人不可思议的好成绩。作为啦啦队员的我,坐在下面,拼命为球场上的同学鼓掌,太高兴了。我很清楚地记得班主任朱寒杰老师说:'你们以后可能会忘记自己考试考了多少分,但这种激动人心的时刻肯定不会忘记。'"

正如朱老师所说,那个画面一直刻印在韩新叶的脑海中。那似乎是一个具有一定象征意义的画面:在"牛人"云集的学校里,"黑马"也是有可能出现的;坐在台下鼓掌的人,虽然不是台上的英雄,但他们一样优秀;很多年后,真正留在我们心中的,不一定是分数,更有可能是某个动人的瞬间……

或许是文科生的基因,韩新叶对那些特殊的场景,总是有着特别的记忆。

2019年6月5日,高考前一天,学校举行毕业典礼暨成人典礼。踏上红地毯,走过成人门,听着吴国平校长的致辞"人生最美是相遇,教育是最美的相逢",韩新叶有些感慨。等到高考结束,各自踏上新的征程,三年朝夕相处的同学就要迎来分别。但在淡淡的伤感中,又有一种豪情生长。"从今天起,我将肩负成年人的担当,学会感恩,懂得成长,慎思明辨,扬善逐光,励志进取,家国无忘,以梦为马,驰骋远方,立心天地,誓做栋梁。"面对国旗,举起右手,那是成年的宣誓。

高中三年,有些画面和成人礼交叠在一起,有了别样的意味。班主任朱寒杰是数学老师。他总是非常幽默,给同学们讲做人的道理也与众不同。朱老师会在讲完数学题时说:"做人也要这样,不能有头无尾。"一下子有点接不上趟的同学们,很快回味过来,相视一笑。

高考结束后的那个6月,韩新叶在中国器官捐献网上登记捐献器官及角膜。7月14日,收到志愿登记卡的她,忍不住发了一条微信朋友圈:"是荣耀呀!加油!"配图正是志愿登记卡。

接下来的事情,是她所没有意料到的"高光"。央视新闻官方微博、浙江新闻客户端、《钱江晚报》、甬派、《现代金报》等媒体均进行了报道或转载,网民纷纷为这个18岁少女的行动点赞。学校里的同学和老师接力登记,越来越多的"韩新叶"出现了……

2021年伊始,吴国平校长在接受《半月谈》访谈时说:"我们培养的学生,一定不能成为'精致的利己主义者'。社会越发达,越不能忽视道德建设。拒绝道德冷漠,要从培养乐于奉献、勇于担当的学生开始。"吴校长向《半月谈》介绍了韩新叶在2019年高考结束后就开始准备材料,将成为器官捐献志愿者作为送给自己的18岁"成人礼"。在韩新叶爱心举动的感染下,镇海中学又有多名师生进行了器官捐献登记。

一份特殊的成人礼　一场特别的接力跑

为什么会在18岁成人时选择成为器官捐献志愿者?背后的故事令人动容。

2019年4月,韩新叶看到有位学长登记捐献器官,这让她心底有过的想法再次萌芽。她向学长咨询了登记事宜,并征求了父母的意见。"孩子已经18岁成年了。她有自己的想法,做家长的会尊重她的决定。"韩新叶的妈妈说。

于是,就有了高考之后的事情。"我觉得这是一件很小的事情,没想到受到许多关注,让我挺不好意思的。"

韩新叶所说的学长,是镇海中学 2018 届毕业生虞成龙,大学就读于浙江师范大学汉语言文学专业。巧的是,他的登记行动,也是受到其学长的影响。

2019 年 4 月,虞成龙在微信朋友圈里看到学长成了器官捐献登记志愿者。深入了解一番后,当晚 12 点多,他就完成了角膜捐献登记。

虞成龙觉得,这是一件可以挽救他人生命、提高他人生命质量的事,是为医学事业做贡献的事。"如今器官、角膜捐献的社会认可度不高,打破这个局面还是需要有知识、有文化的青年大学生去多宣传、多实践。"

正如韩新叶去问学长虞成龙并付诸实践一样,当韩新叶的微信朋友圈信息发出后,她也接到了同学的咨询。"我很乐意分享。如果有同学受到触动,和我一样去登记捐献,我会觉得更加荣幸。"

事情的发展是,在韩新叶的微信朋友圈被多家媒体报道后,多名镇中学生和老师接力进行了器官捐献登记。

这些学生中,有被上海交通大学录取的同学们口中的"学霸",也有选择了公安院校的未来的人民警察。他们几乎都是早先就对器官、角膜捐献有一定的了解,在看到韩新叶的行动后做出同样的选择。

除了几名学生,选择登记捐献的还有镇海中学教务处副主任曾昊溟。曾昊溟是最早知道韩新叶故事的老师之一,也是最早采取行动的老师。"孩子都能有这种想法,我们做老师的怎么能落下?"曾昊溟说,"学校应该还有别的同事参与过,只不过我们很多同事很低调,不为人知。"

"带动,是用一个人的行动去摇醒另一群灵魂。"他们说。

期待参与重大历史时刻

因为镇海中学学生登记人数较多,当地器官捐献管理机构宁波市镇海区红十字会决定,通过 H5 网页的宣传形式,将器官捐献登记知识进行推广,在学生群体内科普一下捐献登记途径和注意事项。

韩新叶及其他镇中学子的行为,不仅促使家长打破了对器官捐献的知识壁垒，还刷新了红十字会人员对00后的原有认知。

"00后大都刚成年。在我们这代人眼中，他们还是孩子，考虑还不成熟。出于这方面考虑，红十字会没有主动针对这一群体进行宣传。"一名红十字会工作人员感慨道。镇中学子集体在网上登记后，红十字会还专门回访了家长。从家长群的反馈来看，大多数家长的思想还是比较开明、积极的，他们都支持孩子们捐献登记的行为。

"韩新叶和镇中学子集体做器官捐献登记的事在当地传开后，来红十字会做器官捐献的年轻人普遍增多了。"工作人员补充道。

韩新叶说，其实，00后群体中，对器官捐献感兴趣的人还有许多。只是大家之前都在上学，接触不到这样的渠道，也不了解相关知识。"能通过微信朋友圈等社交平台分享类似的经历，鼓励更多年轻人加入器官捐献队伍，我觉得是一件好事。"

如今就读于南京森林警察学院的韩新叶，已经恢复了平静的生活。作为警务指挥与战术特警方向的大学生，她每周一、三、五早上要进行早训，每周一、二、四、五下午要进行下午训练，文化课也要上。"一开始这样的训练强度确实有点累，现在已经不觉得了，身体素质肯定更好了。"

新中国成立70周年庆典，不少大二的学长去北京成了安保，未能参与这样重大的历史时刻，令大一新生韩新叶有点遗憾。不过，她相信，只要自己努力参加训练，类似的机会肯定还会再来。

疫情下全力以赴做公益

全婧阳 2019届校友。2019年考入北京外国语大学。大一的那个寒假，新冠肺炎疫情汹汹而至，有人彷徨，有人白衣执甲冲锋在前。全婧阳选择了加入志愿者团体，她也想全力以赴地为这个社会做一些事情。因为疫情期间带领"八方公益"为湖北50多家医院匹配急需物资，全婧阳被很多媒体报道。开学典礼上，她被北京外国语大学校长点名表扬。

镇中印记

老师们常常教导我们要做一个德才兼备的人，校长希望我们成为有温度、有态度的镇中人。在镇海中学，我们得到的，绝不仅仅是学习上的高分，我们还学会了做人。学着成人，成为一个将自己的成长和社会价值结合在一起的人，这是镇海中学留给我的最大财富。

模拟政协活动和成长导师

2020年3月2日,受新冠肺炎疫情影响,北京外国语大学举行春季线上"开课升旗仪式"。校长杨丹在国旗下的讲话中,点赞镇海中学2019届毕业生、北京外国语大学大一学生全婧阳一个多月来参与运行抗疫志愿者团体"八方公益"的行为。

在庚子年那场来势汹汹的新冠肺炎疫情中,有人白衣执甲护苍生,更多人在平凡的岗位上默默逆行,刚上大学的全婧阳选择了参加志愿者团体,为那些急需抗疫物资的医院匹配捐赠者。当很多学生为超长寒假而头疼时,全婧阳和伙伴们为50多家医院协调了急需物资,她成了吴国平校长口中"乐于奉献、勇于担当的学生"。

在"八方公益",从一个小组的组员,到整个团队的核心成员,全婧阳展现出了很强的组织活动能力。而这种能力的形成,或许可以追溯到高中时参加"模拟政协"的经历。

一直努力学习的好学生全婧阳,在高一快结束时觉得自己需要增加一些活动体验,于是报名参加了学校的"模拟政协"活动。"模拟政协"全称为"全国青少年模拟政协活动",是一项全国性的青少年创新实践活动,以高中生为主体,通过模拟人民政协的提案形成过程、组织形式、议事规则,让青少年了解和体会中国特色的民主协商政治制度,旨在培养青少年发现问题、分析问题、解决问题和合作交流的能力。

"那次活动对我很有意义,让我知道自己有能力做一些学习以外的事情。"

从校内比赛,到被校队选中参加省赛、国赛,一路下来,她遇到了不少困难,也实实在在锻炼了"四大能力"。校内选拔赛,全婧阳作为小组发起人组了一支队伍,但是临近比赛却面临队员想要退出的尴尬。她虽通过努力沟通挽留了同学,最终的团队表现却并不尽如人意。但她作为发起人的组织能力被指导老师看中,进了校队。之后,以社会比较关注的未成年人网络游戏防沉迷为主题,队员们现场调查、走访专家、形成提案,同时团队分工,模拟人民政协的组织形式和议事规则,完成了整个活动,在省赛中脱颖而出,并在国赛舞台上斩获佳绩。

因为在团队合作中表现出色,比赛结束时,指导老师金凌俭和杨海一致推荐全婧阳担任学校模拟政协社团的社长。招新、培训、组织校内比赛……接下来的一年,全婧阳进入了一个全新的领域。

求学时代,总有学生因为喜欢一个老师而喜欢上一门学科。全婧阳之于物理,就是如此。物理老师王海,当时是学校的校长助理,也是全婧阳的成长导师。

因为物理学得不太好,全婧阳经常找王老师问问题。慢慢地,她和王老师就很熟了。王老师人很幽默,课上得好,回答问题总是非常耐心。有时候,学生遇到困惑,他会循循善诱,充分发挥导师的引导作用。

高一下学期,学生面临7选3。物理不算好的全婧阳想选物理,父母一致表示反对。全婧阳很纠结地找到王海老师。王老师听后对她说:"那你这个寒假自己好好学一学物理,下学期初回来看看测试成绩。如果自己尽力了,成绩还是不满意,建议最好不要选物理。"那个寒假,全婧阳认认真真地补习物理,可惜,开学后的测试表明她的进步并不显著。她只好"忍痛"放弃物理,也明白了每个人都有长处和短处。

"我很感激镇海中学。三年来,不仅在学业上,我的各方面素质都有了很大提升,老师们不会拘束我们,会给我们很正向的引导。就像我的班主任朱寒杰老师说的,在这样的环境浸润下,我们学会了怎么做人、做一个什么样的人。老师和校长总是将这些理念渗透在日常的教学中,润物细无声地影响着我们。"

大一的她在疫情下全力以赴做公益

2019年7月,全婧阳高中毕业,考入北京外国语大学,学的是金融(俄语方向)复合专业。仅仅过了一个学期,她的名字又出现在了镇海中学的新闻中。这一次,她以校友的身份,赢得了母校老师和学弟学妹的掌声。

原来,从庚子年大年初一开始,全婧阳就一直在"八方公益"这个民间组织中为统筹抗疫物资而奋斗。宜昌市第一人民医院、武汉市汉阳医院、孝感市第一人民医院……截至2020年3月24日,她和小伙伴们一起,累计送出了48600双医用检查手套、1000双一次性PVC手套、115000顶医用帽、21461件隔离衣、3400件防护服、10000副护目镜、19600双鞋套、1760个3M口罩、5000个N95口罩、420千克陶氏杜邦戊二醛消毒液、600升派瑞林牌次氯酸钠消毒液、405桶84消毒液、面粉10吨……共计援助58家医院、8个医疗队、37个武汉社区和1个志愿者车队。

在2020年初暴发的疫情下,全婧阳通过新闻看到了袖手旁观的人,也看到了全力以赴的人,她想,可能这才是社会的样子。而她,想成为全力以赴的人。

大年初一,有关疫情的消息很多。全婧阳看见一个学姐在微信朋友圈发了条"有没有人有空并且愿意给医院打电话"的消息,便下意识地报名了。从这一天开始,她一脚踏入了"八方公益"这个刚刚起步的民间志愿者团体。

一开始,她在医疗组,按照信息组收录的医院求助信息,挨个给医院打电话,然后加微信,拉微信群,提供需求的信息,进行供需匹配。

每天盯着手机和电脑,确认各种供需信息。从医院的求助信息里,全婧阳感受到了前期抗疫物资的紧缺,也感受到了来自社会八方的爱心,还有小伙伴们的忙碌。

因为工作活跃,能够投入的时间比较多,全婧阳渐渐地从医疗组成员,成长为团队核心成员之一,信息部、外联部、规划部、专家部、运输部、宣传部,各个部门的工作她都要负责。

有人感动于志愿者的工作,而全婧阳在工作中看到了很多令她感动的人。

"最让我感动的是运输司机。一次隔离衣的运输,司机是一个小姐姐。我们都说好了让她从里面拆几件出来自己穿,但她拒绝了我们的好意,说要把隔离服留给最需要的人,说自己带了一次性桌布。

"北京的企业家自发帮助协调运输,有的供货老板直接顺带把运输也解决了,也有货源的老板知道是捐赠,就不赚钱降价卖给捐赠方……

"一个多月的志愿工作,不但锻炼了我的组织协调与沟通能力,更让我接触了很多新朋友,看到了很多温暖的人和事,也让我想起了高中毕业典礼上,吴国平校长说的要做有温度、有态度的镇中人,这里我都记在心里的。"

其间,她也遇到过各种困难,比如来自国外的捐赠,流程很复杂,比如交通戒严后民间志愿者团体的工作难度增加不少……但是很多事情,只有去做了,才有可能做成。

后来,镇海中学的学生们在居家学习中自发发起倡议,短时间内筹集了17万余元的善款。他们通过"八方公益",将购买的物资送到了湖北22家医院、37个社区。

疫情后期,医院的物资渐渐充裕,人们也开始慢慢转入正常的工作和学习轨道,"八方公益"暂时休眠,全婧阳也回到了校园里。她忙着参加各种社团,忙着学生会工作,忙着班级工作,最重要的,还是忙着自己的学业。

她的人生故事,才刚刚开始。

特别视角下的镇海中学

每年一二月，相比诸多学校里的"人去楼空"，镇海中学的校园里总是热闹非凡。2002年以来，这儿每年都会迎来大批远道而来却又熟悉的客人。他们是来自清华大学、北京大学、浙江大学等十多所国内高校的镇中校友。他们以各自所在的高校为单位，自发组织了多支回访母校的支队。这两年，受疫情影响，有些活动转移到了线上举行。

从最初清一色的清华学子，到后来十几所重点高校联合举办活动，形式逐年创新，"情系母校"活动已经成为镇海中学校园文化中一道独特的风景线。

清华大学"情系母校"支队是最早参与该活动的队伍之一，因其出色表现，2010年，镇海中学被清华大学评为全国所有中学五个纪念学堂之一，这也是浙江省的唯一。

在我们此次采访的校友中，多位在高校任教或从事科研的校友，都或长或短时间地参与过各自所在高校的招生工作。

2000年以后，高校为了密切与中学的联系，招收更好的生源，纷纷打起了"校友牌"。于是，兼职参与招生工作的校友也多了起来。他们回母校宣讲，向学弟学妹们介绍各自所在高校的具体信息，也给学弟学妹们提供过来人的建议。有的校友甚至还会追踪关注所招收学生进入大学以后的表现。

他们既是镇海中学的校友，也是国内主要高校的招生老师，他们的视角也反映了国内顶尖高校对镇海中学的态度。

章 斐
北京大学非常肯定镇海中学的生源

1981年从镇海中学毕业的校友章斐,现为北京大学分析测试中心教授级高级工程师,从事热分析仪器的维护管理、操作培训和使用方法研究,并担任北京理化分析测试协会热分析专业委员会副理事长。从2002年到2013年,整整12年时间,章斐都兼职参加北京大学浙江招生组的工作,主要负责宁波地区的招生工作。

章斐说,她参加招生工作的12年,见证了中国高考和高校招生的不断变革。2002年以前,高考时间都安排在7月份,2003年开始,高考时间调整到了6月份,随后又推出了高校自主招生新模式,还有校长实名推荐制。在招生数量上,无论是通过自主招生,还是通过校长实名推荐进入北京大学,镇海中学都居浙江省前列。

章斐说,在招生方面,她做的事情主要有两方面,一方面是深入与中学校长、老师和学生沟通,了解优秀学生的信息。高考出分以后,与能上北京大学的学生联系,帮助他们填报志愿。另一方面是对进入北京大学的学生进行跟踪关注。每当他们毕业的时候,章斐都会发一份调查表,了解他们这四年在北京大学做了什么,发展如何,取得了什么样的成绩,参加了什么样的活动和实习等。

"做这份调查很有意义,比如我参与招生的第一届学生于2006年毕业,我把通过调查得出的信息分享给2006年的新生,让他们知道学长们在北京大学都是如何发展的,供他们参考。优秀的学长能成为新生的榜样,让新生在北大发展得更好。值得欣慰的是,那些年从镇海中学毕业的学生,在北京大学都有比较好的发展。"

令章斐自豪的是,那12年,有将近180名学弟学妹进入北京大学,其中有相当一部分是通过招生进来的。"我看着他们进入北大,自己也非常有成就感。"

"北京大学一直非常肯定镇海中学的生源,认为镇海中学是北京大学优秀生源的来源学校之一。镇海中学考入北京大学的人数,这些年来一直位居浙江省前列。"

这一点,从北京大学这几年发给镇海中学的喜报上也能看出来。以2020年4月北京大学发来的喜报而言,2019—2020学年的北京大学评优评奖中,共有54名镇海中学毕业生受表彰。

戴高乐
中国科学院大学很青睐镇中学子

2020年8月11日,镇海中学高三毕业生竺琪杰从中国科学院大学浙江招生组副组长戴高乐手中接过了当年的浙江省首封中国科学院大学的录取通知书。

随着录取通知书一起送达的,还有一张黑胶光盘,光盘上刻录的是国科大为新生准备的特别礼物——来自宇宙深处的声音。它们是由"中国天眼"FAST捕获的15颗脉冲星信号,其中13颗脉冲星信号是通过此次录取通知书首次向全世界发布。"这样的设计很硬核,象征着中国科技进步的脚步和创新使命的召唤。"竺琪杰说。

而向竺琪杰递送录取通知书的戴高乐,既是国科大浙江招生组副组长,也是镇海中学的校友,他还有一个身份——中科院宁波材料所研究生处副处长。

2003年自镇海中学毕业的戴高乐,在北京大学获取了电磁场与微波技术博士学位。2012年12月,他被"春蕾人才"计划引进至中科院宁波材料所,同时兼职国科大浙江招生工作。

2020年,国科大在浙江招生40余人,镇海中学有6名学子被录取,数量在浙江省各高中排名首位。

中国科学院大学,前身是1963年开始试办的中国科学院研究生院;1978年正式建校,校名为"中国科学技术大学研究生院",它是经党中央国务院批准创办的新中国第一所研究生院,其使命是为国家培养科技创新人才。1982年之后,中国科学院批准同时使用校名"中国科学院研究生院"和"中国科学技术大学研究生院"。2012年6月,经教育部批准更名为"中国科学院大学",并于2014年开始招收本科生。

由于镇海中学的出色表现,自从开始招收本科生,国科大就非常青睐镇中学子。戴高乐清楚地记得,国科大第一次在浙江招本科生时,就到镇海中学去做宣讲。"2014年4月2日,中国科学院大学在镇海中学举行浙江省首场本科招生宣讲会,向考生、媒体和社会介绍国科大在浙江的首次本科生招生情况。中科院副院长、中科院教育委员会主任丁仲礼院士,中国科学院大学副校长高鸿钧院士都到镇中宣讲。"

戴高乐表示,部分镇中学子顺利升入国科大后,在校时,无论在思维品质方面、专业抱负方面,还是科研精神方面,都有非常好的表现。"我记得第一届本科毕业生共有251人顺利毕业。根据教育部的规定,只有57人保研,其中就有3名镇海中学毕业生(当年考入国科大的镇中学生为4人),75%的保研率远远高于其他高中。"

中国科学院计算研究所研究员、总工程师胡伟武曾在接受媒体采访时谈到,他们这几年对在浙江招收的学生进行了跟踪,发现他们的总体表现是很靠前的,因此国科大希望来浙江多招收优秀学生。"2017年6月22日,浙江高考成绩发布当晚,我就出现在了镇海中学。"

袁蓉丽
在中国人民大学做镇中学子的助推器

袁蓉丽,镇海中学1990届校友,中国人民大学商学院会计系教授、博士生导师,财政部全国会计领军人才。从2019年起,袁蓉丽加入了中国人民大学浙江招生组,她的任务很明确,为学校招纳更多优秀的镇中学子。

袁蓉丽的经历堪称丰富多彩。从镇海中学毕业后,她考入了北京工商大学管理学专业,之后攻读了会计学专业硕士。学成后,袁蓉丽并没有直接从事专业对口的工作,而是进入了中国财政杂志社《财务与会计》,成了一名编辑。

工作几年后,她觉得自己急需充电,于是继续深造。2005年,袁蓉丽在英国卡迪夫大学获得会计和金融方向博士学位。

"当过编辑,也当过上市公司的财务总监,但后来发现这些都不是我最想要的。"2008年,袁蓉丽从一家民营科技企业辞职,成为一名教师。她进入中国人民大学商学院,从讲师开始,面对年轻的学生,将自己的多年所学倾囊而授。

"励志、进取、勤奋、健美",尽管离开镇海中学已30余年,但镇海中学的校训,袁蓉丽依然脱口而出。在镇海中学,她留下了太多美好奋进的记忆,"每当在新闻报道上看到镇中的'小黑板'出现,我的心里就感觉无比自豪。"

也正是常常见到这块小黑板的缘故,袁蓉丽总想着,如果镇中的学生也能像自己一样,来到美丽的中国人民大学,那该有多好啊。

于是,从2019年起,袁蓉丽加入了中国人民大学浙江招生组。那年,她走进母校镇海中学办了一场宣讲会。"可能因为我也是镇中校友的关系,无论是学生还是老师,甚至家长们都对我很亲切,气氛非常热烈,大家对人大也有了更详细的了解。"

近两年,镇中毕业生进入中国人民大学的人数陡然增多,2020年达到了20人,是近几年人数最多的一年,在浙江省位居第一。为此,袁蓉丽所在的招生组还被人大评为优秀招生组,这让她倍感欣喜。

在袁蓉丽的印象中,镇海中学的毕业生在进入大学后,往往依旧保持着高中时候的学习状态,积极参与各种校园活动,有的竞选班干部、学生会干部,有的勇夺校园各类比赛金牌,有的被推选为人大优秀毕业生,很多人的履历表都闪闪发亮。

除了负责浙江省的招生工作,袁教授还是2020年考入商学院的两名镇中毕业生的成长导师。她说,做好镇中学子的助推器,尽一份自己的力量,正是反哺母校的最好方式。

梁 钦
上海交大"金牌"辅导员回母校招生

梁钦,镇海中学2005届校友,上海交通大学思政教师,思想政治教育学博士、副教授、硕士生导师。2012年开始在网上为学生撰写原创辅导员博文,已经写了500余篇,100余万字。曾获全国网络教育名师、全国网络好榜样、"全国高校辅导员年度人物"提名奖等省部级荣誉10余项,主持教育部辅导员精品项目等多项课题和科研项目。出版专著《大学,你得好好读》《学医,你准备好了吗?》。运营微信公众号"辅导员娘亲",关注人数超过67000人。

2016年,梁钦进入上海交大招生组,"常回家看看"成了她日常工作的一部分。"每年都要回镇中一次,见见老师。"而学弟学妹和家长们对梁钦的喜爱和欢迎也让她受宠若惊。为了反哺母校,梁钦在2018—2019年共举办了34期公益讲座,邀请上海交大各位学术"大咖"为镇中学生和家长答疑解惑。

出生于丽水的梁钦,从小品学兼优,因为2002年宁波教育精准扶贫项目,她进入了镇海中学。"刚来的时候,英语基础差,常常考倒数几名,数学也不好,看到了自己和其他同学的差距非常大。"高中三年,她使出了十二万分的力去攻读每一门课,奋力追赶,最终保持在了班级前十的名次。

然而,由于高考发挥不算好,她之后就读于浙江师范大学中文系。大学里，她依然毫不松懈，本科毕业后顺利保研，进入了上海交通大学广播电视专业。"跨专业保研真的非常难，当时上海交大给外校的名额只有10个，幸运的是，我争取到了。"因为喜欢大学校园的氛围，硕士研究生毕业后她选择留校，做起了辅导员。刚开始在医学院，如今她是上海交大物理与天文专业学生的辅导员。

8年的辅导员岗位，梁钦做了大量工作。如今，互联网已成为辅导员工作的重要阵地。梁钦开通了公众号"辅导员娘亲"。在这个平台上，她继续保持着记周记的习惯。她组织了公众号团队，目前已发表600多篇原创辅导员周记。

"我们团队里的一位主编是我的高中校友，来自镇海中学的林浩天。他编写的文章阅读量总是很高。"谈到镇海中学的学弟学妹们，梁钦赞不绝口。一组数据可以证明：上海交大曾追踪了100多名来自镇海中学的学生，他们在上海交大的平均绩点分达到了3.5，相当于百分制的85分左右。这是非常优秀的。

如今，在上海交通大学工作的镇海中学校友有十来位，他们活跃在不同的岗位上。这几年，每年都有几十位镇海中学的毕业生选择上海交通大学。而镇海中学也几乎年年都会收到来自上海交大的喜报和贺信。最近一次就在2021年1月22日，上海交通大学向镇海中学发来了一份光荣榜，感谢镇海中学一直以来为其输送众多优秀生源，同时也希望两校继续加强联动。光荣榜显示，2020年，镇海中学毕业的学生，共有69人在上海交通大学获各类奖学金和多项赛事殊荣。

除了以上几位校友，2008年毕业于镇海中学的朱丹，在华东师范大学计算机科学与软件工程学院担任辅导员期间，也兼职参与过对母校的招生工作。2020年5月，朱丹被借调到了中国教育部办公厅秘书处工作，在那里，他更加深刻地认识到教育的作用——教育不仅仅是对全体国民个人素质的保证，更关系到国家的前途和命运。"身为教育工作者队伍中的一员，我尤为自豪。"

1986届校友李夏军，留美23年后，于2016年回归祖国，到创立时间不长的上海科技大学进行科研工作。2018年和2019年，李夏军连续两年作为上海科技大学的招生代表赴母校镇海中学，向学弟学妹们宣讲这所年轻的高校和它的国际化理念。

此外，上海交通大学物理与天文学院副院长钱冬，以及我们未曾采访到的其他校友，都为自己工作的高校和曾经就读的高中母校担任过"使者"，传递过信息。他们带给了学弟学妹们更多选择，也祝福学弟学妹们有更好的未来。